CEIBS | 中欧经管图书

先知后行
知行合一
中欧经管
价值典范

CEIBS | 中欧经管图书

管理新经典译丛

蜜蜂与蝗虫

可持续领导力及其商业案例

[澳] 盖尔·阿弗利（Gayle C. Avery）
哈罗德·伯格斯帝纳（Harald Bergsteiner） 著
管延军 杨 薇 译

Honeybees
&
Locusts
The Business Case for
Sustainable Leadership

上海交通大学出版社
SHANGHAI JIAO TONG UNIVERSITY PRESS

内 容 提 要

本书系管理新经典译丛之一，系统对比了公司组织运营方面两种截然不同的领导模式。其中，“蜜蜂型”领导模式源自社会市场经济学，长期以来在重要的企业绩效评价标准下都很有竞争力。相对而言，“蝗虫型”领导模式(主要来源于英美新自由主义经济学)几乎只关注股东的短期回报。本书以大量研究和案例表明，“蜜蜂型”领导模式比“蝗虫型”领导模式具有更强的可持续性，同时也会产生更多的总体价值。

图书在版编目(CIP)数据

蜜蜂与蝗虫：可持续领导力及其商业案例/(澳)阿弗利，(澳)伯格斯帝纳著；管延军，杨薇译. —上海：上海交通大学出版社，2013
(管理新经典译丛)
ISBN 978-7-313-09509-1

Ⅰ.①蜜… Ⅱ.①阿…②伯…③管…④杨…
Ⅲ.①企业领导学 Ⅳ.①F272.91

中国版本图书馆 CIP 数据核字(2013)第 042887 号

蜜蜂与蝗虫——可持续领导力及其商业案例

盖尔·阿弗利 哈罗德·伯格斯帝纳 著
管延军 杨 薇 译

上海交通大学 出版社出版发行
(上海市番禺路 951 号 邮政编码 200030)
电话：64071208 出版人：韩建民
上海交大印务有限公司印刷 全国新华书店经销
开本：710mm×1000mm 1/16 印张：17 字数：238 千字
2013 年 4 月第 1 版 2013 年 4 月第 1 次印刷
印数：1～4030
ISBN 978-7-313-09509-1/F 定价：48.00 元

译者前言

改革开放以来，中国的经济发展成就卓著，举世瞩目。然而很多行业的增长与繁荣，是建立在追求短期利益的“蝗虫型”模式之上的。这样的增长模式带来了短暂的成就与喜悦，也引发了人们对不断恶化的自然环境以及日渐迷失的社会信仰所产生的群体焦虑。近几年来，可持续发展的重要性已经在社会各阶层中形成了共识，“蜜蜂型”企业也越来越多地得到了人们的尊重。然而，采用了蜜蜂型管理模式之后，企业是否还能保持盈利？蜜蜂型模式该如何操作实施？对于这些疑问，本书提供了清晰的答案。通过大量的数据分析以及案例研究，本书清楚地表明：蜜蜂型发展模式是能够为利益相关者创造价值的；蜜蜂型模式是可以通过一系列的关键措施来付诸实践的。

在阅读本书的同时，我们也应该注意到企业管理措施以及现实情境的复杂性与动态性。我们观察到的企业，例如本书提到的华为科技，往往同时具备蜜蜂型和蝗虫型的管理模式。因此，在分析企业的管理模式时，我们不能简单地给企业贴上“蜜蜂”或“蝗虫”的标签，而应该从不同的视角去观察企业所采取的具体实践，并进一步分析企业选择这样做的各种原因。通过阅读此书，我们也会发现，蜜蜂型企业的发展壮大，需要良好的政策法律环境和社会文化环境作为引导和支撑。在一个蝗虫型模式大行其道、违法成本极低、守法成本极高的环境中，很难想象蜜蜂型企业会获得长足的发展。因此，为了给蜜蜂型企业创造更好的生存环境，需要政府、企业和社会大众的共同努力。本书中所包含的丰富观点与素材，无疑会对企业的改革与社会的进步提供有益的思路和建议。

接到本书的翻译工作既增添了我生活的乐趣，也带来了额外的工作负担。所幸的是，我得到了一个杰出的学生团队的支持，他们是我在教学科研过程中结识的中国人民大学劳动人事学院的优秀本科生和研究生。他们自愿在本书的翻译过程中承担了大量文稿整理与校订的工作。没有他们的努力和贡献，要在有限的时间内完成这本书的翻译是不可能的。刘雨菡同学（劳动人事学院本科生）与孙明珍同学（劳动人事学院研究生）在本书的前期文稿整理工作中做了大量的工作；刘海洋同学（劳动人事学院本科生，现已保送北京大学光华管理学院硕士研究生）则在翻译的整个过程中持续地提供了各种支持和帮助，善始善终地协助我完成了这个光荣而艰巨的任务。在此，我向他们一并致谢。

由于译者水平所限，在翻译的信、达、雅等方面还存在巨大的提升空间，欢迎各位同行以及读者批评指正。如有任何建议，请联系本书译者。Email：yanjun. guan@gmail. com；新浪微博：http：//weibo. com/yanjunguan78。

中国版前言

知之为知之，不知为不知，是知也。

——孔 子

中国的领导人需要在国家、地区和企业等各个层面的领导模式上做出重要的决策。作为地球上人口最多的国家以及增长最快的经济体之一，中国的任何决策将会从经济、环境乃至社会层面影响全球的发展。在制定未来发展之路的过程中，中国必须在两种可供选择的模式之间做出抉择，而这样的抉择将会对其自身和其他国家产生巨大的影响。

针对国家经济和企业模式的科学比较告诉我们，存在两种完全不同的方法来领导经济和企业。我们将这些方法称为“蝗虫型”领导模式和“蜜蜂型”领导模式，它们对应的行为模式以及由这些行为模式所产生的结果之间，存在着巨大差异。蝗虫型领导模式贪婪地为股东追求短期利益，从而忽视了对自己和他人所造成的中长期负面效应。当然，蝗虫型领导并不担心他们的决策对环境和社会可能造成的影响。这种模式还极大地消耗了地球的资源，对社会造成了危害，并催毁了后代的生活品质。相比之下，蜜蜂型领导模式则代表了蕴藏在人类当中的那些非凡潜力，这些潜力会提升全球生态、社会环境和未出生的下一代的生活质量。虽然蝗虫型领导模式和蜜蜂型领导模式在短期内都可以导致成功，但从长远来看，蜜蜂型领导模式明显是多方共赢的。可能有些人会对这一事实感到惊讶，蜜蜂型领导无论在企业层面，还是国家层面都可以提升绩效。这就是这本书——《蜜蜂与蝗虫》——所阐述的内容。

本书解释了为什么蜜蜂型领导原则更为可持续，更有生产力。但本书也充满了疑问：如果蜜蜂型领导会导致更好的业绩和顺应力，为什么更具破坏性、生产率更低下的蝗虫型领导会如此流行呢？这个问题的答案有很多，但一个最重要的原因是，在很多国家，领导者并不知道除了那种短视的、让股东着迷的蝗虫型经营模式之外，还有另一种选择。

蜜蜂型领导在世界上的大部分地区都存在，但成功的典型国家是瑞士、瑞典、挪威和德国。蝗虫型领导存在于每一个国家，但很明显，这种方式在美国和其他盎格鲁国家中大量存在。这是奇怪的，因为：第一，研究证明蜜蜂型企业绩效更好；第二，大部分的这类研究发现来源于美国；第三，西方世界的领导学大师们都压倒性地支持蜜蜂型领导；第四，最令人惊讶的是，这些领导学大师大部分都居住在美国。

中国的实践如何？在国家层面，政府已认识到可持续领导实践的需要。中国在2011～2015年五年经济发展计划中提到的许多方面都与可持续领导力相关。这份最新的计划敦促社会和商业组织制定明确的发展愿景以及追求创新，关注环境和社区，重视大众特别是员工的福祉，提供培训与开发，以及捍卫利益相关者的公平诉求。中央政府似乎已意识到在社会各阶层实现可持续的蜜蜂型领导原则的必要性。

中国不是唯一一个这样做的国家。亚洲其他地区也采用了蜜蜂型领导模式，比如，泰国自给自足经济理念在学校、政府部门和企业的实施。泰国式理念和蜜蜂型领导非常相似。

像其他地方的组织一样，中国企业也有利润上的需求，以对抗类似于全球金融危机这样的冲击，同时也需要做个好公民，并确保其企业的长期发展。有趣的是，蜜蜂型领导非常符合中国古代的价值观，特别是源于儒教和佛教的和谐等观念。例如，儒家把获取知识并用好知识作为一种乐趣，就像蜜蜂型领导重视知识的获取和共享一样。蜜蜂型领导也非常重视长期观念、守信、遵守道德和关爱社会。此外，蜜蜂型领导符合佛教的教诲——做事适度以及要将行动和原则结合为一个更广泛的系统。可持续领导的力量来自相辅相成的蜜蜂型实践的结合，包括协作、团队精神、忠诚和信任。

《蜜蜂与蝗虫》将基于实证的、支持可持续领导的论断展现给管理者。中国的管理者所面临的典型问题是，迫切需要变革。例如，中国的许多公司抱怨说，员工很容易被竞争对手提供的更高的工资所引诱。这是蝗虫型文化的重要因素，即认为留住工人的主要因素是钱。当然，当钱是唯一的动力时，更多的钱确实听起来更诱人。

中国员工的高流失率对企业来说不是好事——这带来昂贵的成本。更具体地说，替换一位经理人的花费可能高达其薪酬的240%，替换专业工作者的花费相近。即使经常失去低级别的工作人员，对企业来说也可能意味着高额的成本。如果工人为企业工作的时间被认为是短暂的，那么就可以很容易理解雇主为什么不愿在培训和发展上进行投资了——他们并没有意识到，这会是一个让员工留在企业的巨大动力，同时，培训和发展提供了显著的竞争优势。能留住训练有素的人才对公司是很好的：有一个高生产力的员工队伍，并可以避免由员工流失导致的生产力损失。这就是为什么蜜蜂型公司尝试让员工流失率控制在3%或以下的原因。

蜜蜂型组织长时间留用员工，并采取吸引、培养和激发其宝贵人才创造力和参与度的人力资源管理措施。例如，蜜蜂型领导人表明他们重视自己的员工（不只是钱），为单个员工设计职业生涯路径，并为组织中的每个人提供定期培训与发展。蜜蜂型企业招聘和培训员工，以支持和形成一个引人注目的企业愿景，从而提高员工对企业的承诺和贡献。敬业的员工更换雇主的可能性更小，并在工作上更加有效率。总之，员工的高流失率通常与蝗虫型企业、行业和文化相伴随，而低员工流失率——更高效率——与蜜蜂型领导相伴随。更重要的是，蜜蜂型领导可以在任何情况下茁壮成长。我们观察到跨国公司在中国已经开始应用蜜蜂型领导模式：阿特拉斯·科普柯公司、摩托罗拉和戈尔公司提供了三个例子。中国本土的一些公司也显示出一定的蜜蜂型领导特点，例如像华为科技所展示的那样。

最后，蝗虫能否变成一只蜜蜂呢？简短的回答是：可以，如果其真的想要的话。沃尔玛作为世界上最大的公司之一，正从一个非常令人讨厌的蝗虫型企业朝着它描述的“可持续发展，关注慈善事业和就业机会的领导者”改变。在本书中你可以阅读一下这个转变的过程。在本书的结尾，我们将一起来看本书案例所描述的蜜蜂型公司在后金融危机时代的情况。其结果是预料之中的。

盖尔·C·阿弗利(Gayle C. Avery)

哈罗德·伯格斯帝纳(Harald Bergsteiner)

2012年3月

前　言

《蜜蜂与蝗虫》一书对比了公司组织运营方面两种截然不同的领导模式。理论研究和现实经验都表明,"蜜蜂型"领导模式比"蝗虫型"领导模式具有更强的可持续性,同时也会产生更多的总体价值。本书的标题采用了隐喻的方式,因为《圣经》中"蜜蜂"和"蝗虫"分别代表了"创造"和"破坏"这两种不同的行为模式。蜜蜂的生存方式是构建群落和生态系统,而蝗虫的生存方式则是聚集到一起,将绿色的田地侵蚀为裸露的表皮。

"《以弗所书》中的戴安娜"[Diana of the Ephesians,也被人们称之为"阿尔特米斯"(Artemis),《使徒行传》第19章,23—41]——她的事迹往往被人用蜂房以及其他象征繁殖力的符号来描述。她的男祭司和女祭司被称为"蜜蜂",她所领导的组织被称为"蜂房"。蜜蜂的群落由一个蜂王和许多职能分化的蜜蜂组成,例如雄峰和工蜂;其他的蜜蜂也承担相应的专职工作,包括饲养幼蜂、建造蜂房、清理卫生、守卫安全以及调节温度。在理想条件下,一个蜂群能够在一年产出超过90千克的剩余蜂蜜。实际上,蜜蜂的最大贡献在于给植物传授花粉,蜜蜂授粉的植物所产出的食物占到人类食物总量的1/3左右,同时也使得很多动物和昆虫有了稳定的食物来源。如果没有蜜蜂,我们的生活会面临水果、蔬菜、花朵和其他一些植物产品匮乏的局面。因此,蜜蜂对于维护一个生态系统的正常运转起到了非常重要的作用。除了多产之外,蜜蜂还体现出合作、节俭、勤劳、深谋远虑、主动修复环境等其他重要的特征。同时,蜜蜂仅在防御时才产生攻击行为。

根据《国家地理》杂志的描述，蝗虫有时采取与草蜢类似的独居方式来生活。独居的蝗虫往往相对无害。然而，纵观人类历史，人们对于蝗虫聚集到一起时所带来的灾难性后果一直心有余悸。根据《圣经》的记载，由于埃及人奴役了以色列人并拒绝释放他们，蝗灾是对埃及人的十大惩罚之一。在有利的自然环境条件下，成千上万的蝗虫会聚集成稠密的、掠夺性的蝗群。蝗虫的流动性很强，可以横穿很长的距离，例如可以从非洲飞到英国。掠夺性的蝗群会摧毁长势良好的庄稼，并带来巨大的农业损失。每只蝗虫每天可以吃掉等同于自身重量的植物，这会带来食物短缺和饥荒等灾难性后果。据估计，蝗灾威胁到了占全球10%的人口的生存。正如它们的突然爆发一样，大量聚集的蝗虫最终也会灭亡。蝗虫作为一个物种生存了下来，但是也让其他生物付出了巨大的代价，并对环境产生了灾难性的影响。

蜜蜂和蝗虫的行为诠释了两种截然不同的领导哲学，而不同的领导哲学也会给公司的运营及可持续发展带来不同的影响。许多管理学研究和管理大师指出，与“蝗虫型”的行为相比，“蜜蜂型”的行为具有更强的可持续性，也会产生更佳的组织绩效。在《蜜蜂与蝗虫》一书中，我们收集了相关的研究证据，并将其与全球范围内的成功公司案例进行了有机的整合，从而形成了一套关于可持续领导系统（sustainable leadership system）的原则、行为和理念。

《蜜蜂与蝗虫》一书的主要思想来自于那些成功运行“可持续”领导原则的企业。我们希望帮助读者去理解背后支撑这些企业的机制是什么，为什么这些机制会起作用，以及这些机制是如何运行的。在本书中，我们提供了23个领导案例，用来演示这些领导实践如何促进了良性结果的实现，这些结果超出了人们所熟知的三个标准——环境的可持续、企业社会责任以及财务上的成功。我们在本书中将增加以下标准：品牌及声誉、消费者满意度和更广义的长期的利益相关者价值（stakeholder value）。可持续的领导行为会把这些不同的实践整合为一个系统，并产生互相促进的效果。

通过观察那些运行可持续领导原则的企业，商业案例变得非常清晰：可持续组织在很多方面胜出了其他组织。可持续企业也常常由于可靠的商业行为而受社会尊敬。可持续企业通常享受处于“最好雇主”的状态(意味着他们往往能赢得人才)。更令人吃惊的是,可持续企业往往能够在财务成本方面比其他组织做得更好。这些优胜之处都来自可持续组织在实践中所体现出的竞争优势。在本书中,我们关注这些可持续实践,提供了可供其他企业借鉴的做法及这么做的原因。希望这能引发您自己企业中的相关实践。我们并非宣称能为所有企业提供最好的改革方案,我们提供的是一组原则,这些原则能够通过各种途径,在不同情况中应用来巩固可持续领导力。

超越企业本身来看,推行这些可持续领导原则仍然有其道理。一个理由在于人类对自然资源的探索以及对地球本身的污染已经危及地球的生存。因此,我们要对人类和环境的结果做一个反思,而商业在这个反思过程中是必不可少的一部分。另一个理由在于,当商业并不愿意在当地社区中发挥自身积极影响时会对社会造成不利因素。

商业领导者们怎样才能建立无论从外部还是内部看都更加可持续的企业呢?我们用蜜蜂和蝗虫来做一个隐喻。举例来说,蜂群中的高度专业化让蜂巢能够在不影响自身可持续性的情况下产生充分的盈余来提供给外界——比如说养蜂人。而另一方面,蝗虫的专注以及自我毁灭式的贪婪不会吸引“养蝗虫者”来在它们需要的时候照顾它们。

在商业社会中,有些组织的运营接近于蜜蜂的生存模式。它们为自身、社区以及环境产生价值。而另外一些组织只为寻求自身的利益,它们像蝗虫一样尽可能地消耗一切。本书展示了“蜜蜂”的生存模式——正如可持续企业的盈利模式,以及“蝗虫”——正如为企业自身提供较少价值而在长期实践中损害社区和环境的商业实践过程。

可持续领导力的实践往往与长期的成功相联系,但是简单地引入这种实践并不能保证长远的成功。其中一个原因在于组织绩效是相对的,这意味着即使组织 A 的良好绩效没有发生改变,当竞争者可持续地提高他们的绩效时也就会导致组织 A 的绩效相对受损下降。因此,可持续的实践需要持续引入和发展。

另一个原因在于,成功的商业实践需要关注两个基础方面:做什么以及如何做。本书立志于通过生动的例子来阐述如何做的问题。最后，就算是在运用了可持续实践方式的环境中，也无法保证管理者一定不会做出可能损害企业可持续性的错误策略决议。但幸运的是，蜜蜂型领导力风格能够让这种情况发生的概率尽可能下降。

本书致力于帮助读者区分蜜蜂型和蝗虫型领导力原则。它提供了理由和证据来帮助建立更加可持续的企业。那些想要评估自身企业实践情况的管理者可以考虑使用附录中的可持续领导力测评问卷。作者更多的评估工具可以在附录 A 中找到。

致　谢

我们要为许多人在《蜜蜂与蝗虫》写作过程中所给予的支持表示衷心的感谢，不仅仅要感谢那些能够非常慷慨地与我们分享公司信息而为此书提供数据来源的组织，还要对为此书提供案例素材的那些学术界的同事们表示感谢。特别是，我们要一次又一次地感谢那些协助我们进行研究的学生，他们不断激发并且挑战了我们的思考！不过，需要感谢的人实在太多了，以至于要想在不漏掉某人的基础上去一一提及实在是太困难了。

然而，由于安德鲁·舒勒(Andrew Schuller)对此书出版所做出的贡献，他值得这样特殊的感谢。另外，我们还要对积极帮助此书撰写的伊丽莎白·维斯(Elizabeth Weiss)以及她在艾伦昂温出版公司的团队表示感谢。同时，我们也要对一直不知疲倦地帮助我们搜寻材料、解答我们在网络图书馆提出的问题的麦考瑞大学(Macquarie University)的图书管理员们说声谢谢。

最后，我们很感激能够在位于巴伐利亚阿尔卑斯山脉中心地带的盖恩(Geiern)这样启迪思想的高山环境中进行写作，正是由于在线技术以及同事们的帮助才使得这一工作方式成为可能。最后，我们要向我们的朋友和家人表达感激和爱意，因为经历过很多我们因写作而消失的日子，他们依然能够宽容应对并且还能在之后一如往常地和我们说话！

盖尔·C·阿弗利

哈罗德·伯格斯帝纳

目　录

第一章

可持续的企业

《蜜蜂与蝗虫》讲述了为何一些企业在任何情况下都能够在行业中占据领先地位；为何这些企业能够长期以来都领先于其他企业——无论是发生战争、经济危机、复苏、石油危机和全球化竞争；为何这些企业能够在市场、秩序、消费者行为、技术等各方面产生变革时迅速适应而持续繁荣发展。这些可持续的企业拥有可与我们分享的秘密吗？

为了回答这些问题，我们揭示了大量成功并可持续发展的企业的特殊运作方式。我们也发现了大量能够支持“蜜蜂”原则及实践的证据。我们针对每条原则检验了相关的商业案例，展现了这些原则为什么能够对组织产生作用，以及如何对组织产生作用。

在本书的写作过程中，我们参考了47家企业的经营实践，并收集了超过35家企业高管的个人经验。结果突出显示了潜藏在“可持续的”企业领导力中的23个无形的因素与传统的商业实践以及主流学术思想的差异。耐人寻味的是，虽然学术研究发现这些原则或者措施都会单独对组织绩效产生影响，但是杰出的组织绩效则需要将相关的实践以合适的方式整合到一起才能实现。

在这个过程中，我们对于当前关于领导力的一些根深蒂固的想法提出了挑战。首先，我们加入了庞大的批评阵营来反对那些渗透于当前商业和政治思想的模型，这些模型的前提假设是商业的主要目的在于将投资者的短期利益最大化。

一些人也许会同意将投资者的短期利益最大化是商业的主要目的这一观点。这种观点是管理者在商学院里所学知识的传统假设(见专栏 1-1)。在《蜜蜂与蝗虫》中,我们展现了完全相反的组织理论。通过从研究和管理者实践中所获得的成果,我们解释了组织为何以及如何挑战传统的商业思想,从而实现在财务、环境和社会这几个方面的长期杰出绩效。

专栏 1-1　商学院传统上教授的内容

因为毕业生的职业生涯一般会有 10～40 年,商学院教育对学生所起的作用是非常重要的。然而,很多教授(包括其他人)批评商学院与它们的使命背道而驰,并未对管理实践过程提供帮助。加拿大的亨利·明茨伯格(Henry Mintzberg)教授认为①,商学院通过讲授错误的技巧让管理者们变成消息灵通、精于分析以及富有效率的决策者。而其他必要的技能并没有被加入课程设置中,这包括如何提升智慧,如何创造、整合、传播以及使用知识和想法。更重要的是,管理者需要建设组织文化,掌握政治技能并授权激励他人充分发挥自己的才能。

美国管理学会 2005 年度主席丹尼斯·罗素(Denise Rousseau)教授也认为,教授们导致了管理者的"弱智化"现象。只有少数教授让管理者们试着挑战传统的智慧,并通过解决问题或者评估证据来理解有效的管理行为。这种现状的一个后果就是使得教师们将自己在大学中所接受的一些虚构的和没有根据的思想又传递给新一代的学生们。为了与这种一成不变接受传统思想的习惯相抗衡,一家瑞士管理协会甚至直接声称:"主流观点大多数是错误的。"②

根据苏曼特拉·戈沙尔(Sumantra Ghoshal)教授的看法,大多数极度错误的管理实践都来自于商学院所传授的思想。由于仅仅关注股东利益,管理者被教育去尽可能地剥削供应商、消费者以及雇员。很少有人会

① Mintzberg, 2004

② Advertisement, *Der Spiegel*, 2005, Issue 20, p. 36

提到信任以及伙伴关系的重要性,或者认真对待这些利益相关者的诉求。戈沙尔批评了那些没有研究基础却成为大多数管理者核心思想的毁灭性思想,并且反对那种"无情的管理、严厉的等级关系、关注需求与控制、仅仅关注股东价值、不惜一切代价以赢得胜利的商业领导者",而赞同与之相反的另一种领导哲学。[①] 在这里,我们主张应该对不同利益相关者的利益诉求进行长期而非短期的考量。

企业需要通过对社会整体的贡献来为其存在而正名的观点与传统的商学院所讲授的观点是迥然不同的。但这却是可持续领导力的基础。

长期的观点是可持续领导力理论的核心思想。但是这并不构成充分条件,因为仅仅保证生存是远远不够的。保证可持续性是企业成功的必备基础,但是这并不是企业最主要的业务内容。最主要的业务在于为所有利益相关者创造价值,包括投资者、环境、其他物种和社会。可持续的企业实践为实现这一目的提供了必备的基础。

不仅仅只有商学院在传授一些有缺陷的传统意识形态,一些领先的管理咨询公司也主张以不惜一切代价取胜以及短视的方式来经营企业。专栏1-2显示了两家著名管理咨询公司对商业经营的看法。幸运的是,随着越来越多的人开始检验相关的证据,这一局面正在改变。

专栏1-2　管理咨询公司所推崇的理论

两位波士顿管理咨询集团的副主席在2004年4月期的《哈佛商业评论》上推荐了"强硬"的管理方式[②]:

自豪地剽窃……偷窃任何好的主意……只要不被确定为专利……

① Ghoshal, 2005, p. 85

② Stalk and Lachenauer, 2004, pp. 67-8

那些无足轻重的问题——领导力、企业文化、消费者关怀、知识管理、人才管理、雇员激励——已经鼓励了软弱的管理方式……最好的强硬管理方式在于观察你的竞争者的一举一动。

这些对于践踏伦理、反社会的商业行为的号召本身是非常令人迷惑不解的，因为有证据表明那些具有遵循伦理以及公平竞争行为的公司在利润上是更为成功的。[①] 也许这种推崇强硬管理的现象可以用商业领导者需要变得强硬而无情这一杜撰出来的思想来解释。

在2005年9月期的《麦肯锡季刊》中，两位资深的麦肯锡咨询顾问反对欧洲关注利益相关者以及社会问题的做法，认为这些做法会导致公司失去竞争力，并建议管理者们做到“尽可能不欧洲”。由于没有任何充足的证据作为支撑，像这样的文章反映了对国家价值观和全球化背景下商业竞争的错误理解。

这些是比较极端的观点，并且也不能代表所有的咨询顾问。事实上，很多咨询顾问的观点也在发生转变。2007年，两位麦肯锡的咨询顾问采访了美国的可持续领袖，包括阿尔·戈尔(Al Gore)、财务专家戴维·布拉德(David Blood)以及民意调查研究者丹尼尔·扬克洛维奇(Daniel Yankelovich)。这一迟来的对社会和环境角度的可持续领导的兴趣是跟随2006年麦肯锡的一项研究结果而来的，这一研究发现大多数高层管理者认为商业组织要比以前承担更多的社会责任。[②]

另一个对人们思考方式产生影响的主要因素来源于媒体。正如读者们一样，媒体从业者往往也是反映了从商学院中获取的传统经营理念，而非可持续领导力的思想。因此，目前存在超过300种对于可持续性的定义这一现象就不足为奇了。在很多流行媒体上对于商业本质的错误理解已经影响了

① Eberl and Schwaiger，2004
② McKinsey，2006

我们的社会。但这一情况也在改变。那么问题就在于：你会改变成什么样子？

《蜜蜂与蝗虫》提供了一种与商学院、咨询公司、媒体所倡导的传统商业思想不同的可持续领导力思想及相关实践方式。一些读了本书的人会想：我的组织已经做到了该书中说的很多方面了。举例来说，澳大利亚的西太平洋银行，在十多年前就已经应用这种可持续的领导力方法了。正如西太平洋银行的董事长和CEO在2007年可持续性报告中共同提出的：

> 我们已经理解到可持续性不仅仅是一个项目，或者一系列的优先事项，而是首要的管理原则。在我们的任期中：我们努力做到管理的长期性，在于拥有长期经营视角而非短视；做到管理的宽度，在于尽可能在合法的前提下满足所有利益相关者的正当需求；围绕着一系列的价值观进行管理。我们不仅仅是为了今天的市场或者短期的效益而管理公司——最终，长期的回报才是我们唯一所看重的。①

我们所面临的挑战在于在动荡的时代让未来的CEO们应用这些原则。

在可持续领导力的各个方面对于那些在可持续公司工作的读者们来说并不是完全陌生的情况下，本书中仍有四点思想是崭新的。第一，我们确定了可持续领导力的23种主要因素。因此也就为理解可持续的实践提供了一个思考框架。第二，通过已出版的研究成果，我们揭示了这些因素是如何帮助提升组织绩效的。这一过程为可持续性商业运营的建立提供了基础。第三，我们提供了证据和模型来说明可持续领导力的实践是如何提供竞争优势的，更注重大量因素的交互作用是如何融合并共同提供优势的。第四，我们的可持续领导力金字塔提供了一个帮助管理者检验自身组织中可持续实践程度的框架工具。这一金字塔也能指导管理者发现组织中的不足以及需

---

① http://www.westpac.com.au/manage/pdf.nsf/6917F4B5AF7459EDCA2573AE007DFE7B/$File/SIR07_ChairmanCEO.pdf?OpenElement，p. 3；accessed 27 January 2008

要进行可持续改变的地方。

即使在那些已经体现出部分相关可持续原则的工作环境中,也可以引入一些其他崭新的实践。或者是将现存的实践方法加以改进,或者是更加重视现有的实践。我们所开发的框架可以帮助战略决策制定者来确认是否已经具备了所有的要素。具备了这些信息,可持续领导力的实践者会发现他们能够更好地发现危机,并增进处理危机的能力。

本书中包含的案例揭示了不同类别的商业组织在完成和实践可持续领导过程中的区别。在这一问题上,并没有一种永远"正确"的解决方式。但是这些生动的案例可以不断激发我们去构思新的方法来加强已具有可持续性的工作环境。

最重要的是为所有利益相关者创造持久的价值。

其他读者也许会为这一发现而感到震惊:以与往常完全相反的方式进行商业实践也会取得成功。对于这些读者来说,《蜜蜂与蝗虫》将是具有挑战性的。然而,如果他们真正在意利益相关者的价值,他们就需要接受研究与实践所展示的企业所需要的可持续领导力原则,并以此来在长期过程中超过他们的竞争者。

本书动摇了现有的传统理论,这也许会让一些读者对其产生质疑并且拒绝使用这些不同的理论。引用加里·哈默尔(Gary Hamel)的话也许能对他们有所帮助——他呼吁管理者们"解构你们的管理信仰……解除前人对于你们想象力的禁锢。你们所相信的一些理论可能被证明是科学的,但是另外的大多数并不是"。[①] 哈默尔继续指出,伟大的公司往往通过突破传统的方式进行管理,而不是一直遵循一成不变的旧的管理原则。其他的管理学者也鼓励管理者们去质疑他们所拥有的信仰。2008 年全球经济危机之后,一些曾经成功的企业——包括银行、汽车以及其他——都宣布破产或者被政

---

① Hamel, 2006, p. 81

府接管。为什么这些公司中的领导力不是可持续的？仅仅是运气差吗？

本书很可能会严重挑战某些读者对领导力以及如何经营公司的基本信仰。我们的观点是基于现有的研究证据以及和那些世界上最成功的和被人尊敬的企业中的高级主管们的讨论而提出的。如果拒绝学习这些企业所教的东西则是在断绝自己以及其他利益相关者进入这一阶层的机会。

知道成功的企业如何实践可持续领导力能够帮助我们识别并且对那些不可持续的实践提出挑战。调整不可持续的实践有点儿像是使大船掉头的运行过程。首先你需要获取相关信息来判断偏离航线的距离，以及偏离的原因。接着需要在航海图或者地图的帮助下把船引入想要的方向。在《蜜蜂与蝗虫》中，我们使用现有的案例以及研究结果来绘制了通往可持续领导力的路线图。

什么是可持续领导力？

可持续领导力能够帮助一个组织经受岁月的考验，以及应对那些对企业造成困扰的无可避免的灾难。“可持续”与“领导力”两个词都意味着向未来的状态前进。

在《蜜蜂与蝗虫》这本书中，我们把领导力定义为一种系统的方式——这超越了往常认为领导力来源于强有力的领导者或者是精英团体的主流观点。对我们而言，领导力在系统中被反映为企业愿意在未来去实现的一系列原则、过程、实践和价值。当然，领导力也包括个人的参与——领导者和跟随者。但是有效的领导力来源于个体如何与企业中其他个体、利益相关者、组织系统、过程与文化以及外部环境互动。而这反过来也影响了公司分配利润、人员或其他资源的方式。显然，这一过程会在很多方面出现，但在本书中我们会专注于两种广泛而不同的组织领导力哲学。我们会通过一些证据来看其中一种哲学是如何在可持续方面胜过另一种的。但不幸的是，不可持续的那种领导力哲学却是组织在主流商业环境中应用得比较多的。

现在，做一名领导者意味着要面临比十几年前更多的挑战。今天，无论是商界还是政界的领袖都面临着和以往不同的挑战，比如气候变化、企业社会责任、人才短缺、不确定的金融市场、能源危机、食物短缺、水资源匮乏等各种全球化问题。而这些问题由于处在一个动态的、全球化的、高科技和网络联结的世界中，变得更加棘手。领导者所面临的大背景发生了改变，“可持续性”被越来越多的领导者们谈起。

在历史上，可持续性指的是什么？基本上，它是指在地球的资源范围内，在我们的能力范围内生存。很多组织，比如世界可持续发展工商理事会(WBCSD)、英联邦政府，都把可持续发展定义为在满足现有需求的同时不会损害到后代需求满足的发展模式。在世界的一些地方，人们入不敷出，就更不用说为后人留下什么了。根据世界自然基金会2006年发布的《地球生命力报告》，按照现有发展速度，人类在2050年将会消耗两倍的地球资源。其中的前提假设是在那之前地球的资源没有被消耗殆尽！

尼古拉斯·斯特恩(Nicholas Stern)爵士在关于气候改变的代价的报告中指出，如果不降低我们对资源的消耗，这一代价会大大超过我们向可持续发展模式转型的代价。他在2007年的报告中呼吁在全世界范围内采取行动来尽可能阻止气候变化对人类健康和生活品质可能产生的不利影响。利用地球的资源固然重要，但是和其他人分享财富和生活品质也是必不可少的。因此，可持续的未来需要有调节的经济增长来促进社会福利以及生态平衡的维系。而要达成这些目标，必然需要对现有的商业经营方式做出一个反思，而不仅仅是实现“绿色”经济。

世界并不是静止不变的。举例来说，由超过200家公司CEO组成的世界可持续发展工商理事会正立志于创立一种可持续的发展模式，能够在经济发展的同时保证社会的进步和生态的平衡。该理事会中大约一半的成员来自于世界500强企业，但它也吸纳了超过1 500位世界范围内商界领袖的关注与参与，其中有大约2/3的领袖是来自发展中国家的。

下面有几句警示性的话。可持续领导力并不是单纯的利他主义、慈善事业，或者仅仅是生态经济。有一个强有力的商业案例来帮助我们更好地理解可持续领导力的原则：世界可持续发展工商理事会的CEO成员们之所以愿意进行可持续发展是出于商业上的原因。根据世界可持续发展工商理事会的情况来看，可持续领导力让公司更加富有竞争力、更加能够生存、能够更快地对消费者的需求做出反应并最终吸引更多消费者。可持续领导力同样还能够吸引更多的人才以及投资者。因此，做到可持续发展是非常重要的，企业如果不能实现利润目标就无法生存。然而，成功的企业能够支付得起利他主义以及做慈善事业的费用——当然并不是所有的企业都能做到这一点——但是我们可以看到履行可持续原则的企业不仅仅能够获取经济利益，还能获得其他价值。

可持续领导力的实践并不是一个让人们能够更轻松生活的魔法公式。相反，做出那些正确的短期决定来满足长期的利益可能会是很困难的。举例来说，在竞争者选择行贿的时候做出仍然坚持商业道德的决定就是很困难的。但是，这么做最终会是值得的——因为在这样组织中工作的雇员会对企业形成更高的承诺感，而像这样的反应则会让组织能够经受住真正的风雨（比如能摧毁几乎所有企业的经济危机）。

最后，进行可持续发展不仅仅是一个“完全可持续”或者“一点儿都不可持续”的选择。事实上在接下来的内容中，我们将为大家展示忠于可持续领导力的不同程度。

投入可持续商业实践的程度

可持续的企业试图在不损害后代需求满足的前提下去尽量满足现有的需求。追求的目的是长久性。出于不同原因的考量并且以不同程度的投入，企业会拒绝、采用或接受各种可持续的商业实践。澳大利亚的德克斯特·邓菲（Dexter Dunphy）教授和他的团队提出了一种模型，把企业投入可持续性的程度分成了六个等级。这些等级从第一级即“完全不可持续”一直过渡到第六级即“完全的可持续性”。[①] 邓菲最初用这些等级来描述企业或者个人对环境和企业社会责任感的态度和行为，但是，后来发现这些词语也能够扩大到描述可持续领导力的其他方面，比如具体的个体实践行为。这六个等级分别如下：

等级 1——**拒绝**：在这一等级上的企业拒绝遵守规则。这些企业的管理者们通常相信企业的唯一责任就在于利润的最大化，通过雇用政客游说议会，尽可能游走在法律边缘（如合法逃税试图规避关于可持续性的标准）。因此他们很可能会尽量规避最低工资法、道德标准和防止污染等法规。

等级 2——**淡漠**：在这一等级上的管理者们并不会和在第一等级的管理者们一样卖力地抵制可持续性实践。对他们来说，可持续发展与他们的企业并没有太多关系，许多公司往往短视地考虑问题。正如英国管理学专家查尔斯·汉迪（Charles Handy）所言，这些管理者们认为“商业的真谛就是商业本身”[②]，这一类型的管理者们试图无视各种规则和规范，或者对此一无所知。

等级 3——**服从**：遵守规章制度的企业能够影响它们的员工并且对环境和企业社会责任做出一定的贡献，但这样做仅仅是因为它们必须遵守这些规则。这些组织对可持续性并不感兴趣——往往是因为做这件事要耗费较多金钱——但是它们非常愿意做合法的公民去遵守制度。

等级 4——**效率**：在这一等级上的管理者们承认可持续实践的优越性。他们追求成本节约型的做法，以便能够更有效地利用水和能源，保持员工队伍和抓住其他可持续的机会。理性的管理者会愿意支持能带来直接的容易识别的节约成本的可持续发展的举措。而达到这一阶段需要时间、金钱和责任的投入，这是一些企业所不愿意付出的。

等级 5——**战略上主动**：对于这一等级上的企业来说，可持续性已经成为了它们经营战略的一部分，这也给这些企业带来了竞争性优势。举例来

---

① Dunphy, Griffiths and Benn, 2003

② Handy, 2002, p.53

说，调和劳工关系能够吸引到更多的人才——这在普遍面临人才短缺的市场上是非常重要的。好的雇员能够让企业更加具有竞争力，例如美国的时装零售商诺斯通(Nordstrom)数十年都在努力调和劳工关系以吸引好的雇员。另外，顾客更愿意购买那些有社会责任感企业的产品，这也为这些有责任感的企业创造了优势。

等级6——可持续性：这一等级代表了最理想的可持续的领导力。这一等级的企业愿意做可持续发展的事情是因为它们真正认为这是正确的事而发自本心去做。本书中有许多这样的企业案例。即使当地政府所制定的规章制度要求的程度比较低，这些组织也会坚持自己满足可持续发展的更高程度。因为这些企业认为这是自身的责任。这些企业并不是单纯为了得到竞争优势而去做这些事，而是仅仅出自于自身的原则。当然，在这一等级的企业已经在之前的阶段中享受到坚持可持续性而获得的经济上的竞争性优势了。

可持续领导力并不仅仅是利他主义或者是慈善事业。

你也许希望能获知自己的企业处于哪个等级或者说应该能达到哪个等级。在本书中，我们认为前三个等级属于"蝗虫"型的态度和行为，其中第一等级最接近于"蝗虫"。而第四到第六等级属于"蜜蜂"型领导。当然大多数的公司都处于从第一等级的"蝗虫"到第六等级的"蜜蜂"两个极端之间。

领导力及其文化背景

在世界各地都有可持续的企业领导力的例子。本书中的案例反映了全球化的可持续领导力原则。并不令人吃惊的是，在那些已经广泛认同可持续发展思想的地方，关注可持续领导力的企业较多。比如说，研究表明美国和英国的CEO们倾向于考虑利益相关者的短期模型，而欧洲大陆的CEO

们更倾向于认为其领导也需要考虑其他利益相关者的价值。[①]

可持续领导的原则同样依不同国家而不同。盖尔·阿弗利在《莱茵模式——如何开创和谐的常青基业》(*Leadership for Sustainable Futures: Achieving Success in a Competitive World*)一书中很细致地讨论了这一话题。她认为至少有两种形式的资本主义模式已经存在了数十年:英美资本主义模式及莱茵资本主义模式(Rhineland Capitalism)。英美资本主义模式有许多别名,比如新自由主义、自由市场经济、普通法、市场导向或者股东中心模式。同样,莱茵资本主义模式也以社会市场经济、利益相关者为中心或者大陆模式的名称而为人所知。

在以上两种资本主义模式中,一个基本的不同之处就在于对企业和社会是否存在共生伙伴关系的认识不同。莱茵资本主义模式认为资本的积聚意味着企业和社会之间高度的伙伴关系,而英美资本主义模式认为这种模式是不必要的。[②] 相反,英美资本主义模式认为:"企业的经济、法律以及社会使命就是股东财富的最大化。"[③]

由于其他大多数的资本主义类型都可以被辨别,我们可以发现英美模式和莱茵模式被认为是当前发达的工业化社会中最常见的两种资本主义模式。但是,在这两种模式当中,英美模式则更为流行。这种模式在某种程度上是美国在商业、流行文化、教育、军事、经济和政治等方面的强大影响的结果。

专栏1-3 为何英美资本主义模式如此广泛流行?

为什么英美资本主义模式比莱茵模式更流行?这仅仅是由于美国是全球的超级大国所造成的吗?美式思维能在全球占据统治地位有很多原

① Stadler *et al.*, 2006
② Mitchell, 2001
③ For example, Copeland and Dolgoff, 2006

因，比如美国军事力量的强大（能让美国有较高话语权）。并且美国的经济实力也能够对其他国家的股票市场做出很大影响——2008年的经济危机还历历在目。在世界贸易中长期坚挺的美元也帮助推广了英美资本主义模式的应用。但是，现在美元的统治权正在受到欧元的威胁。

再则，美国在经济上的巨大影响已经超出了企业界以至政治到日常生活的范围。美国政府通过影响主要的机构，比如国际货币基金组织和世界贸易组织[①]，来推行其资本模式。而这些组织的创立正是出于对提升经济稳定性以及帮助国家度过经济危机的需要。现在它们也开始促进甚至较为强硬地推动需要帮助的国家去接受英美资本主义模式。正如美国经济学家、诺贝尔奖获得者约瑟夫·斯蒂格利茨（Joseph Stiglitz）所言，对美国来说好的模式不代表对其他国家也是合适的。比如，在国际货币基金组织、世界银行和美国财政部之间达成的著名“华盛顿共识”对发展中国家来说就不一定是“合适”的。斯蒂格利茨认为华盛顿共识对这些国家的环境、民主、人权和社会公平都有所损害。

美国的价值观在全球范围内的流行也是英美资本主义模式被广泛应用的原因之一。这是通过不同的方式实现的，英语成为大众交流和网络中的常用语言对此起到了帮助作用。美国向其他国家出口电视节目、电影和音乐。同时美国大学吸引了大量的优秀人才且通过他们把美国的价值观带向世界。另外一个推动美国价值观流行的因素在于，在美国以英语出版的学术刊物往往被全球各地的管理者和专家学者们阅读。不幸的是，由于信息的传递仅仅通过单一途径，美国管理者和专家学者们却极少能阅读到其他国家的文章。

通过各种途径，美国的商业哲学已经并且还将继续在世界许多地方占据统治地位。不过，中国、印度、南非和欧盟作为经济的新生力量也许会对这个现状产生挑战和质疑。

---

① Stiglitz，2002

显然，一个地区实行的资本主义模式必然会影响这一地区对可持续原则的接受程度。但是，这并不表示在大量采用英美模式的国家的公司就一定不会选择可持续的原则。地理位置不能决定一个企业的领导力哲学。正如我们所讨论的，在世界各地有很多家族企业接受了可持续原则。在莱茵模式占主流的国家也会有企业采用英美模式的理念。当这些企业在国际证券交易所上市或者被私募股权集团、对冲基金及其他投资者买涨的时候往往会出现这种情况。简而言之，两种资本主义模式对商业思想的影响在全球各个发达国家及地区都能看见，而遵守莱茵模式原则的企业在发展中国家也很多，相关的案例有中国的华为技术有限公司（电信业）以及泰国的暹罗水泥集团和泰华农民银行。

因此，我们一定要知道，“英美”模式或者“莱茵”模式并不是简单的地理概念。这两个概念的命名仅仅是出于它们的起源地，而非现在的流行范围。举例来说，“京都议定书”的名字来源于制定这个国际环境协议的日本城市，而“申根协定”是以制定互相开放欧洲国家边境协议的小城的名字命名的。同样，“莱茵模式”也是由1959年一次在德国莱茵河畔举行的银行会议所命名的。不幸的是，很多人把“英美模式”和“莱茵模式”这两个词当作现有的流行范围来理解。虽然这确实有一定程度上的地理划分，但是我们接下来会从我们自己的理解来看这个问题。

……“英美”模式或者“莱茵”模式并不是简单的地理概念。

蝗虫型领导力和蜜蜂型领导力的对比

之前我们说的两种资本主义模式会对企业选择的经营道路和方式做出重要影响。被芝加哥学派最先推崇的英美模式为商业领导力创造了较为极端的商业实践形态——我们称之为“蝗虫”，意味着采用无情、强硬、非社会化的手段而不惜一切代价创造利润的商业哲学。

类似地，莱茵模式则创造了“蜜蜂”型的商业领导力——精密、关注全社会在内的利益相关者、热衷分享的一种商业哲学。我们发现应用“蜜蜂”哲学的企业最密集地分布于莱茵模式占主导的经济社会中。然而，蜜蜂型领导力也被应用于更广泛的国家和地区。包括来自英美模式的发源地——美国的很多公司，比如高露洁(Colgate)、SAS 软件、万豪(Marriott)等。而蝗虫型领导力也在一些莱茵模式国家的公司被应用，比如德国的戴姆勒股份公司(Diamler AG)和德意志银行(Deutsche Bank)。

蝗虫型和蜜蜂型这两种领导力有何不同？蝗虫型领导力最明确的一个特征就在于这样的企业认为为股东创造源源不断的利润是企业唯一的目的。表面上看来，这个观点似乎很有道理。但是，追求定期的利润、增长和股东红利，日复一日，会导致一种蝗虫型领导力的倾向——管理者变得冷淡无情，并且用短视的眼光来做决策。而这种领导方式中最先导致的后果之一便是培养出了只注重短期效益和利润的管理者和贸易者，而这形成了更加注重短期行为的恶性循环。

我们使用“蝗虫”和“蜜蜂”两个标签来表示领导力哲学的极端情况。正如在之前讨论的那样，公司在真正的实践过程中会有不同的程度和等级。在接下来的章节中，我们会更细致地介绍这两种类型的领导力。

蝗虫型领导力

在极端的蝗虫型领导哲学下(强硬、无情、非社会化而不惜一切代价创造利润)，管理者会通过污染空气和水资源等方式来获取利润。蝗虫型管理者会在竞争的情况下努力将竞争者赶出市场、压低工人的工资、尽量避税、行贿或者受贿而不顾商业伦理。也就是说，蝗虫型管理哲学是基于只有损人才能利己这种观点的，而这其实是一种零和博弈。

推崇蝗虫型领导哲学的人们往往认为这样的观念是对股东价值模型的一种尊重，而这样一来这些人就占据了道德的制高点，认为他们才是股东价值竞争中真正的赢家。事实上，这样的观点不仅仅是一种误解，还是一种扭曲。在本书中，我们会解释为何蜜蜂型领导哲学通过长期的眼光来看更能够获得股东价值。

有时，蝗虫型领导哲学也会有它的优势。一个原因就是在“狗咬狗”的环境中，一定会有赢家和输家。但是如果有新的“玩家”加入到这场游戏中呢？这样的事情就发生在美国的汽车产业：数十年来通用汽车、福特和克莱斯勒三家企业一直在争夺霸主地位，每家都在努力用更无情的方式去赢得“狗王”的地位。但是当日本汽车进入美国市场后，这一局面改变了。新的竞争者在员工培训、员工福利、经销商-供应商关系打理等各方面都非常重视，采取长期导向的观念，并且最重要的是，日本企业还以相对便宜的价格出售给人们高品质的汽车。如此一来，到2007年时，丰田已经成为世界上最大的汽车公司，而通用汽车、福特和克莱斯勒都处于水深火热之中。帮助丰田汽车做到这步的是不是可持续领导力？在这场竞争中阻碍美国企业的是否是蝗虫型领导力？或者说是否是这两种领导力哲学的共同作用才导致了这样的局面？

蝗虫型领导哲学曾经被经济分析师、学术界、报刊记者、管理咨询顾问以及很多的投资者们所推崇。很多人甚至不相信有别的方法或思路来发展商业。然而，随着人们发现有大量的证据表明蝗虫型领导哲学并不是最适合的和可持续的一种领导哲学后，越来越多的人开始去质疑它。

蝗虫型管理方式下的能看得见的立即回报是非常诱人的……

蜜蜂型领导力

蜜蜂型领导方式，或者说复杂的、利益相关者导向的、社会化和分享的领导哲学，与常见的各种各样的蝗虫型领导方式形成了截然不同的对照。蜜蜂型管理者专注于长期视角，更注重对所有利益相关者负责，并且这些管理者认为只有把所有利益相关者的需求都考虑在内并且在运营的过程中保持可持续性才能够做到整个公司的可持续发展。一家可持续发展的公司把所有成员和后代的利益都考虑在内，看得一样重要。在蜜蜂型领导哲学下的企业会关注员工的发展、环保、当地社区建设，并会通过遵守商业道德来营造自己的品牌和形象。

考虑到蜜蜂型领导力实践的整体性，“利益相关者的价值”广泛得到认可。但这仅仅是蜜蜂型领导哲学的一部分，如果一提到蜜蜂型领导哲学就只能想到“利益相关者”导向的话就错了。问题在于，蜜蜂型领导者和蝗虫型领导者一样注重股东利益这一导向，而不仅仅关注利益相关者。

长期以来，蜜蜂型领导力被认为在财务效率上不够成功。但是一些经济学家比如英国的威尔·赫顿（Will Hutton），还有一些高层管理者比如法国保险公司的主席艾伯特（M. Albert）提出了反对意见。大量的研究发现，长期的蜜蜂型领导方式通常比短期的蝗虫型领导方式略胜一筹。[①] 在本书后面的几章，我们将讨论这些具体的研究成果。最后，安然（Enron）、世通（Worldcom）等大型企业在2002年的崩溃倒闭以及最近金融业的低位震荡已经让很多的领导者开始质疑那种关注短期利益而不顾商业伦理道德的做法。

蜜蜂型还是蝗虫型？

有时专家学者们会在写作中提到这两种方式的较量，其中有一些人认为蝗虫型更胜一筹。[②] 但是，我们可以看到在单个企业实践中，蜜蜂型领导力的结果普遍来说要比蝗虫型好。这并不是说蜜蜂型企业就是完美的，有时外界发生的一些事件或者一些错误的决定也会影响到公司的业绩。举例来说，大众在2009年收购保时捷的做法被认为是一种蜜蜂型的表现，这个事件可以追溯到先前保时捷冒着财务危机的风险想实现对大众的收购。从事后的角度来看，这不是一个明智的策略。

由于不同时期竞争者会有或进步或落后的表现，让公司一直保持领先便是很难的一件事。因此，“一个公司在同一时间既有可能比竞争者领先很

① For example, Albert, 1992, 1993; Champlin and Knoedler, 2003; Gelb and Strawer, 2001; Ghoshal, 2005; Hutton, 2002; Kennedy, 2000; Malik, 2002; Mintzberg, Simons and Basu, 2002; Mitchell, 2001; Stiglitz, 2002

② For example, Hoffmann, 2004

多也有可能会落后更多”。[1] 很多外部因素在影响着公司的发展，同时，管理者还要面临着可能会做出错误决策的危险。如果我们认为蜜蜂型企业一定比蝗虫型企业拥有更好的业绩，或者说较为不成功的企业就意味着管理得不够好，那么就错了。也就是说，蜜蜂型企业并不意味着一定会在这样一个动态发展的商业社会维持较好的绩效表现。

然而，我们能够找到足够的证据说明在蜜蜂型模式中的很多元素都有潜力来为公司最终的长期绩效带来价值。首先，对蜜蜂型或者蝗虫型领导哲学的选择能够决定公司经营中对资源的利用方式。比如说，蜜蜂型领导哲学把系统性的创新看成是非常重要的因素，以至于在面临经济困难的时候都不会轻易削减研发(R&D)部门的经费。蜜蜂型企业中的雇员还会在管理、生产、服务过程中因为具有创新意识而一直受到奖励和嘉奖。相反，在蝗虫型企业中，研发部门很可能是经济危机时被第一个削减的部门。另一个例子是关于培训的。蜜蜂型企业会持续投资员工培训，而蝗虫型企业很可能会在面临短期财务压力的时候放弃投资员工培训。而我们会更多地从长期运营的观点来看这些决策，事实上，如果缺乏经过培训的资深员工以及新产品，企业是很难生存的。

在不知道有其他选项的情况之下，管理者往往很难做出深思熟虑的选择。蝗虫型的理念被很多有影响力的人所推崇并且被广泛地应用。但是，即使是那些看到了企业改进的需求或机会的人，也很少知道可以采用一种完全不同的蜜蜂型原则来经营企业。

对传统商业模式的质疑

很多管理者忙于日常工作而很少有时间去质疑或反思他们的工作方式。这对企业来说是一种不幸，因为反思的能力正是能够领导可持续企业

---

① Rosenzweig, 2007, p. 16

的基础。[①] 不断反思能够帮助企业去学习和变革。有很多事件能够激发人们的反思——犯错误、冒出新想法、外界的震荡或者其他能够影响企业的因素。我们希望本书能够鼓励读者对他们现有的商业实践多做反思，并相信这样会对企业的长期发展做出可持续性方面的积极影响。

一些来自英美的主要管理思想家已经对蝗虫型的管理方式做出了反思。他们呼吁管理者们努力进行从蝗虫型到蜜蜂型的管理实践转变。专栏1－4总结了一些企业内部发生的变化。通过阐释蜜蜂型领导力举措对组织成功带来的帮助，《蜜蜂与蝗虫》也加入到这一呼吁中来。

专栏1－4　外界的评论

研究过各种组织的管理学专家通过提供大量的关于竞争优势的证据来敦促蝗虫型公司采用更加可持续的经营方式。例如，沃伦·本尼斯(Warren Bennis)[②]呼吁成立高管团队而不是让单个的CEO凌驾于众人之上。他支持人们在决策态度上形成长期视角，塑造健康的、开放的、透明的氛围以防止腐败并维护商业道德。

史蒂芬·柯维(Stephen Covey)[③]观察到雇员的工作激情正在消失的现状。他指出应该尽量减少对于个体水平的关注。他认为公司需要努力让人们致力于关注团队的利益而非个人的利益。他同时呼吁领导者们激发人们工作的动机，这需要确保雇员能够对公司的愿景以及为达到愿景需要做到的一系列制度作出承诺。

对玛格丽特·惠特利(Margaret Wheatley)[④]来说，与雇员保持距离的领导者注定是要失败的。她认为管理者的智慧就在于处理好与雇员之间的关系。

---

① Shuttleworth, Aynsley and Avery, 2008

② Bennis, 2003

③ Covey, 2003

④ Wheatley, 2003

汤姆·彼得斯(Tom Peters)[①]认为,人才是每个组织成败的关键。这意味着培训和雇员的发展是非常重要的。而对加里·哈默尔[②]来说,企业唯一的武器就是系统化的创新思考。

彼得·德鲁克(Peter Drucker)[③]认为,改变对每个组织的生存与发展至关重要。但他并不是说公司每三年要换一下CEO或者制定新的雇用政策!德鲁克是在呼吁管理者们以尊重的态度来对待企业的利益相关者——甚至包括劳动力。他警告领导者们需要去注意平衡不同利益相关群体的长期和短期的利益。

查尔斯·汉迪[④]让领导者们看到了这样一个事实——环境和社会责任并不仅仅是大型企业的责任,相反,这是所有企业和个人的责任,并且值得大家去做。劳伦斯·米切尔(Lawrence Mitchell)呼吁在组织中加强信任感,[⑤]并认为这能够让管理者显示企业员工们身上的人性的一面。

领先的管理思想者们提出了许多关于可持续领导力的元素,而这些元素均被蜜蜂型领导力应用于实践中。

在从未受到挑战的商业实践当中长大,会使得我们认为这些实践理所当然都是对的。我们会简单地认为事情总是这样进行的。我们很少对这些思想产生疑问。幸运的是,管理科学可以解释为什么被广泛应用的蝗虫型领导力实践是错误的。例如,很多不符合商业伦理道德的行为在某种程度上是管理者在股东利润和公司业务增长的压力下所引发的。而这样的欺诈行为对社会和组织带来的影响是非常恶劣的。据估算,仅仅是在2002年就有超过15万亿美元的投资资本在经济丑闻中打了水漂。[⑥] 由于这些不道德行为所引起的金融市场极端波动,更大规模的公司市值在2008年一夜消失。

---

① Peters, 2003
② Hamel, 2003
③ Drucker, 2003
④ Handy, 2002
⑤ Mitchell, 2001
⑥ Malik, 2002

很明显这也不是对股东有利的做法。

……对环境和社会的责任并不仅仅只是留给大型公司去承担。

在短期导向的蝗虫型模式中，即使没有发生欺诈行为也存在着很大的缺陷。[①] 这一缺陷来源于蝗虫型企业对投资者、评级机构、基金经理、股票市场和分析员看法的过度重视。而这些人或机构中的大多数并不会在意一家企业的命运，他们只在意从短期的业务决策中获取利润。过分强调短期的利润会抑制长期的投资利益，而长期的利益才是组织长远发展的关键。因此，也许看起来很自相矛盾，追逐利润本身会损害英美资本主义模式及其衍生物——蝗虫型的运营方式。

不管企业如何定义它们自己，所有的企业都是具有社会属性的。因此，它们需要以自己的存在和贡献说明对社会的意义。[②] 很多国家的国民已经开始注意到这一点了，仅在 2004 年，超过半数的加拿大人和英国人以及约 41％的美国人开始致力于推动立法来保证企业建立社会责任感——即使这样可能会导致失业率的上升或物价上涨。[③] 我们可以想象，如果大众知道这些底线可以提高的话，蜜蜂型的实践会得到更大程度的支持！根据 2006 年麦肯锡的调查报告，大约有 84％的高级管理者认为商业和社会的联系比以往更加密切和广泛。[④] 如果人们发现这种实践更具备可持续性，又会有多少管理者支持这样的观点和做法？

很多学者呼吁企业重塑商业伦理及社会责任这两个重要的方面。[⑤] 很多国家的立法者持相同观点。泰国国王在整个国家发起了“充足经济”运动（见专栏 1－5）。中国政府也采用“和谐”一词来推动更具持续性

① Malik，2002
② Mintzberg，Simons and Basu，2002
③ Globescan，2004
④ McKinsey，2006
⑤ For example，Hutton，2002；Kennedy，2000；Mitchell，2001；Stiglitz，2002

的商业做法。在很多发达国家，越来越多的企业被法律、规章制度及舆论压力“逼迫”着去承担了比以往更多的环境和社会责任。这一切都对只专注短期财务绩效和特定利益相关者的蝗虫型企业运营模式发起了挑战。

专栏 1-5　　泰国的“充足经济”哲学

普密蓬·阿杜德(Bhumibol Adulyadej)国王陛下提出的“充足经济”目的是在很多领域，包括商业领域，提高生态平衡和可持续发展的程度。这一哲学包括三项要素(适度、明智、弹性机制)和两大条件(知识、伦理/道德)。苏克桑·坎特布察(Sooksan Kantabutra)①的研究调查了泰国来自 6 种产业的 299 家中小型企业及 3 家大型企业。这些企业都因为度过了 1997 年的亚洲金融危机而被认为是可持续的。研究者发现，这些企业中的一些经营原则和国王所提出的“充足经济”哲学有重合的部分。这些企业在经营组织时都倾向于有长期的远见，而不仅仅在意短期利润。并且它们都很重视企业的员工并在金融危机时没有率先裁员。对它们来说，商业涉及大量的利益相关者，包括环境和社会。它们善于激发产品本身和业务流程上的创新，还愿意把当地的知识和智慧纳入创新的思考中去。

最后，管理者自身也开始发现可持续管理的重要性。越来越多的企业宣称它们会把可持续发展作为企业战略的核心。举例来说，总部位于慕尼黑的全球化学品公司瓦克(WACKER)所列出的十项目标中的一项就明确表明，“可持续管理：关心未来的子孙——我们承担不起对未来管理不善的代价”。②

---

① Kantabutra，2009

② See WACKER Chemie AG annual report 2006，p. 30

为什么更多企业不愿采用蜜蜂型领导哲学?

在之前的章节中,我们证明了蜜蜂型领导哲学在长期来看是更加可持续并有财务优势的。如果真的是这样,为什么商学院、管理咨询顾问、管理者们仍然坚持使用蝗虫型领导模式呢?我们从大量的原因中归纳出了四个最主要的因素:蝗虫型领导模式由于应用的是传统的智慧而很少被质疑;人们在做决策时并不会太关注客观的证据;一些支持蝗虫型领导模式的证据充满了意识形态色彩;越是根本性的改变越难被人们所接受。

传统智慧的诱导

按传统的智慧行事意味着和大多数人站在一起——这意味着一种更加安全的做法。心理学家告诉我们,当管理者或其他人知道他们将获取更多支持的时候,则会倾向于进行大多数人能接受的选择。[①] 如果最后失败了,他们至少可以说他们只是犯了大多数人都会犯的错。因此,失败一定是由于超出他们控制之外的因素所造成的。

这一倾向是如此强烈,以至于人们不仅仅无视了关于传统智慧能够导致失败的证据,还会因此怀疑自己的抉择。一个经典实验说明了,人们在面临群体压力(周围的一群人均认为实际短的那条线比另一条长)的时候往往会选择改变自己的判断和抉择。[②] 在某种意义上,与大多数人保持一致是采用一种过去成功过的方法去解决问题。而这样做的基本假设是现在和过去的形势是一样的。

在实践中,如果不采用这些现成的规则和思维方式,会被认为是不可思议的。人们不可能在所有决策的制定上都追溯到最基本的原理上[③]。当然,为了维持合作状态(对于那些希望能继续留在该组织的人来说),保持可预测的行为一致性也是必需的。这种行为一致性能够帮助建立及维持信赖、

① Simonson, 1989
② Asch,1963
③ Klein, 2001; Martignon, 2001; Todd, 2001

公平、互相承诺的气氛。但是当群体在驶向深渊的时候，继续遵循传统智慧就是不明智的了。传统智慧确实具有很大的力量——但这种力量却是有限的。

人们在制定决策时并不在意客观证据

人们在制定决策时往往更在意强大而流行的想法而非客观的证据。如果决策并不是基于证据而做出的，那么决策是以什么为基础的呢？为了回答这个问题，让我们先来看看以做决策作为职业的群体——法官——的决策制定过程。

法官们在开庭之前会花大量精力研究和评估证据以防止“预先判断”。事实上，加拿大的研究发现，法官的态度在很大程度上受很多其他因素的影响。[①] 某些对法官的影响因素在于法官对原告、被告的个人看法。某些因素则与法官身上那些稳定存在的、保守主义的、英式的新教思想背景有关。这一研究表明，即使研究人员对案件本身毫无了解，仅仅基于针对法官有关的三个特定信息的判断，就可以在大约 50%的判例中对法官的判决作出预测。这说明了真正起作用的不是客观的事实，而是谁是做决策的主体。

很多国家引入了陪审团制度，希望团体决策能够比一人的决策更加公正。不幸的是，这并没起到多大作用。在美国的访谈发现，大约 75%～85%的潜在评审员们都倾向于使用自己个人的主观想法进行判断。[②]

报刊从业者被认为应该懂得在写报告时更加客观，但事实真是如此吗？大众传媒一向更愿意用大量基于主观判断而非客观证据的观点来撩拨读者。让我们看一个例子。一系列统计数据表明跨国公司在规模和实力上比很多国家还要有优势，因此跨国公司的出现从全球视野来看是有危害的。而这一结论是基于被歪曲的数据分析之上的——细究之下就会发现跨国公司的政治和经济实力被夸大了：“在最具经济实力的 100 家企业中，前 37 家

① Hogarth, 1971
② Carlson and Russo, 2001

公司创造的增加值与同样榜单中前37个国家的增加值相比，前者占后者的比重不到4%。”①

管理者呢？由于决策偏差的现象在那些被训练要在决策时避免不公正的法官当中广泛存在，作为一般人的管理者在做决策时忽略证据的做法则毫不令人惊讶。管理者们更倾向于依据自己本身的习惯、偏见和看法而不是客观证据来进行决策②。研究发现，人们主观上所声称的对自己做决定的控制力，显著地低于实际的控制力③。

简而言之，人类是很容易犯错的决策者。我们的决策很容易受到错误和偏见的影响。这可能是因为人们从不会因事实而改变自己所持有的强烈的观点！因此，蝗虫型的管理者会继续依据他们现有的观念来做决策——即使他们了解到蜜蜂型领导力很可能会更有持续性及财务营利性。

用意识形态指导行为

由于人们并不依托事实来作出决定，所以毫不奇怪主观意识形态对结果会有很大的影响。有一个关于CEO的例子。为了让CEO更加负责任，他们的薪酬待遇包括股票期权往往跟股价走势联系在一起。这样的做法使CEO更容易去选择短期导向的行为来满足股东的要求。管理学家发现这一现象可能会成为一个谜题，因为只有很少的证据证实了这一点④。事实上，这样的做法可能会适得其反，因为做决策不考虑长期的利益也很可能会影响短期的股价，进而影响到CEO自身的利益。尽管如此，股权仍然成为很多CEO考虑问题的关键之一。对CEO来说，公司的长期绩效与短期利润比起来越来越不重要。

我们中的大多数人非常热衷于坚持自己的偏见。学者发现很多管理学

① De Grauwe and Camerman, 2002, p. 320
② Kane, 1996; Rousseau, 2006; Tetlock, 1985
③ Martz, Neil and Biscaccianti, 2003
④ Pfeffer and Sutton, 2006

上陈旧的观点都忽视了证据或者与证据相抵触。[①] 例如以下三个观念:绩效评估中要进行强制排名,裁员是有效的措施,以及管理者是在基于客观事实做决策。

随着决策制定者要更多地为自己的决策寻找依据,他们在做出决定时所依据的主观观念越来越多地受到审视。这样一来能够提高做出决定的质量,而研究也表明管理者在为决策寻找依据时会做出更好的决策。[②] 不然的话,决策的制定就会继续基于主观的信念、偏见和意识形态!

抵制重大的变革

如果选择蜜蜂型领导力的公司比蝗虫型的公司更加卓越,为何人们反对改为蜜蜂型经营模式呢? 以下列出了一些管理者和雇员不愿变革的原因。首先,变革会破坏组织的系统。当组织系统正在合理运行的时候,变革可能会影响短期的绩效——这会对为短期绩效负责的管理者们造成影响。同时,当系统或者过程发生变革的时候,雇员们会被迫走出他们舒适的空间,也就是说更舒服的做法是不去改变。

其次,另一个理由在于,变革一定意味着直接或间接成本的付出。比如说,对于人们来说,学习新鲜事物和不同技能是需要花钱的。类似这样的成本是很明显的。但是,我们看不见的一些因素,比如雇员相互之间的关系,也会影响人们进行变革。调整存在了很久的关系会导致人们工作与分享信息的方式发生变革。[③] 这些因素都让重大变革意味着成本付出,特别是对于那些为短期绩效负责的雇员来说。即使组织认同变革的必要性,隐藏的成本、时间、障碍也会阻止变革的发生。

第三,除非管理者真正相信变革会百分百带来好处,否则他们会对变革心存怀疑。他们常常会等到有百分百信心的时候再进行变革。希望本书中所提供的证据能够说明这一点。一些人认为蜜蜂型领导原则并不能适用于

---

① For example, Pfeffer and Sutton, 2006; Rousseau, 2006

② Schlenker, 1997

③ Gant, Ichniowski and Shaw, 2002

高科技或者服务行业。但是凯驰(Kärcher)、诺斯通、慕尼黑再保险(Munich Re)、诺华(Novartis)、SAS软件等企业的案例已经反驳了这一点。为了消除人们的疑惑，研究者需要探寻蜜蜂型领导力中到底是哪几项原则最为有效。然而，一些管理者会一直等到所有证据都搜集到之后再进行变革，而其他人也会至少思考一下马上进行变革的成本——等待会有影响吗？

激进的变革必然意味着一定的失败风险。为了避免风险，谨慎的管理者会一步步去完成变革，而这需要一些时间。因此，第四个阻碍管理者选择从蝗虫型模式转变为蜜蜂型模式的理由就在于变革的完成需要花费时间。接受创新实践(比如接受蜜蜂型领导哲学)需要逐步进行，在这个过程中有三个步骤：①

(1) 在第一个阶段，管理者尝试一种或两种蜜蜂型管理实践来提高经营效率。比如，通过建立团队来激发员工创意并提升商业的品质。当这种做法在企业中成功应用之后，企业才会开始认为这一决定是睿智的。

(2) 在第二个阶段，企业被第一阶段的成功带动着接受了更多蜜蜂型经营模式的做法。虽然看起来逐步进行改革是有道理的，但实质上这同样存在着问题。接受部分蜜蜂型管理实践而不接受整体的蜜蜂型领导哲学可能会导致增长速度变缓，特别是与第一阶段对比来看。这是因为系统在不断适应改变，但同时却被一些残余的蝗虫型模式所影响。举例来说，从工业自动化到独立自主的生产方式的转变需要很多调试。管理者需要让团队自己来做决定。这也就意味着团队成员必须拥有能力、动力、价值观来与之匹配，被信任能够做出负责任的决定。而这对管理者和团队成员来说都是新的体验。在习惯了高离职率的组织中，管理并不意味着在培训上投入大量金钱。但是如果没有培训，独立自主的生产方式就是不可能的。之前的监督者需要改变自己的角色(从上司到团队成员)，而决策制定者也往往是从团队内部选拔出来的。这同时意味着绩效管理和奖励制度上的改变。并且，在学习过程中犯的错误也是有很大成本的，这会导致对短期绩效和生产

---

① Hogan and Mühlau, 2003

率的不利影响。倘若变革的过程并没有被很好地管理，管理者可能会对滞缓的进程失望从而放弃变革的努力。因此，在第二个阶段，组织的绩效可能会有一定程度的降低。这对蝗虫型模式的领导者们来说更是一个重要的忧虑，因为在蝗虫型企业中管理者绩效的评估是依据短期绩效的。

(3) 在第三个阶段，整体的可持续蜜蜂型经营原则需要被完善为一个系统。此时企业的经营情况(如生产率)会不断提升。但是这会持续导致提升吗？为什么日本模式在日本比在美国要实践得更好呢？在探索这个问题的过程中，研究者发现仅仅接受部分因素而非全盘吸收可能是问题的关键。很少有美国企业会全盘接受日本企业创意相关的管理实践。而大多数接触其中一两个部分的管理者则会对改革结果感到失望。然而，接受整套日本模式的美国企业最终在企业绩效等表现上全盘受益。这正说明了接受一套综合完整的模式比一部分孤立的做法要来得好。[①] 在这一阶段所有相关的方面都需要被实施。

简而言之，试图对领导力哲学做出一些基础性的变革可能至少受到四个主要问题的困扰和阻碍。首先，人们更加愿意相信传统的智慧。其次，改变在一开始必然会导致财务成本和无形成本两方面的投入。再次，管理者们并不是基于证据而是基于主观的想法来做出决策的。最后，重大改变往往伴随着许多风险。在变革过程中对短期绩效的损害是非常有可能的。因此，为什么管理者们应该从蝗虫型领导过渡到蜜蜂型领导，尤其是当他们的奖金与短期绩效挂钩的时候？

什么方式有助于管理者们过渡到蜜蜂型领导？大卫·乌尔里希(David Ulrich)教授及其同事提出了管理重大变革的四步骤模型。[②] 虽然这一模型是为人力资源变革而创造的，但这里引入的系统化做法对其他变革方式也是很有帮助的。乌尔里希及其团队提出了四个问题来帮助实施变革：

(1) 为什么需要做出变革？这需要变革的负责人提供企业经营状况，并

---

① Ichniowski，Shaw and Prennushi，1997

② Ulrich *et al.*，2009

且清晰地告诉企业中的每个人他们为什么要支持这一变革。变革的理由需要涉及商业背景以及当前的经营状况，以解释为何做出变革是重要的。《蜜蜂与蝗虫》一书为公司分析经营状况提供了重要的基础。

(2) 变革的预期结果是怎样的？正如我们之前所提到的，变革会在很多方面让人们付出“成本”。因此，人们需要了解组织能够从变革中获取的利益。这本书着重指出了转换为蜜蜂型领导力的预期结果。

(3) 如何进行变革？重大的转变需要企业在战略、具体实践、员工态度和行为等多方面系统化地进行实践。每一项变革会影响另一项，而最终会一起影响企业的改革结果。《蜜蜂与蝗虫》一书强调了可持续领导力的系统性本质。

(4) 谁应该参与变革的过程？团队领袖、直线经理以及每天日常工作没有太大差异的一线雇员都需要参与这一过程来帮助变革的发生。很多组织成员都需要加入到这个过程中来定义和实施这样大规模的领导力变革。

很明显这些问题并不是呈线性步骤来进行的，它们需要同时进行。举例来说，帮助同事们了解变革的重要性(问题 1)以及变革对企业的好处(问题 2)能够让更多的人参与到变革的过程中来(问题 4)。乌尔里希指出，这些问题并非能解决所有变革问题的固定配方，针对不同的企业需要对这些问题做一些具体细节上的修改。

尽管从蝗虫型企业文化到蜜蜂型企业文化的转变会面临很多障碍，不改变本身带来的压力也在不断增加。那些继续坚持蝗虫型管理哲学而绩效平庸的领导者会被质疑说他们为何不采用蜜蜂型的管理模式。评论家和股东们除了期待蝗虫型企业的领导者维持可持续的财务绩效之外，也会期待他们能够成功应对重大的外部挑战——这些挑战包括气候变化、社会舆论期望的改变、全球人才短缺等。蝗虫型企业的高管及利益相关者因此会反思他们组织所走的道路。有趣的是，我们在之后会看到，沃尔玛——美国最大的企业之一——也已经发现了建立可持续领导力的重要性。

对于那些需要给出解释的人，则需要用事实和论据来满足他们的主张。在本书中，我们会逐步阐述相关的论据。而我们的目的就是为了向管理者们提供做决定的依据，并且感兴趣的读者可以在附录B中看到我们搜集信息的来源。

我们并不是试图去提供一种“万能适用”的领导力模式。相反，我们通过大量不同企业的案例来说明可持续领导力的实施方式可以是多种多样的。并且我们也不认为应用蜜蜂型领导力的企业永远不会改变(去应用别的领导力方式)。有时蜜蜂型管理者并没有留意到他们的实践措施带有相互交织而又系统化的本质，并且会在面临压力时做出改变。有时蝗虫型管理者也会接受一些可持续的措施，正如澳大利亚西太平洋银行所做的那样。

总　　结

可持续领导力意味着未来人们的生存能够在生态和社会方面维持平衡，而不用去耗竭资源。商业在可持续未来发展的过程中起到了非常重要的作用，并且人们越来越认识到这样做(可持续领导力)的重要性并愿意做这件事。但是传统商业经营方式会让我们达成这一结果吗?

《蜜蜂与蝗虫》一书通过对两种经营理念和领导哲学的阐述，超越了通常的财务、社会、环境三线模型。一些组织已经在可持续领导力的原则下进行运营，我们把这些企业称作蜜蜂型企业，而与这些企业相反的企业被称作蝗虫型企业。

蜜蜂型企业以精密的、注重利益相关者、社会化以及分享的领导哲学为运营的指导，而蝗虫型企业则接受无情、强硬、非社会化并且不惜一切代价创造利润的领导哲学。这两种做法并不是由原材料、设施、设备或者企业应用的管理模式来区分的。最主要的区别其实在于前者会在领导中应用23种无形的元素。这些元素被称为“可持续领导力实践”。

顾客、雇员和供应商在蜜蜂型企业中起着至关重要的作用，管理者们把他们自己看做未来企业的管家或者监护人。由此，他们能够在制订计划的时候更多地考虑企业的长期发展并且能够避免企业在商业伦理方面失去声誉。他们既看重环境保护,也看重社区发展。

极端的情况是,蝗虫型领导者在实践时更加短视并且只考虑股东的利益。简单而言,他们贯彻的是一种更加传统的商业经营方式。这种经营方式被商学院、管理咨询顾问、媒体和政府等机构不断强化,但是来自全球各地越来越多的管理学专家及实践者开始反思这种经营方式,并且开始质疑这种蝗虫型领导哲学缺乏可持续性。有充分的理由支持蜜蜂型的管理实践,在接下来的章节中我们还会继续就这点作出说明。

虽然莱茵模式和英美模式分别在世界的不同地区流行,来源于这一理论的蜜蜂型和蝗虫型领导哲学及其实践在全世界各地都有所应用。一些地区的社会背景可能会更倾向于支持其中一种领导哲学,但是可持续领导力的成功在世界各地都是显而易见的。

使用邓菲提出的关于可持续性的 6 个等级可以判断企业对可持续性的信奉程度。蝗虫型企业一般会位于第 1～第 3 等级,最多位于等级 4。而蜜蜂型企业一般从等级 4 开始,并且大多会位于第 5～第 6 等级——此时可持续实践对于企业来说既能够保证伦理道德的维系还能提供竞争优势。

可持续领导力必须与能够在长期创造财富有关。而常常为人所争议的一点就在于可持续领导似乎很难专注于短期绩效。可持续经营和专注于短期绩效似乎很难共存。虽然蝗虫型领导力被声称致力于创造股东价值,但事实上有大量证据证明蜜蜂型企业在这方面做得更好。这其中的区别就在于蝗虫型企业往往是短视的并且仅仅注重创造股东价值,而蜜蜂型企业为投资者和其他利益相关者创造了更好的长远价值。

虽然从蜜蜂型领导哲学中获取的优势显而易见,蝗虫型企业的管理者还是有很多理由拒绝向蜜蜂型经营模式转型。原因包括传统智慧的诱导、依托主观意识形态而非证据做决策的习惯,以及做出重大决策所面临的风险。只要股东、市场分析师以及评论员们依然无视改变的可能,蝗虫型管理者就会继续坚持保守的做法。

但是这一情况正在发生改变——管理者们越来越面临着向可持续领导

力方向变革的压力。管理者们现在需要在继续孤军奋战而为站不住脚的管理方式进行捍卫，还是去面对变革风险而向更具可持续性的商业模式转型这两者之间进行选择。

我们在两种管理哲学中对相对并不知名的蜜蜂型领导哲学更感兴趣。相关研究和现代管理思想都充分说明了蜜蜂型领导实践比蝗虫型领导实践更加环保、经济并且有利于社会。接受蜜蜂型管理实践会为公司带来显著的竞争优势，这其中包括更好的财务表现。

学生、管理者和管理学研究者接触了太多的蝗虫型领导哲学，在学术界、商业界存在着对蝗虫型领导哲学过多的“偏袒”。因此，我们想要向读者展示另一种经营商业的方式，并且充分展示这种方式在实际经营中的优势。在接下来的章节中，我们会介绍用来区分蝗虫型领导哲学和蜜蜂型领导哲学的 23 种领导力实践。我们会说明蜜蜂型领导哲学在商业经营中的成功实践，阐述这样的实践如何形成自我强化系统，以及这一系统如何促进绩效并最终达成可持续性。同时我们会用一些已公布的研究证据来为每一种蜜蜂型领导力实践方式做出案例说明。接着，我们还会说明蜜蜂型领导哲学的实践是不被公司的所有制形式——包括上市公司——所限制的。

第二章

可持续领导力要素

如何识别蜜蜂型领导呢？盖尔·阿弗利在其《可持续未来领导力》一书中，明确提出了界定蜜蜂型领导的 19 个具体要素。她提出蜜蜂型领导哲学与蝗虫型领导哲学（强势、无情、非社会化，不计成本地获取利益）是完全不同的。蜜蜂型领导哲学和蝗虫型领导哲学构建了阿弗利一书的主要内容，指出推动组织长期绩效的实践活动主要有 4 种：员工参与，员工自我管理，信任员工以及认可员工的价值。在这一章中，我们会描述这 23 种要素是如何促成蜜蜂型组织的竞争优势以及企业是如何实施这些实践的。本章的主要目的就是为企业寻求可持续发展提供指导。

这一章主要介绍了可持续领导的要素以及蜜蜂型领导存在的不同公司类型——从私人企业到上市公司。

区分蜜蜂型领导与蝗虫型领导

表 2－1 列举了 23 种可持续领导力要素；这些要素是从企业调查中提取出来的，并得到已发表研究的支持。这些要素可以归纳为三组：14 种基础实践，6 种高等级实践，以及 3 种关键绩效驱动因素。简略地说，我们将这 20 种实践和 3 种关键绩效驱动因素归为实践行为，尽管严格来讲，3 种关键绩效驱动因素（创新、员工参与和质量）并不属于实践行为。在这一章节里，我

们会解释这三个等级的具体内容，同时也会指明这些实践行为在创造领导力系统时会彼此相互影响。

基础实践可以随时实施，只要高层管理者决定这么做。基础实践不需要其他实践做铺垫。基础实践包括的项目有：培训与发展员工，劳资关系管理，员工保留，继任计划，认可员工价值，判断 CEO 的角色是“英雄主义”还是高管团队成员，保证行为符合伦理规范，判断是长期还是短期视角占统治地位，组织的变革是如何管理的，是靠近还是远离金融市场，提升环境和社会责任，公司对股东利益的态度，公司愿景在业务中的作用。

尽管这些都被称为“实践”，其中的一部分却更能准确地反映广泛的原则和态度。但是，表 2－1 中基础因素和其他较高级因素的区别却是这些实践只要管理决策已制定就可以立即实施。

基础实践可以立刻实施……

其他等级的实践却不可以。相关的基础实践必须要在更高等级的实践之前出现。较高等级的实践包括决策制定的转移、员工自我管理、团队导向、组织文化激活、知识和信任管理。

基础实践和高等级实践会联合促成第三等级的实践。第三等级的实践被称为“关键绩效驱动因素”。这三个关键绩效驱动因素是创新、员工参与和质量。它们通过为顾客提供他们所需要的东西而驱动绩效。

需要注意的是，表 2－1 中要素的顺序与其重要程度无关。它们代表的是这些要素在书中被阐释的顺序。

这 23 种要素代表了什么呢？让我们看一下表 2－1，在中间和右边栏里的文字和短语代表蜜蜂型模式以及蝗虫型模式的两种极端。中间一栏中的要素相互作用产生了纯粹的蜜蜂型领导哲学。右栏中的要素反映了纯粹的蝗虫型领导哲学。表格中的个人领导力以及它们对组织成功的贡献将会在第三章和第四章中讨论。

表 2-1　通过比较蜜蜂型领导哲学和蝗虫型领导哲学而得出的可持续领导力要素

领导力要素	**蜜蜂型领导哲学** 精密的，注重利益相关者，社会化的，利益共享的*	**蝗虫型领导哲学** 强势的，无情的，非社会化的，不计成本获取利润*
基础实践		
1. 开发员工	持续性地开发员工	有选择性地开发员工
2. 劳资关系	寻求合作	对抗行为
3. 员工保留	在所有层级注重长久任期	接受高离职率
4. 继任计划	提拔内部的潜在人才	发展外部的潜在人才
5. 认可员工价值	关心员工的福利	认为人是可以替换的，是有成本的
6. CEO与高管团队	CEO是高管团队或发言者	CEO是决策的制定者，英雄
7. 符合伦理的行为	“做正确的事”是明确的核心价值	态度模糊的，可协商的，可以冒险的
8. 长期或短期的视角	更倾向于长期视角	短期利益和增长主导
9. 组织变革	变革是经过深思熟虑的进步的进程	变革是快速的调整，不稳定，可能是即兴的
10. 金融市场导向	寻求与他人的最大独立性	盲目地完全遵循股东的意愿
11. 环境责任	保护环境	有破坏环境的心理准备
12. 社会责任(CSR)	重视人与社会	剥削人与社会
13. 对利益相关者的考量	每个人都是重要的	只有股东才是最重要的
14. 愿景在企业中的作用	共享关于未来发展的信息是必要的战略工具	未来并不是业务发展的必要驱动因素
高等级实践		
15. 决策方式	授权并共同决策	基本上以经理为中心
16. 自我管理	员工大多数是自我管理	经理管理
17. 团队导向	团队的界限很宽泛，得到授权	团队界限明确，以经理为中心
18. 企业文化	孕育有驱动力的、共享的文化氛围	企业文化很脆弱，除了那些聚焦于短期结果的共享或非共享的文化
19. 知识分享及保留	扩展到整个组织中	将知识交给少数人看管
20. 信任	通过关系与好意来维护信任	由控制和监视来弥补低信任度
关键绩效驱动因素		
21. 创新	各个层面均有高强度的、系统化的、动态的创新	创新被限制、是可有可无的；外部购买专业知识
22. 员工参与	注重精神承诺	以经济奖励作为主要的回报方式，缺乏精神承诺
23. 质量	融入企业文化之中	由管控来实现

* 对字谜感兴趣的读者会发现精密的(sophisticated)，利益相关者(stakeholder)，社会化的(social)，利益共享的(sharing)可以缩写为FourS(与force的读音相近)；强势的(tough)，无情的(ruthless)，非社会化的(asocial)，不计成本地获取利润(profit-at-any-cost)可以缩写为TRAP。这并不是巧合。

利用表 2－1 中的要素，可以迅速地界定一个企业的领导哲学。由于企业内部的动态性与“无序”性，几乎没有组织是与蜜蜂型或蝗虫型的领导完全一致的。大部分是有意或无意导致的两者的混合体。有时，这种混合是有历史原因的，有时可能会反映个人或创立者的偏好。由于很多动态的事件，占据优势地位的领导哲学会发生变化，比如组织合并与收购、新的主要利益相关者的加入等。来自全球金融市场或政治变革的压力，都会导致系统内变革的产生。对于占优势地位领导哲学的破坏也会导致有意或无意的领导哲学类型的转变。

构成系统的要素

表 2－1 中的可持续领导力要素并不是单独起作用的。由于这些领导力要素的作用，两种永久的领导系统就此产生。这些要素的特定组合会导致蜜蜂型领导或蝗虫型领导，也可能会是两者的混合。在两种极端类型里，这 23 种要素会采用积极或消极的方式相互作用。比如，采取长期打算或短期打算的行为会影响很多的实践活动。短期打算的视角需要减少培训与创新，搁置减少排放的计划，或者为了在下一季度中取悦投资者而解雇员工等。短期打算的行为还包括规避伦理规范的行为，以及忽视其他利益相关者的利益，如员工与供应商等。不可避免地，短期打算的行为还可能会导致临时的组织变革，扰乱之前的公司文化，影响员工与管理者的关系。

在长远视角下，投资者会放长线，能够容忍短期的挫折。在长远视角战略下，由于短期打算原因而导致的内部抄捷径行为是不会发生的。因此，企业会持续创新，知识也会通过培训与发展而得到保留与拓展，发生组织变革时会考虑利益相关者（包括环境与社会组织）的利益。

实践行为之间的关系见于图 2－1 中，该图描述了可持续领导力金字塔。这一金字塔模型展示了表 2－1 中 23 种要素是如何在三个层面上影响五种

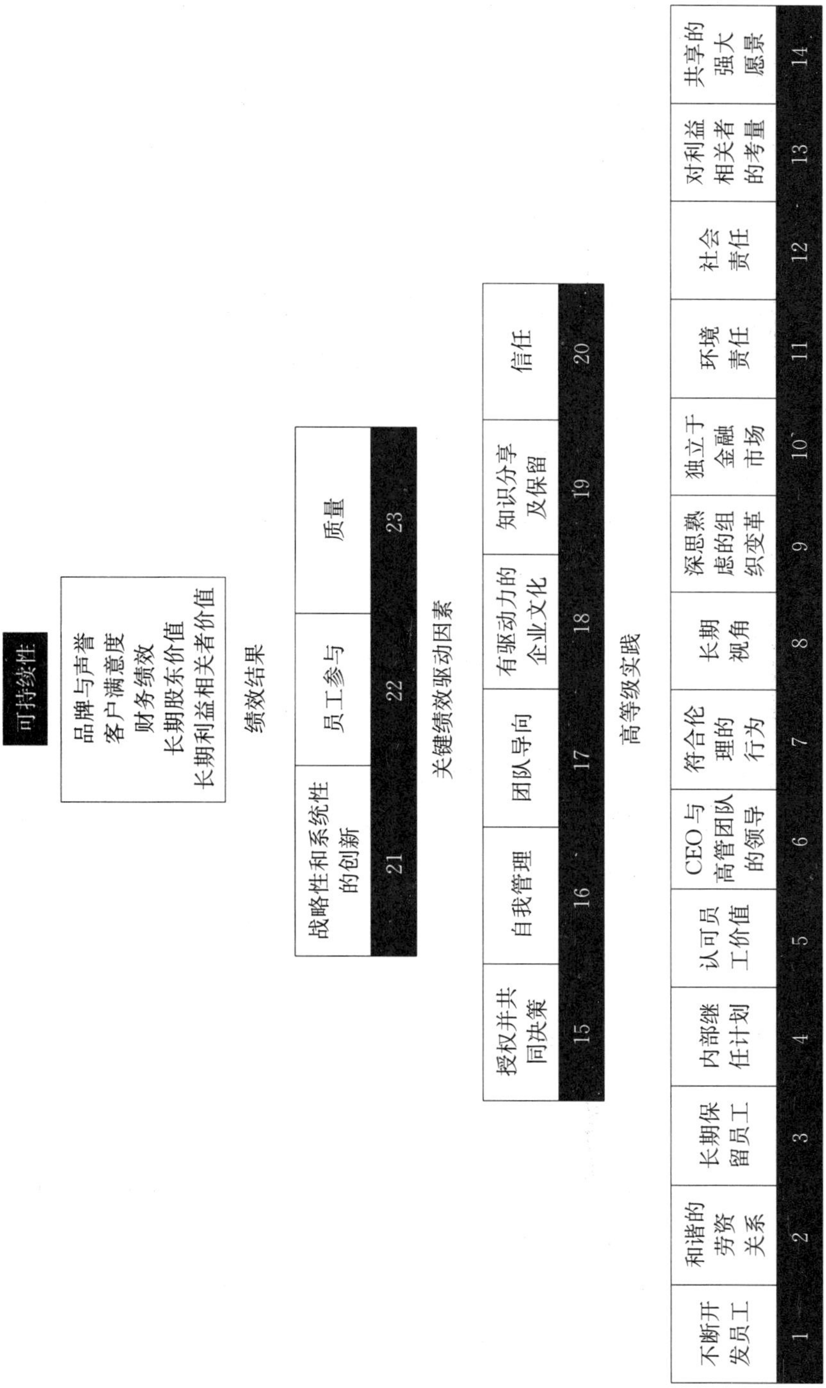

图 2－1　可持续领导力金字塔

绩效结果的。不仅不同层面的要素会相互影响，同一层面的要素也会相互影响。因此，这一系统是动态的。

基础实践与高等级实践的本质区别在于，基础实践可以随时发起。它们不需要依赖于任何其他实践的存在，尽管每项实践会作用于一个或多个实践活动。

与此相反，高等级实践则要依赖于基础实践。比如，在决定创建一个蜜蜂型组织之后，管理者则可以随时为其员工提供培训项目。然而，信任却并不像技术一样，是可以买来或教会的。相反，信任是建立在组织实施与接受很多基础实践的基础上的。发展和维系信任需要人才的培训与发展、和谐的劳资关系、长期的人员留任承诺、内部继任计划、重视员工、符合伦理的行为、经过深思熟虑的组织变革、环境责任、社会责任、关注相关利益者以及对于愿景的分享。因此，信任被定义为高等级实践行为。

相似地，关键绩效驱动因素也依赖于较低水平实践的存在。比如，研究发现，实现产品的高质量需要团队导向、赋予员工决策的权利、知识管理与信任。因此，第三等级的实践起源于较低等级的实践。

最后，所有这 23 种要素都能够驱动上述推动组织持续发展的五项绩效产出的实现。接下来，我们会检视绩效产出。

绩效产出

检验一项业务的绩效是很有挑战性的，尤其是找到合适的标准。① 仅仅衡量财务和利润，如现金的流入与流出，并不能反映组织绩效的很多其他重要方面，也不能准确测出股票价格的波动。

尽管通用绩效因素的比重和重要性在不同企业之间有很大的出入，但

---

① Meyer，2005

是五项产出却能够促进企业的可持续性。这五项产出是：

1. 卓越的品牌与声誉
2. 较高的客户满意度
3. 稳定的财务与运营绩效
4. 长期的股东价值
5. 长期的利益相关者价值

下面让我们讨论一下这些绩效标准具体指的是什么。然而，这并不是一项简单的任务，因为它们的定义在不同的学者和实践者那里都有所不同。

品牌与声誉

品牌与声誉包含组织外的人对组织与其他竞争者之间有区别的理解。品牌与声誉反映了人们基于企业之前行为或其产品与服务而对一个企业所做的归因。[①] 通过品牌与声誉可以预测组织未来的行动。对于品牌与信誉的理解涉及企业的不同方面以及不同的利益相关组织。比如，在一个缺乏人才的世界里，一个有吸引力的“雇主品牌”在劳动力市场上就会为企业提供竞争优势。有着优秀“产品与服务品牌”的企业对顾客有很强的吸引力。因此，企业的品牌和信誉对客户、雇主及其他利益相关者都有着重大影响。正如一位作家所描述的，“信誉管理是对企业内部的管理，但是却对外部产生重大影响”。[②] 企业信誉的质量与较高的财务绩效和客户满意度有较高的相关度。[③] 研究者们经常建议，企业在建立良好的信誉方面做尽可能多的努力，以此来增加竞争优势。

客户满意度

客户满意度是指，一个企业与其他竞争者相比，满足客户对产品或服务需求的程度。客户满意度与其他的业务绩效测量因素有相关关系，包括财

---

① Thomas，2007

② Chun，2006，p. 105

③ Carmeli and Tishler，2004a；Roberts and Dowling，2002

务绩效。[①] 满足客户的需求是增加利益相关者获取利益价值的有效途径,因为两者之间有很强的相关性。客户满意度同时也反映了很多其他的测量因素,如客户忠诚度、利润、市场份额、市场增长等。[②] 客户满意度的提升有助于现金流的增加,由此为企业创造利润。这是因为满意的客户更有可能会保持业务关系,为企业带来实际的价值。新的客户需要花费很大的成本去寻找,来源于此位客户的收入可能恰好抵消了另一位客户的寻找成本。因此,从一位典型客户那里赚取的利润会在后面的六年里继续增加。[③] 这段期间的收入大约会增长六倍,主要原因是因为满意的客户愿意为质量支付额外费用,会购买更多的产品并推荐新的客户。这样就会减少运营成本。因此,客户满意度是测量组织绩效的一个重要因素,对于组织的长远发展也是必需的。

财务绩效

很明显,企业要想取得持续性的发展并保证业务运行,财务上的成功是必要的。财务和运营绩效听起来可能是非常直接明了的,但实际上这些概念却很复杂且具有很强的争议性。被用来测量的指标有很多,包括利润、销售额与收入、投资的增长、资本净值、股票市场测量、成本、市场份额、市场份额的改变、股东回报等。其他一些测量指标包括净资产收益率(ROE)和经济增加值(EVA)。[④] 合适的财务计算指标对所有的企业来说都是至关重要的,尤其是对那些依据短期的回报来制定决策的企业经理人来说,更为重要。

对于什么才是最理想的财务指标这一问题,颇具争议。一些学者建议综合单个的测量指标制作一个财务计分卡,以此来缩小每个度量指标的局

---

① Anderson, Fornell and Mazvancheryl, 2004; Bird, 1995; Gates, 2000; Matzler *et al.*, 2005; Sitzia and Wood, 1997

② Anderson, Fornell and Lehman, 1994; Bolton and Drew, 1991; Hurley and Estelami, 1998; Rust and Zahorik, 1993

③ Reichheld and Sasser, 1990

④ De Wet and du Toit, 2007

限性，尽管在实践中这一方法经常行不通。[①] 财务计分卡中的测量指标经常相互矛盾且与财富的创造无关。将这些单个的测量指标综合起来，可能会产生集合所有单个指标局限性的风险，加大测量的误差。令人意想不到的是，对于企业股票价格变动的市场预期是一个有效的财务绩效指标。这样，对于金融市场的管理便成为了一项重要的领导行为。

因此，对于什么才是测量财务绩效的有效指标，专家们并没有达成客观、一致的答案，而是存有很大的争议。即使如此，财务绩效对企业的生存与发展仍是至关重要的。

长期股东价值

很明显，投资者会期望通过业务的投资获取回报。关于什么才是驱动股东利益的因素以及如何测量，有着很大的争议。一种定义认为，当企业的资产回报超过资产成本时，股东的价值就被创造出来。财务经理与分析员认为这样的测量方式是每股收益、资产收益率、代表企业价值的股利。这一定义是有问题的，因为研究发现，企业在股票市场上的表现与历史财务回报没有必然的联系。[②] 因此，要想计算出股东价值是很难的，因为财务测量并不能反映报告阶段的企业价值与价值变化。[③] 股票价格的波动与其他短期的财务指标并不足以反映或创造长期的股东价值。因此，单个的财务测量指标并不能很好地反映股东回报。

关于通过采取不同的财务举措来为股东创造长期价值，有很多不同的建议。这些建议包括，为了实现长期的优秀结果而在所有层面上奖励员工，要求高级经理人与股东一起承担企业所有的风险。[④] 然而，股东长期利益好像并不是由传统的短期财务因素所驱动的。有证据证明，与创造股东长期利益的财务指标一样重要的还有书中提到的 23 种可持续实践的相互

---

① Copeland and Dolgoff，2006；De Wet and du Toit，2007

② De Wet and du Toit，2007

③ Rappaport，2006

④ Rappaport，2006

作用。

长期利益相关者价值

研究表明，股东的利益与利益相关者利益的结合才会产生可持续的价值。[①] 然而，通过财务测量利益相关者价值或其他很多术语是很难的。查理奥克斯(Charreaux)和德斯布瑞莱斯(Desbrieres)[②]试图使用与评价股东回报相类似的程序来完成这一测量。在这一过程中，两位研究者提出财务之外的回报应该成为利益相关者的一部分长期价值。他们总结说，基于利益相关者的利益多重性，相比于通过定量条件来测量利益相关者价值，利用定性条件来测量是一种更好的方式。然而，很少有学者能够持续采用同一种方式来测量。

基于帕累托最优理论制定决策，是创造利益相关者价值的一种方式。这种方式的基础性原则是决策在损害某些人利益的同时也会有利于某些个人和组织。当一些利益相关者从组织的行为中获益，而没有任何其他人受到实质性的损失时，帕累托改进就产生了。当没有帕累托改进能够产生时，帕累托最优就产生了。这需要公司的活动要考虑绝大多数利益相关者的利益。

持续性

持续性是一项业务的最大产出。时间长度是持续性的一个指标，因为这能够体现出此项业务克服各种不可避免的困境的能力。但是，还有很多其他促成企业可持续性发展的因素，包括上面提到的五项产出。构建可持续性的业务，企业需要满足客户的需求，并树立一个有影响力的积极的品牌形象。可持续性企业能够发展出一个坚固的社会核心，这来源于不同利益相关者的支持，包括雇主、供应商、地方性社会组织。最后，可持续性企业不

---

① Pitelis，2004

② Charreaux and Desbrieres，2001

仅为其股东创造价值，同时也会为所有利益相关者提供长远价值。

以上所列举的产出因素的重要性是有实证基础的，研究表明，在实际中这些因素会以非常复杂的方式相互影响。比如，一项关于以色列企业的研究检验了 CEO 对于组织声誉、客户满意度以及其他传统绩效因素之间的关系的看法。[①] 结果显示，声誉受客户满意度的影响，而客户满意度又将产品和服务的质量与企业声誉联系在一起。接下来，声誉又与企业的成长和客户订单的增长有关。有趣的是，声誉与硬性的指标却不相关，如市场份额、利润以及财务实力。

在研究 23 种可持续领导要素对组织绩效的影响时，研究者使用了很多不同的测量方式。这给直接的比较研究造成了困难。因此，在收集文献证据时，我们不得不接受每个研究团队中报告的定义和测量。但是，我们查阅了大量的文献与研究来试图增大研究中所使用的定义与测量的多样性。

缺失的要素？

一些读者可能会惊奇地发现，一些要素与实践并没有在表 2－1 与图 2－1中出现。一个现实的原因是，在构建可持续领导力金字塔时，将所有可能的实践包括进来是不可能的。只有那些能够区分蜜蜂型领导与蝗虫型领导的要素才被包括进来。

一些实践被涵盖在其他实践的标题之下。比如，研究发现，较强的客户满意度导向有利于组织的可持续性发展。但是，作为在金字塔中没有出现的要素，客户满意度被两个地方覆盖了：利益相关者以及作为测量客户满意度的组织绩效的一部分。

公司治理是另一个影响组织绩效与所有业务的关键因素，但也没有出现在表 2－1 中。公司治理指的是公司是如何运作的，以及利益相关者的利

① Carmeli and Tishler，2005

益与权力是在什么方面与何种程度上被考虑的。卓越的公司治理以创造企业的可持续性发展为目标，禁止欺骗与损害性丑闻。要求公司管理透明化，以符合伦理的方式保持投资者与其他利益相关者的信心。[①] 一些读者对省略这一重要概念感到惊奇，但是，这确实是有原因的。

公司治理法律与规章被广泛使用，以此来确保在世界上大多数发达地区的企业管理是良好与透明的。从这一方面来讲，对于公司治理的要求在全世界范围内的增强趋势是类似的。虽然所达成的具体结果是不同的，[②]公司治理对蝗虫型与蜜蜂型组织的影响却是相似的。好的公司治理会成为全球运营环境的一部分，而并非单个领导者或董事会才会作出的选择。

因此，由于实施透明化的公司治理需要各种各样的领导，公司治理这一宽泛的概念并没有包含在模型的 23 种要素之中。这一实践本身就不是区分可持续领导力的要素，而是适用于所有企业。然而，这一概念的具体成分被包含在我们的模型之中。员工关系管理的公司治理要素、伦理以及为利益相关者的考量，都存在于基础实践的 14 种实践之中。

第三个例子涉及那些对组织成果没有贡献的变量。比如，“内部审计”（内部审计是指将组织绩效与相关标准和期望进行对比检验的一个持续性过程）并没有包括在内。这是因为研究已经表明内部审计本身对组织绩效并没有贡献。[③] 并且，这一实践是同时存在于蝗虫型企业与蜜蜂型企业中的。

第四个没有在可持续性金字塔中直接出现的是战略。原因之一是接受蜜蜂型领导或蝗虫型领导本身就是战略的决策内容。很多应对环境变化与机会的行动和反应都来源于基础性战略对采取可持续性领导原则的决策。

最后，本书中的重点是促成可持续领导的无形因素。因此，关于有形因素（如可用资产、设备、设施、原材料等）的讨论，超出了本书的范围。很多其他的作者主要关注有形因素。我们比较认同无形因素（如创新能力、知识管

---

① For example Hilb, 2006
② O'Sullivan, 2003
③ Carmeli and Tishler, 2004a

理)比物质因素更能构建竞争优势。[1]

好的公司治理会成为全球运营环境的一部分,而并非单个领导者或董事会才会作出的选择。

可持续企业的类型

本书中的例子表明蜜蜂型企业存在于世界各地,有各种各样不同的组织形式。在这一部分,我们将指出蜜蜂型领导会同时存在于上市公司与非上市公司之中。

家族式企业一般是蜜蜂型领导模式

有研究证据表明,与其创立者或家族拥有密切关系及家族运营的企业一般更倾向于蜜蜂型领导哲学的运营模式。[2] 也就是说,它们的运营模式更可能是"精密的,关心利益相关者的,社会化的,利益共享的",而非"强势的,无情的,非社会化的,不计成本获取利益的"。但是,也有明显的例外情况存在!

定义一家公司是否为家族式领导是很难的。这一概念包含了与其建立者有密切联系的公有企业,以及没有上市的企业。家族式企业的范围从上市公司[如比尔・玛利奥特(Bill Marriot)掌管下的万豪国际酒店集团]到非上市公司。家族式企业经常面临接任难题,以及由家庭关系而引发的并发症,虽然家庭关系并没有影响大部分的家族企业。但是,研究者发现蜜蜂型领导广泛存在于家族式企业之中,正如我们上面提到的一样。

在任何领导哲学指导下的企业,要想获得可持续发展都必须实现稳健

---

① Hitt *et al.*, 2001

② Avery, 2005

的利润。有趣的是,大量的证据表明所有与其建立者有密切关系的企业在财务表现上都超越了独立所有与运营的企业。家族企业的业绩与标准普尔指标的比较证明了这一点。[①] 同时,一项关于美国最大家族企业的研究也证明了这一点。[②] 尽管面临来自银行、投资者及风险资本家的质疑,家族企业的财务表现都要更好。[③]

一个区别家族式企业的特征是家族式企业不依赖于金融市场,这一特征获得广泛的赞同。私有制的家族企业不愿意将股票卖给其他人。[④] 相似地,为了保证其独立性,家族式企业试图采取自己内部的资源而非接受外部资金。由于成长的需要必须依赖外部资金时,它们更倾向于使用债务筹资方式而非股票筹资。这一般是因为债务有更长的还款期,尤其是当资金来源于私人或关系好的银行时。然而,这一现象正在改变,因为银行更愿意向散户出售公司债务,有时这将会给公司带来可怕的后果。

研究表明,中小型企业(SMEs)以及非上市私人企业往往不依赖外部资金,即使这可能会限制成长。[⑤] 但是,一项针对德国非上市私人企业的研究表明,独立于金融市场并不意味着财务成功受到限制。[⑥] 这与实践中的案例是一致的。比如,无线电和 IT 领域的沟通与测试专家——罗德与施瓦茨(Rohde & Schwarz)公司,就拒绝向银行借钱。这家公司的故事是这样的,当银行的员工打电话来时,这家公司会反劣势为优势,询问银行是否正在向罗德与施瓦茨公司借钱。这家公司在目前领导哲学的指导下,财务变得越来越强。在没有外部资金的情况下,这家公司的业绩经常会超过年度目标 15%。

家族式企业一般采取长期视角,[⑦]这是蜜蜂型领导的另一个特征。在没

---

① Anderson and Reeb, 2003
② Lee, 2004
③ McConaughy, Matthews and Fialko, 2001
④ Westhead, Cowling and Howorth, 2001
⑤ Heffes and Sinnett, 2006; Poutziouris, 2001
⑥ Venohr and Meyer, 2007
⑦ Adams, True and Winsor, 2002; McConaughy, Matthews and Fialko, 2001

有外部资金压力的情形下，家族式企业能够以更好的姿态实现长期投资，由此达成更好的长期目标。对家族式企业来说，创新也是非常重要的。研究表明，家族式企业更有可能产生和实施新的想法。[①] 除此之外，在《财富》500强中，家族式企业比其他类型的企业更少地解雇员工，因此可以留住员工和知识。[②]

家族式企业中的另一个蜜蜂型原则即对伦理和社会责任实践的重视。[③] 当然，不排除例外的发生。但是家族企业很重视信誉与家族名声。信誉促使家族企业比其他企业实施更多的环境保护，同时也会更加重视员工的留任与投资。并且，家族式企业倾向于提供高质量的产品与服务。[④] 这可能也是因为负面的公共评价会直接影响家族声誉与家族成员。

在后面的章节里，会有完全遵循蜜蜂型原则的家族企业案例。结果是很多家族拥有和家族运营的企业在长期发展上都超越了蝗虫原则下的企业。[⑤] 当然，并不是所有的家族式企业都运营良好。但是，研究者预测，成功的家族式企业会展现出蜜蜂型原则，如独立于金融市场、非个人英雄崇拜式CEO、很强的愿景与价值观念、长期投资计划、通过培训与发展提高组织能力、优待员工与确保较低的人员流动率。[⑥]

……家族企业……谋求对金融市场的独立性。

上市公司也可以实现可持续发展

像宝马（BMW，汽车）、霍尔希姆（Holcim，建筑材料供应商）、万豪（酒店）、诺斯通（时尚商店）等仍有家族成员处于董事会或参与实际运营的上市公司，

---

① Gudmundson, Tower and Hartman, 2003

② Stavrou, Kassinis and Filotheou, 2007

③ Adams, True and Winsor, 2002; Gallo, 2004; Wittmeyer, 2003

④ Adams, True and Winsor, 2002; Poza, Alfred and Maheshwari, 1997

⑤ For example Adams, True and Winsor, 2002; Heffes and Sinnett, 2006; Kleiman, Petty and Martin, 1995

⑥ Miller and Le Breton-Miller, 2003

都采用了蜜蜂型原则。成为上市公司并不能阻止可持续领导原则的采纳。

那些与其建立者没有密切联系或没有受其管控的上市公司又是怎样的呢？通过研究，我们在全球范围内都发现了采取蜜蜂型原则的上市公司。这些企业的经理不一定知道蜜蜂型领导的含义，但是拥有专业管理的成功国际上市公司都能够并已经在实施蜜蜂型领导。本书中引用的案例来自于不同的行业与国家，包括中国的华为（科技）、德国安联与慕尼黑再保险公司（金融与保险行业）、瑞士罗氏（医药）、美国高露洁（香皂与其他快销产品）、美国大陆航空公司以及 IBM（服务）。

处于专业管理下的上市公司面临着特殊的挑战——接受长期的视角与服务于不同利益相关者的利益。金融市场和投资者会施加短期增长与利润的压力。职业经理人经常会因为短期股票收入的诱惑而关注短期的股票价格。尽管公司试图通过将职业经理人的薪酬与长期绩效挂钩来解决这一问题，但是蝗虫型领导者还是会处于为股东保持公司绩效的压力之下。为了实现市场季度目标，公司会减少研发与培训，必要时甚至裁员。蜜蜂型组织认为，这样的短期理念会损害竞争力（由于知识、技能、道德、员工管理的流失）以及品牌形象（由于破坏了与相关利益者之间的承诺）。这对长期发展是一个很大的威胁，因此不是可持续性的。

……拥有专业管理的成功上市国际公司都能够并且已经实施了蜜蜂型领导。

总　　结

第二章为讨论 23 种可持续领导力要素提供了框架。这些要素被分为三组，从 14 种基础实践开始。这 14 种实践是基础性的原因有两个：第一，它们中的任何一个都可以随时开始进行；第二，如果没有它们，要实现较高级的实践和绩效是很困难的。这 14 种基础实践驱动 6 种高等级实践和 3 种关键绩效驱动因素。因此，这 23 种要素的实践行为可以作为判断一家公司是蜜蜂型还是蝗虫型的依据。

这 23 种要素有利于五个绩效结果的达成，由此能够促进企业的可持续发展。特别地，可持续性是由财务绩效、客户满意度、品牌与声誉以及长期股东价值驱动的。综合来讲的话，前四个绩效结果能够促进第五个——长期利益相关者价值——的达成。长期利益相关者价值才是最终促成可持续性的因素。

这 23 种要素并不包含与可持续领导力有关的所有变量。原因是多方面的，包括要素是否能够区分蝗虫型领导与蜜蜂型领导。比如，尽管公司治理会影响所有业务的运营，但是无论是蝗虫型企业还是蜜蜂型企业，公司治理都是必要的。但是，公司治理的组成部分，如伦理和利益相关者，已经包括在可持续领导要素中了。其他因素，如被排除在外的公司有形资源，没有包含在内，是因为它们不能区分蝗虫型和蜜蜂型，或者是它们同样适用于两种模式。

在最后一部分中，我们知道蜜蜂型领导在实践中适用于不同所有权性质的企业——家族企业(与建立者有密切联系的上市公司)和上市公司(所有权与管理层分离)。

在接下来的章节里，我们会描述可持续领导金字塔中的 23 种要素。从第三章中的 14 种基础实践开始，我们会依次说明它们是如何驱动组织绩效的。同时，我们还会讨论管理思维、实践案例以及与每个要素有关的正式研究。第四章中主要讨论高等级实践和关键绩效驱动因素。最后，在第五章中，我们会检验这 23 种要素是如何相互影响并促成组织绩效与组织可持续性的。

第三章

基础实践

可持续领导的实施要求企业主、董事会和管理者在两种截然不同的方式中做出选择来运行组织：蝗虫型方法（强硬的、无情的、非社会化的和为了利润不惜任何代价的）和蜜蜂型方法（精细的、关注利益相关者的、社会化的和共享领导的）。理想情况下，最终的选择就是那个在逻辑上能产生明确的更好结果的方法。

然而，问题并非如此简单。公司的战略决策需要在 14 种基础实践和 6 种高等级实践上做出决定，而这些实践将会影响 3 种关键绩效驱动因素。那么，这其中什么因素是需要被考虑在内的？为什么它们如此重要？它们如何有助于业务成功？

本章主要讨论 14 种基础实践，并展示这些因素如何影响组织绩效的研究成果。而 6 种高等级实践以及关键绩效驱动因素则会在第四章中讨论。

本章将依次讨论的 14 种基础实践是：

1. 在开发和培训员工上的投资
2. 培养合作式的劳资关系还是容忍敌对的劳资关系
3. 留住员工还是将员工视为可替换的资源
4. 继任计划聚焦于内部还是外部的有希望的候选人
5. 向员工表明公司如何重视他们的价值
6. 一个“英雄式”的 CEO 还是一个高管团队管理企业
7. 对商业伦理道德行为的态度

8. 倾向于短期还是长期的视角

9. 组织变革的方法

10. 是否依赖金融市场(对于政府组织来说,是否依赖于某些政治人物)

11. 环境责任

12. 社会责任(CSR)

13. 被考虑为利益相关者的范围

14. 公司业务是否由愿景驱动

上面的排序并不代表具体的重要性。对于每个企业来说,基础实践的相对重要性则是与企业本身的具体情况相关的。

员 工 开 发

蜜蜂型领导重视有技能的劳动力,并且愿意对于自己的员工进行投资,开发并培训自己的员工。他们不仅培训员工的技术技能,也会培训其与人际关系和管理相关的技能。只要是员工为了实现商业目标所需要的技能,无论是技术型的还是社交型的,都会有相关的项目进行开发与提高。这与员工的需求也是一致的。一项对接近 13 000 名雇员的调查发现了两个能显著区别最好的雇员与其他雇员的特征,即通过学习所获得的职业发展机会,以及工作生活的品质。[①]

在蜜蜂型组织中,培训不仅是针对精英的,而是面对全体员工的。组织会举行一些特殊的项目来帮助学徒工与年轻的毕业生获得企业经验。大学毕业生在这种组织中往往会获得系统的、整个公司范围的培训。许多蜜蜂型企业培养他们自己的管理层。它们从基层挑选员工,培训他们成为中层甚至高层管理者。

在蝗虫型世界中,培训与开发往往是选择性的。大量雇主提供的培训

---

① Hewitt Associates, 2001

集中于管理层与关键的技术型人才。对于一线的员工来说，培训是相当缺乏的。客户服务人员与生产工人培训的缺乏表明了十分显著的短期倾向。因为，这种组织并不期望员工长时间留在公司。于是对他们投资就不是十分明智的了。[①] 此外，没有人希望培训他人成为自己的竞争者。

如果雇主不愿意对员工进行培训，那么培训的负担就落在了员工自己的身上。然而，由于蝗虫型企业中的雇员有为多个雇主工作的打算，所以他们不愿意为了当前雇主的需求而进行额外的自我投资。同时，由于这种专业化的培训往往有更高的成本，因此，蝗虫型企业中的雇主和雇员就更加没有动力去这样做了。

很清楚的一点是，被蝗虫型公司雇用的员工——比蜜蜂型公司的员工更有可能遭到解雇——更倾向于获得一般的技能。然后他们就能将一般技能带到下一个雇主那里，而针对某个企业的特殊技能就不行。这与蜜蜂型公司的情况极为不同，他们会对员工进行大量投资，开发与培训自己的员工，于是员工就在公司所需的技能上拥有较高的水平。当然，如果员工太关注当前的需求，就会降低他们适应改变的灵活性，因此，持续的开发就尤为重要了。

……没有人想要培训他人成为自己的对手。

在蜜蜂型制造企业中，培训是一项重大的投资。例如，在宝马（BMW）公司，工作团队每三年进行一次周末团队训练——此外，还有针对团队个体成员的特定的技能训练。由团队决定谁需要什么样的培训。每年，宝马公司会在 90 000 名员工身上花费 1 亿多欧元进行培训。这差不多是一所中型的大学的预算。一般来说，近一半的宝马雇员会充分利用这些训练课程来学习。同样，以美国为基地的消费品生产商高露洁每年为自己的员工提供超过 150 个培训项目。此外，还包含持续的辅导与在职反馈。在不同的情况

① Levitan and Werneke, 1984

下，特殊技能的培训需求被满足。例如，2003 年多家美国企业曝出丑闻之后，大约 2 500 名高露洁的管理人员参与了商业信誉的培训，这成为该公司的一项重要的道德实践。在德国的汽车制造商保时捷公司中，所有的员工都有高度的技能，而且这种技能可以满足了企业的战略目标。从实习生开始，就提供了持续三年的单独培训，之后他们将在生产线上工作。培训实习生的地方都配备了极为先进的技术设备，并不断更新。每一个保时捷的雇员都有机会进行终生的学习，内容包括开发技术的、社会的、个人的甚至方法论上的技能。这些机会都是在雇员与其上司的绩效管理面谈中得到的。公司还与一家商学院开展了一些易懂的、战略性的管理培训。专栏 3－1 可以帮您了解更多关于中国华为科技公司的信息。

专栏 3－1　华为科技：在全球范围内开发利益相关者①

中国最大的通信设备制造商——华为科技，建立于 1988 年。随着其在核心领域的多项创新，该公司成为世界通信领域的领导者。华为在深圳风景优美的工作园区表现了其对于 61 000 多名员工的创新与创造力的激励。这家公司宣称其接近一半的员工（43%）从事研究与开发工作，只有不到 6%的员工从事行政管理工作。

华为强调学习与开发。在努力成为一个学习型组织方面，华为投资巨大，其中包括正规化的学习与技能开发。公司的大学负责为员工提供脱产培训，并为新员工提供指导性的项目。新员工将参加持续 1～6 个月的一系列培训课程，包括企业文化、产品知识以及市场与销售的技巧。更进一步的员工培训项目包括管理与技术技能。华为大学 200 名全职的培训工作人员在 28 个培训中心为雇员提供培训。员工接受的培训涵盖了产品、技术以及管理。

① http://www.huawei.com; accessed 20 February 2006, 31 January 2007, 14 July 2009

华为还为员工提供职业发展计划，并根据每一个员工需要量身定做。这样保证了每一个员工都有职业生涯规划。一个双重的职业通道计划使得员工能够在向管理方面发展或是继续在专业化道路上发展作出选择。技能和职业测评系统帮助员工持续提高自己的技能。由于华为的文化是重视并奖励结果，因此它的绩效管理系统强调自我激励与自我提升。管理者被期望通过目标设定、指导、评估和交流来帮助他们的员工提升绩效与能力。

新进的员工有望通过沟通来分享公司丰富的生活愿景。华为全球范围内成功雇员的例子为其未来的员工提供了有关公司的经验、挑战与报偿的信息。培养共有企业文化与愿景的管理层被认为是保持一个可持续的企业的首要之举。

不仅是制造商需要大力开发员工。服务型企业例如安联集团（一家全球性金融企业）和万豪国际（酒店）也在培训上花费大量的资金。安联集团管理学院为整个保险和金融服务部门提供领导力导向的培训，并与国际上的一些大学和研究中心合作。同样，其他的金融公司如汇丰银行（英国）、慕尼黑再保险公司（德国）以及西太平洋银行（澳大利亚）对自己的员工培训提供大量的资金。2003 年，汇丰银行在其 223 000 名雇员身上所花的培训费用为人均 750 美元。2007 年，澳大利亚西太平洋银行在其 28 018 名雇员身上人均培训费近 687 美元。

宝马……花费了 1 亿多欧元用于开发与培训……几乎接近一所中型大学的预算。

培训员工会有所回报的证据

开发员工的技能在很多方面都会有所回报，包括生产率的提高、利润的增加与股票价值的增长[①]。例如，据报道，那些在员工的培训和开发上进行大量投资的美国上市公司其业绩一般要比标准普尔股票指数显著地高出17%～35%。[②] 因此，开发员工技能在经济上是有回报的。

有时，雇主会担心培训自己的员工可能促使工资上涨。预期的情况是，雇员会对自己的新技能要求更高的工资，从而会使得企业丧失竞争力。这种担心从以下几方面来看是站不住脚的。首先，经济合作与发展组织(OCED)研究指出，如果员工被开发的是只针对个别企业而不易被转移的专门技能时，工资是不会上涨的。[③] 这种特殊化其实限制了这些员工在劳动力市场上的选择，并使得工资受到抑制。第二，即使工资上涨，也至少有两个绩效方面的理由证明培训是有道理的。在应用科技、满足客户需求以及理解业务上拥有专门知识的雇员会有更高的生产率。进一步来说，研究证实，员工对公司的价值会随着他们在这家公司的知识和活动领域中逐渐专业化而上升。[④] 第三，雇用有技能的员工可以减少对昂贵的监工的需求。[⑤] 蜜蜂型公司雇员的高水平的专业技术以及忠诚度支持着他们进行自我管理。这减少了对于没有太大价值的监工的需求，因为他们对价值链的唯一贡献仅仅限于确保那些被支付报酬来创造价值的员工真正在创造价值。因此，有价值的研究表明培训与开发对于股东来说是有回报的，尤其在降低成本、提高股价以及增强生产率方面。[⑥]

这种情况对于那些有高流动率的企业来说是负面的。研究显示，如果雇员培训的目标是为了服务下一个雇主，会使现在公司利益相关者的利益降低5.6%。[⑦] 调查者将这种利益上的损失归结为雇员离开公司将自己的技能带到了另一家竞争公司所致。因此，这些研究者建议在经济衰退的时候，

---

① Aguinis and Kraiger, 2009; Becker *et al.*, 1997; Jacobs and Washington, 2003; OECD, 2001

② Bassi and McMurrer, 2004

③ OECD, 2001

④ For example Carmeli and Tishler, 2004a; Ghoshal, Bartlett and Moran, 1999

⑤ Ewing and Wunnava, 2004; Hofstede, 1993

⑥ Ichniowski and Shaw, 1999

⑦ Pfau and Cohen, 2003

不要给自己的雇员进行培训。

培训带来的直接的和间接的利益经常在评估劳动力成本与生产率时被忽视。一个拥有技能的劳动力会支持三个关键绩效驱动因素，如可持续的领导力金字塔（图 2－1）所示，包括员工参与、创新与质量。在“可持续的领导力金字塔”的更高层次的实践中，培训与开发不仅可以增强自我管理和团队协作，还可以增强组织文化与促进信任。这使得在培训与开发上广泛而策略性的投资成为了可持续领导力的基础。

劳资关系

蜜蜂型企业的雇主非常依赖高技能的员工队伍。这要求在雇主、雇员与雇员代表之间要有合作的关系。因此，与工会的合作就是蜜蜂型领导哲学的一个重要部分。这对于欧洲大陆大多数国家来说是容易做到的，因为工会被认为是不可或缺的一部分。例如，在德国，成立工会对于小企业来说不是强制的，但是对于超过一定规模的企业来说却是必需的，即使在这家企业内只有一个员工要求成立工会。① 在欧洲的部分区域，工会是受到法律保护的，并且深入地参与大型公司的运行。在某些情况下，一些公司会设立处理工会事务的专员。相对应的是，欧洲工会被要求成为商业伙伴来建立推动企业成功的工业条件。②

蝗虫型领导从本质上就不喜欢工会。许多澳洲、英国以及美国的工会都会采取对抗雇主的策略。这些工会通常倾向于远离雇主，这样它们可以批评雇主并更好地争取雇员的权利。于是，就加重了这些国家中管理层与工会之间的不合作。例如，英国航空业的工会与管理层的关系就不是很成功。部分原因是由于合作的尝试并没有从上至下很好地传达。其次，管理

① Goerke and Pannenberg，2004

② Levitan and Werneke，1984；Weihrich，1999

层并没有改变先前那种短期的、不惜代价实现股东价值的、成本节约型的观念，来适应合作文化下长期的利益相关者的新视角。[①] 研究者并不惊讶，在蝗虫型领导哲学中这一切都将继续。

小型工会以及相对集中化的协调的集体谈判会导致劳资合作更容易产生。[②] 雇员更容易参与到各种层次的决策中来影响自己的和雇主的未来。在欧洲的某些地方，超过 2 000 名雇员的公司，按照法律应该有 50%的雇员代表参与监事会。因此，监事会中的工会代表会参与到欧洲大型公司的核心决策中。这种公司中的劳资关系比蝗虫型企业更加协作。

雇员代表在管理变革上也是有用的，一旦变革的需求被确定，雇员代表就会帮助其他雇员接受和实施这项变革。在这一方面，雇员代表能够帮助管理层和雇主实现人性化的变革。

然而，不仅在欧洲，蜜蜂型公司才会重视与雇员代表的合作。在高露洁总部，一个专门处理劳资关系的副总裁被雇用来培育良好的劳资关系。与工会的合作帮助这家消费品生产商达到了其商业目的。请参阅另一个对劳资关系采取合作态度的美国大陆航空公司的例子。

一些全球化公司在不同的地域依赖不同的工会组织，例如总部在斯德哥尔摩的阿特拉斯·科普柯公司（Atlas Copco，建筑机械公司）以及万豪国际酒店。这些公司与工会的关系依赖于各地不同的环境。一些国家有着截然不同的工会的概念，比如在中国，工会就倾向于拥有类似政府的权威。瑞士米格罗（Migros）公司保护它的供应商雇员的工会会员的权利，即使这些雇员在其他国家工作。

雇员代表在组织变革中仍然是有用的。

---

① Danford *et al.*, 2005
② Lane, 2000

专栏3－2　美国大陆航空公司的劳资关系

美国大陆航空公司寻求与代表自己42%雇员的工会达成共识。在2007年致股东的公开信中，CEO劳瑞·凯勒曼(Larry Kellerman)描述了该公司与工会的关系："我们共同进行的充满尊敬与共识的进程阐释了我们共同工作文化的强大力量，这与那些竞争对手充满敌对与残酷的员工关系相比较来说，更是如此。"

工会对于这一进程的感想不得而知，然而，他们同意在市场萎缩的时候降低工资与福利。在2004年，公司签署了一份关于建立新型劳资关系的"合作伙伴记录"，这一记录被认为是建立在坦诚、真诚的互相交流的基础上的。① 在同一年，美国大陆航空公司宣布为了削减工资总额，将会改变大部分美国管理层与文职雇员的工资、工作规定与福利。考虑到在情况改善后公司将会使雇员分享的利润翻一倍，所有的雇员团体最终接受了该项决定。

高管也同时降薪。董事会也降低了自己的报酬以及2005全年的可选分红。管理层降低了自己的福利与雇员一起承受降薪。在2007年，公司恢复到连续盈利的状态，并向雇员养老金和利润分享中注入了大量的资金。美国大陆航空公司能从充满困难的产业中恢复，这与众多的利益相关者的合作分不开，这当中自然包括与工会的合作。

良好的劳资关系会有所回报的证据

对工会一定会导致较高成本与较低利润的担心似乎是没有根据的。研究者指出工会与较高的生产率相关，并且生产率的提升可以抵消由于工会存在会导致的工资增加。② 与一般的认识相反，在经济合作与发展组织国家

① http://www.continental.com/web/en-US/content/company/history/2001-2010.aspx? SID＝4953A9FEEF8E4F95B1232F649BED656D; accessed 8 September 2007

② Gittell, von Nordenflycht and Kochan, 2004

中，工会参与并没有加剧国家的失业情况，实际上工会帮助降低了失业率。[①]

早期的研究认为工会对企业绩效会产生负面的影响，至少在美国和英国这样的国家对工会持传统的敌对态度。[②] 然而，其他的研究却一直挑战着这个结论。法国的研究者发现，工会的存在并不会对公司的财务绩效产生不利的影响。[③] 其他的国际数据显示，积极的工会管理层关系能够强化公司采取措施以及维持创新。一个研究航空产业的项目得出了劳资关系会影响企业总体的信誉以及企业绩效的结论，主要是通过工会对消费者施加影响来实现的。[④] 在曾经对劳动者持敌对态度的历史时期中，一项调查了200家公司的研究表明，工会与产业的创新程度正相关。[⑤] 最近，英国的公司似乎转向了与工会更为合作的态度，这伴随着员工与管理层之间更为紧密的合作。这种情况出现的原因是员工参与逐渐被认为是一件好事，同时，员工参与会导致更高的工作满意度和生产率[⑥]以及更好的财务表现。

同样，传统的劳资敌对关系在美国也逐渐得到缓和。关于航空产业劳资关系的研究显示，工会的存在会导致公司绩效的提升。[⑦] 当然，没有人怀疑历史性的充满冲突与恶化的工作场所文化会降低公司的绩效。但是，随着工会的出现以及雇员、监管者与管理层之间的关系变得真诚与缓和，公司绩效开始提升。研究者研究美国的航空产业发现，增长的生产率来源于通过合作使得航空器的运转更为快速，从而使得效率得到提升。正是因为如此，劳资关系的质量就极为重要了。

在日本企业中开展了一项类似的研究，在那里，公司会与员工开放地分享信息，并且这些企业有更高的利润与生产率，以及更低的工资成本。[⑧] 以

---

① Alexiou and Tsaliki，2009

② For example Bronars，Deere and Tracy，1994

③ Laroche，2004

④ Martinez and Norman，2004

⑤ Michie and Sheehan-Quinn，2001

⑥ Danford *et al.*，2005

⑦ Gittell，von Nordenflycht and Kochan，2004

⑧ Morishima，1991

色列的研究者发现劳资关系是影响公共部门组织绩效的因素之一。① 因此，在许多的环境中，管理层与工会的合作对于一个企业来说在经济上是有所回报的，当然，这是从长期的角度来看。

就工会本身来说，它对于企业绩效的影响可以是正向的，也可以是负向的。这依赖于与管理层关系的本质。与其他的诸如灵活性、团队合作以及合作等这些因素一起，工会能够对生产率与财务绩效产生正向的影响。② 与员工代表建立融洽的合作关系在任何时间都可以开始采取合适的行动。一开始，坦诚地沟通、开会，设立管理层的代表来向雇员和工会释放积极的信息。

简短地来说，蜜蜂型领导哲学与蝗虫型领导哲学的最大不同在于管理层为实现与工会合作而付出的努力程度。蝗虫的态度是敌对的，而蜜蜂却寻求合作。当然，这也需要工会持互惠的态度，才能建立起合作的关系，但是努力与工会建立合作关系是管理层能立即决定的事情。这是可持续领导力金字塔的基础实践。领先的评论已经开始呼吁人们重新思考企业、劳动力与政府之间的关系，这样才能建立 21 世纪的新型组织，这种组织不仅具有全球的竞争力，还能给雇员提供更高品质的生活与更强的幸福感。③

员 工 保 留

在蝗虫型领导下，裁员是非常常见的。例如，在通用汽车公司 2006 年年报中关于企业进展情况的段落委婉地对利益相关者写道："超过 43 000 名美国雇员进入了通用裁员计划。"④一般来说，裁员为公司提供了适应快速变化的市场的流动性，也帮助公司以更低的价格取胜。这对于生产低价的商品

① Garmeli and Tishler，2004b
② McNabb and Whitfield，1997
③ Rousseau and Batt，2007
④ Hodges and Woolcock，1993

以及企业的结构重组是有利的。

然而,在那些创新和质量占十分重要地位的部门,“雇用即解雇”的模式是十分不利的。另一方面来说,员工的不断更换会使得基本技能与知识的传递与保持变得困难。这反过来破坏了那些达到高质量与创新的努力。进一步来说,那些被称为“裁员幸存者”的人通常会担心自己是下一波的牺牲者。他们或许会不得不高度紧张地承担那些本应由新进的大学毕业生完成的额外工作。“裁员幸存者”更不情愿承担能使组织摆脱困境的风险,也就是那些开发新产品、开拓新市场或者是锁定新的消费目标的风险。因此,采取短视的策略对待员工会妨碍创新,这包括签署短期的劳动合同。①

雇主能用许多方法增加员工留在组织的可能性。保留员工的第一步是招聘那些与公司有一样价值观的员工。这个结果被一项美国的研究所证实,它追踪了 8 家大型会计公司的 171 名审计员的早期职业生涯。② 与公司有更为一致价值观的被调查者有更高的满意度,并比那些与企业价值观不一致的同僚更倾向于留在公司。综述 172 个研究发现,认为自己不匹配公司价值观的人更倾向于另谋高就。③ 保证员工与公司一致的重要的好处是这样可以导致高的组织承诺和工作满意度——也包括员工倾向于留在公司。

雇主促使员工留在组织的另一项举措是管理员工的职业规划。一些跨国企业将组织文化与员工的职业动机相协调,这样做会增加员工对企业的好感,并使他们更愿意留下来。④

在蜜蜂哲学下,员工是公司的核心与灵魂——员工在创造企业价值中扮演着核心的角色。蜜蜂型企业甚至在困难时期也尝试保留自己的员工。连续的裁员破坏了蜜蜂型企业中管理层与劳动之间“默认的协议”,也就是拿工作的稳定性来换取雇员的忠诚。蜜蜂型企业的方法还包括为那些希望尝试不同职业的员工提供更多的职业生涯路径。曾经,传统的职业生涯路

---

① For example Holm and Hovland, 1999; Michie and Sheehan-Quinn, 2001

② Chatman, 1991

③ Kristof-Brown, Zimmerman and Johnson, 2005

④ Larsson *et al.*, 2007

径是从技术型的岗位升职到高级管理岗位。现在却不只是这样，平行的技术或专业型的职业生涯也可以帮助那些希望留在技术、专家或项目管理领域的员工。

……员工是企业的核心与灵魂。

即使员工流动率在工业产业中非常高，但是很少的员工会主动离开蜜蜂型企业，除非他们不得不退休。在蜜蜂型企业中，员工离职率大约是2%～3%，例如瑞士建筑材料供应商霍尔希姆公司与德国的化学公司瓦克。在蛇牌（Aesculap）公司离职率接近0，没有人曾经被这个领先的德国手术器械制造商解雇过。甚至德国的弗劳恩霍夫协会（Fraunhofer Society）——一个将受过商业培训的研究者推向产业部门进行研发工作的协会，年员工流动率也仅仅只有12%。美国软件生产商SAS的员工年离职率也只有4%，与其他IT同行接近20%的离职率相比是十分低的。万豪国际酒店的员工流动率从酒店业的标准来看也较低。例如，在香港的酒店业中，离职率在2003年全年接近29%。在同一年，在香港万豪酒店中，离职率低于9%。不用招募、指导与培训员工的成本节省从正面的角度反映了这些公司的竞争力。

有时裁员是不可避免的，只要是采取一种对员工友好的方式，对企业来说这样做是有利的。[①] 如果雇主在重新分配工作或是试图解雇员工时显示出对员工的关心，那么员工会更好地配合，例如，雇主可以为那些离职的以及留下来的员工提供咨询。提前计划精简组织规模似乎更为有效，最好不要为了财务亏损而临时采用。

在困难时期，蜜蜂型企业试图在组织内保留和重新分配自己的员工。例如，香港万豪酒店在非典（SARS）暴发时期试图留下员工，尽管那时酒店的预定率缩减到个位数。香港万豪酒店借助自己先前建立的饭店的声誉，

① Cascio，2002；Holm and Hovland，1999

决定对自己酒店客房部的员工进行餐厅服务培训，然后调做餐厅服务员，这样就避免了解雇老员工而招聘新的招待了。采用这种方法，万豪酒店因培训有技能的宾馆服务生而获利，并且为以后宾馆生意的恢复做了充足的准备。

企业经常将变革组织的需求作为其摆脱员工的一个机会——一种心照不宣的委婉裁员的做法。然而，当全球性的慕尼黑再保险公司在2001年2月改组总部的时候，履行了自己不裁员的承诺，没有一个员工在此期间丢了工作。整个管理层改组的进程在一个高度结构化的方式下进行，并在规定的时间内实施。这项改组计划几乎在整个企业的各个层面得到了支持。另一方面，IBM(请参阅专栏3-3)因为每年注入新鲜的血液而不得不解雇在职雇员。这种蝗虫型方式与IBM其他方面的蜜蜂型实践不太一致。

专栏3-3　IBM公司新鲜血液的不断流动

即使在领导、对人的关注、培训以及创新这些方面令人称道，IBM过一段时间就会更新自己的员工。管理层争辩说，为了适应全球IT行业的快速变化，定期改变自己员工的技能结构是有必要的。简短来说，IBM每年解雇2万名员工。2002年，在一个相对短的时间内，IBM解雇了近6%的员工。即使被解雇的员工通过新职介绍等项目的帮助可以找到工作，这种做法还是在业内人士中形成了一种恐惧文化。为了平衡这种解雇员工的做法，IBM正在试图与雇员建立一种新的关系，即提供给员工重新培训的机会，使得他们能适应全新的工作并继续深造。公司2007年年报显示，IBM重新培训了即将退休的员工以转移到教育、政府机构以及非政府组织中开始第二次职业生涯。

重新培训员工会有所回报的证据

与传统智慧的观点不同，只要可能，公司对于员工的再培训都是有利可图的。管理层经常会忽视员工离职的代价是昂贵的。重新替换一个美国呼叫中心的客户服务代表大约要花费近一年的薪酬，同时，更换一个更高层级员工的花费大约为 1～2 年的薪水与福利的总和。[①] 一项追踪受雇于六家公共会计事务所的 904 名大学毕业生的为期 6 年的研究，估计了各家公司花在这种人力资源上的费用平均大约是 600 万美元，[②]该研究还得出员工留下与否取决于公司的价值观。这些结论似乎是相对保守的估计，因为很多花费不是直接的，因此很难去计量。隐藏的花费包括新员工学习工作时候的生产率损失、培训的花费、进行离职面谈的时间花费以及向招聘顾问汇报或是在媒体上做广告的花费。

保留那些训练有素并且忠诚的员工……会加强组织的表现。

除了能节省招募的花费，保留员工也能够为公司创造内在的、非财务的优势。例如，留住员工能够保持和利用长期员工与独特的传递知识和技能的途径之间形成的链条。这形成了企业独特的、不能被其他企业模仿的竞争优势。[③] 另一方面，当员工离职时，知识与专业技能对这家公司来说就丧失了，甚至可能去服务竞争对手。被解雇的员工会将客户一起带走。与留住老客户相比，获得一个新客户的代价是很高的。[④]

各种研究显示，保障职业安全是一系列提高生产率行为的一部分。[⑤] 有趣的是，保留员工的公司并不会经受高缺勤率、高病假率以及那些对于解雇型公司来说十分常见的代价。[⑥]

总之，即使裁员会带来确定的短期财务改善，但从长期来说，这些公司

---

① Hillmer, Hillmer and McRoberts, 2004; Ramsay-Smith, 2004

② Sheridan, 1992

③ Dess and Shaw, 2001

④ Pfeifer, 2005

⑤ Ichniowski, Shaw and Prennushi, 1997; Pfau and Cohen, 2003

⑥ Cascio, 2002; D'Souza *et al.*, 2005

会经受更多的长期财务困境。[①] 这当然是因为股东忽视了保留员工的财务回报。一项全球调查表明，保持较低的自愿离职率对一家公司价值的贡献大约为 3.2%，同时大力承诺工作安全性会另外增加 1.4%。[②]

裁员的另一个后果是会损害企业的声誉，这一结论是由一项针对 1984～1994 年间《财富》杂志最受崇拜的美国公司的裁员的研究得出的。[③] 当管理人员负面地评价这些裁员公司时，股票分析员对此持更为负面的评价。这是非常令人惊讶的，因为往往分析员是公司裁员的游说者。损害声誉可能的原因之一是那些支撑公司声誉的诚信、信用与承诺遭到了破坏。

由此，即使裁员会导致一些立竿见影的成本节约，但它几乎不会导致企业绩效的增加。现实的情况往往是，一旦将隐含的人员损失计算在内，裁员会导致中长期的损失。然而，对于新晋升的蝗虫型的 CEO 们来说，追逐短期的成本下降是诱人的，特别是下季度的表现与他们的短期奖励直接相关的话。由于 CEO 的奖金分红与裁员同时发生，因此，这就十分考验甚至很有可能会破坏管理层与员工之间的信任。一些隐含成本来自"幸存者综合症"，即员工持续感觉到的不安和愤怒，或者是体验到的一些其他的会影响绩效表现的情绪。证据表明，对工作感到不安全的员工会对企业感觉不佳——不积极地回应变革和管理情绪、对客户态度恶劣与无效率。[④] 此外，这些员工易生病，这对于雇主来说也是代价昂贵的。而好消息是，如果雇主持续关心自己的员工，并在他们身上投资的话，生产率的损失与缺勤率会下降，即使是在一次裁员之后。[⑤]

类似的发现在小型公司也广泛存在。财务表现良好的企业倾向于拥有高程度的企业参与度与低程度的员工离职倾向。[⑥] 很多研究一致显示这些企业比竞争对手表现得更好。尽可能保留接受过良好培训并且忠诚的员工

---

① Yu and Park，2006

② Pfau and Cohen，2003

③ Djordjević and Djukić，2008；Love and Kraatz，2005

④ Reisel，Chia and Maloles，2005

⑤ Zatzick and Iverson，2006

⑥ Gevity Institute，2006

会加强企业的绩效，这同样适用于小型企业。

因此，仅仅将裁员作为“最后手段”的企业往往要比那些经常裁员的企业有更好的表现。在可持续领导力金字塔中，保留员工支持了多种多样高等级的结果变量：它使得知识能够在组织中保留，孕育信任、保证质量、增强员工参与以及鼓励创新。总的来说，保留员工除了会增强企业绩效，还会改善品牌形象与顾客满意度等对于可持续的领导力来说重要的结果变量。员工保留被认为是可持续的领导力金字塔的基础，因为保留员工的努力可以在任何情况下做出。

继任计划

在保留员工的同时对未来进行规划，需要系统对组织中的角色寻找合适的继任者。蜜蜂型企业偏好从企业内部提升员工而不是雇用外部的新员工。在快速增长的时期，内部提拔不能满足全部的岗位，在这种情况下，即使是蜜蜂型企业也会从外部招聘。然而，新员工必须精心挑选以适应已存在的企业文化。

一些蜜蜂型企业不会直接任命外部经理人作为企业的高管。相反的是，新员工将会被安排进入继任计划中，被指导1～2年以确保他们可以适应环境与角色。如果一切顺利，新员工会被提升至高层。由于不是所有的人都会被提升至高等级管理层，其他的内部提升途径也需要配套，这样才能保证员工的发展。

美国的一项研究发现高绩效的愿景型企业提升内部员工担任CEO的概率比其他美国企业要高6倍。[①] 研究者总结说，并不是领导质量这个变量显著地区别公司绩效，而是持续的品质领先。这种持续性延续了企业核心价值观，保持了一个强大的和连续的文化，并帮助确保长期计划与战略能够

① Collins and Porras，1994

与目标一致。从外部雇用高级管理人员对于组织的文化来说是有风险的,因为这些人会在高层做频繁的变化。这使得取得成功与保持成功难上加难。

从外部雇用高级管理人员对于组织文化来说是有风险的……

蝗虫型领导倾向于从外部雇用新的人才。蝗虫型经理经常困扰于蜜蜂型企业从内部提拔高等级管理层的做法。"新的想法从哪里来?"他们会问。从一个蜜蜂型企业的观点来看,这是一个错误的问题。在蜜蜂型企业中,高等级管理层的角色不是创新的来源。蜜蜂型 CEO 们的工作是确保组织文化、实践与系统能够孕育广泛的和持续的创新。如果创新简单地从长期或短期雇用的 CEO 或高管那里自上而下推行的话,组织是不能够延续的。蜜蜂型企业是多么认真地在执行雇员继任计划与雇员发展计划能够从下面一个例子中看出来。

美国消费品生产商高露洁的董事会广泛地参与了继任计划,特别是在高层。董事会成员重视并讨论关键岗位的潜在继任者,而不是将这些话题留给更低层的管理者。瑞士建筑材料供应商霍尔希姆有一个从内部提升人员到空缺岗位的清晰愿景,并通过一个复杂的继任计划以及一系列高技能的管理人员来实现。这家公司的目标是确保现在的管理层能够有技能、社交能力以及个人竞争力使得企业在未来更加成功。为了实现这个目标,霍尔希姆使用目标管理者发展项目来增强并挑战未来的管理者。您将在专栏 3-4中读到关于美国全球快递商 UPS 如何提升规模的片段。

提高管理层中女性的比例是许多公司的挑战。例如在慕尼黑全球再保险公司中,即使女性占刚毕业雇员中的接近一半,可是要将女性雇员保留足够长的时间并使她们能够晋升到管理层,对该公司来说仍然是一个巨大的挑战。为了实现这一目标,该公司资助了一家托儿所,并且设定了能显著增加女性管理者数量的目标与策略。

专栏3-4 联合包裹服务公司(UPS)的晋升途径

美国UPS将自己描述为就收入和运送量而言是“世界最大的包裹投递公司,并是全球供应链解决方案的领导者”。[1] UPS是美国运输业中最值得推崇的企业。成立于1907年,到2008年这家快递企业已经成长为拥有50.5亿美元资产以及42.6万名雇员,覆盖全世界200个国家的公司。其愿景是“以承担社会责任与经济可持续的方式运行一家财务良好的企业,以确保我们可持续的能力能够影响我们每天联系的利益相关者”。[2]实现这个愿景的关键之一是员工。

UPS从很长时间以前就开始偏好从内部提升已有的候选人到更高的职位,并鼓励自己的员工在企业内部有一个更长远的规划。这意味着兼职变成全职,以及一些人晋升入管理层。在这个策略下,2008年全职的UPS管理者平均有15年的服务期。这使得管理团队保持了一项别的企业都只能羡慕的技能,并且支持着该公司有驱动力的企业文化。

以下是一些从企业可持续发展报告中摘录的数据:

1. 在2008年,4 551名兼职人员成为了全职人员。
2. 超过50%的UPS现有员工以前曾是兼职雇员。
3. 75%的全职管理人员是从非管理岗位提升起来的。
4. 大部分副总裁级别的员工是从非管理岗位开始工作的。
5. 在2008年,8 237名员工第一次提升到管理层。
6. 99%的管理人员在自己的国家工作。

为了使内部提升率达到要求,公司将职业生涯发展计划正式化。在UPS的继任计划中,员工早早就看得到下一个发展岗位并提前做准备。

该公司称,这种从内部提升的策略为公司近百年的伦理文化奠定了基础。道德和诚信的品质可以传递给年轻一代,这是因为员工在公司内部

① http://www.investors.ups.com; accessed 14 February 2010
② http://www.sustainability.ups.com/sustainability/index.html; accessed 14 February 2010

有较为长期的经验和服务年限。然而，近年来，UPS已经注意到，其坚固的流程、程序和等级的文化特色并不是特别吸引年轻的员工。年轻的司机都不愿意在学习企业的经验以及在传授给新一代员工知识的政策上与企业保持一致。UPS现在要求员工在公司内部提升政策下对自己的绩效和职业生涯发展负起责任。

继任计划会有所回报的证据

尽管内部晋升需要广泛的关注来培养人们适应新角色，研究人员发现这对于企业是值得的。[①] 内部接班人计划不仅为员工提供了一个发展他们的职业生涯的前景，也往往会带来企业的成功。有着高质量的领导力发展计划以及继任管理项目的企业总是伴随着更高的六个金融指数表现：股本回报率、资产回报率、利润率、市盈率、净销售额和总资产。[②]

从内部提升高级管理人员的做法可以为企业增加价值。在高层，内部继任计划往往伴随着公司财务的积极表现，全球高绩效的公司更愿意从内部任命CEO，并且注重使继任顺利进行。[③] 相比之下，外部任命CEO的公司的市场业绩逊于内部任命的领导企业约5.5%。[④] 一个可能的原因是内部晋升将知识保留在企业内部，而外部任命者或者很少带来企业特别适用的知识，或者很少有投资它们的兴趣。值得注意的是，当组织表现不佳时，可能增加从外部继任者中任命CEO的概率，当然，这是与绩效好时相比。[⑤]

内部晋升有助于在各级保留员工，这是另一个蜜蜂原则。在对全球900家公司的调查中发现，人力资源专员指出，65%的人从内部晋升到领导岗位后仍留在公司，并且他们被认为是成功的。[⑥] 其余的则表现不好，主要原因

---

① Purcell *et al.*, 2003

② Bernthal and Wellins, 2006

③ Clutterbuck, 1998; Collins and Porras, 1994

④ Booz Allen Hamilton, 2003

⑤ Boeker and Goodstein, 1993

⑥ Bernthal and Wellins, 2006

归咎于他们较差的社交技能。

继任计划对许多发达经济体来说是特别重要的，因为它们面临着在未来几十年内人口老龄化和劳动力增长下降等问题。这使得员工的替代越来越有挑战性。一些地区受到严重影响，包括欧洲部分地区、日本、新西兰、澳大利亚以及情况日趋严重的美国。因此，留住员工并为他们进行职业发展规划对于这些公司在这些经济体中的存亡来说变得越来越重要，更不用说企业的发展了。

像其他可持续领导力金字塔中的基础元素一样，继任计划可以在任何时间被采用。从内部培养继任者与其他几个基本的蜜蜂型实践一样，旨在孕育质量和创新。实现这一目的的途径包括广泛的培训、发展新的角色、职责以及保留公司的知识。研究表明，晋升的机会为员工提供了内在的工作动力，[①]特别是当有较高的互信时。[②] 这样，适当的继任计划会影响其他可持续领导力元素，也同时受到它们的影响。

重 视 员 工

蜜蜂型领导重视员工这一点可以体现在蜜蜂型企业比蝗虫型企业拥有更为复杂与精密的实现效率、适应性与生产力的做法。[③] 公司有相当多的注意力被用在仅仅通过更好地管理运营与技术以及节约成本或其他财务措施来提升企业绩效。然而，公司的表现还可以通过关注员工给企业带来的价值来大大提高。

那些针对人性化实践促进企业战略优势的研究支持了这一观点。许多这些实践刻画了蜜蜂型企业的特点。例子包括提供稳定的就业、招聘适应文化的候选者、分享信息、员工参与、自我管理的团队合作、多技能，以及在

① Van Herpen, Van Praag and Cools, 2005
② Tzafrir, 2005
③ Hutton, 2002

不同的活动中培训员工。[①] 其他重要的人性化实践包括培养一个相对没有官僚作风的文化，确保工资差异不太极端，以及尽可能从公司内部选拔继任者。

当然，提供如奖金或员工股权制的激励措施是一个员工的贡献在实质上被肯定的表现。然而，员工分红制和所有权所带来的实际商业利益仍远未明确。[②] 另一个被认为能区别企业绩效的做法是支付很高的工资，但这并非总是如此。有趣的是，在蜜蜂型组织中许多的人力资源实践被发现对企业的绩效有利，[③]但员工股权制却并非存在于所有的蜜蜂型企业中。在实践中，股权和高工资没有成为留住那些员工的必要条件，而忠诚、拥有公司特有的技能以及被重视的感觉却能够留住员工。

……*更为复杂与精密的实现效率、适应性与生产力的做法*

出于各种原因，蝗虫型企业似乎被发现比蜜蜂型企业更难采用以上所述的人性化原则。这可能是因为在蝗虫哲学中，员工被视为成本而不是作为资产。蝗虫型组织中的员工，其下岗或工作被外包的可能性更大。这告诉员工们：他们并不受重视，从而减少了他们对雇主的承诺。最后，如果将员工视为成本，经理可能高估了金钱作为激励员工手段的重要性。[④] 然而，一些无形的因素，如有趣的工作、个人的发展机会以及认同对员工来说可能比钱更有吸引力。

让我们看看一些蜜蜂型企业阐释自己重视员工的实用方式。总部位于美国的万豪国际酒店，高工资和激励并没有用来留住抱负远大的员工，因为这违背了公司的合作文化。这个酒店集团认识到员工的生活-工作平衡是至关重要的，所以它支持员工应对复杂的生活。雇主可以帮助解决签证、住

---

① For example Pfeffer, Hatano and Santalanen, 1995

② Addison and Belfield, 2000;2001

③ Pfeffer, Hatano and Santalainen, 1995; Wood, 1996

④ Heath, 1999

房、老人和儿童保育以及家庭暴力等问题。医疗补助覆盖所有员工和他们的家庭，公司协助其员工通过公司的利润分享系统管理退休储蓄账户。在万豪酒店，承认员工的努力既是一个日常事件，又是年度仪式。员工的小进步在日常团队会议上得到承认，而在年度员工感恩周上，会举行聚会和其他活动来庆祝员工对公司的贡献。

总部位于美国的高露洁公司也承认员工是驱动其成功的关键。在这家全球消费品公司，实现员工关怀、全球团队合作以及持续质量提升的价值在于以尊重和重视员工贡献的方式管理员工。该公司表明，它不仅通过奖励和认可员工的贡献，还通过提供许多福利来实现这一点。

在美国大陆航空公司，为股东创造价值是重要的。而在万豪酒店和高露洁公司，他们是通过重视员工来实现的。美国大陆航空公司认为快乐、忠诚的员工是其成功的关键。在那里，雇员被给予很好的报酬，以及分享公司财务成功的机会——员工工资总额占该公司约30%的税前收入。如果航班准时，员工也会获得月度奖金。重视员工的传统使美国大陆航空公司有能力要求其37 680名员工在2002年不离开公司，留下来帮助公司摆脱困境。① “员工做出了回应，并重建了公司。”

通常，受蜜蜂型原则指导的公司会为卓越的员工提供超过大部分竞争对手的福利和认同（参阅专栏3-5的软件公司SAS是如何做的）。这产生了强烈的在困难时期会协助企业摆脱困境的员工忠诚。“感觉到有价值”为员工提供了他们为什么应该留在公司的理由，而不是转向一个竞争对手。这有助于留住员工。

专栏3-5　SAS公司对员工的重视

像许多蜜蜂型公司一样，美国SAS软件公司希望员工享受上班的过程。

---

① See Continental Airlines 2002 and 2003 annual reports

它竭尽所能确保这种情况发生。总部位于北卡罗来纳州卡里的SAS公司没有为员工提供股票期权。相反，它提供了许多其他好处，包括对于具有创造力的员工来说最好的激励之一：具有挑战性的工作。① SAS竭尽全力让它的员工知道他们被高度重视。该公司建立在壮观的花园里，拥有34 000朵花、40公顷的草坪和健身中心。当然，该公司也注重一些大的问题，比如儿童保育和现场的医疗设施，并提供利润分享和奖金方案。然而，通常一些小事情会显示出公司有多么重视员工。例如，在该公司设立的健身房，SAS员工发现他们的运动服会被清洗，并会在第二天准备好。

每个人都要平衡工作与生活。SAS员工经常和他们的孩子在校园里午餐，而且大多数员工在每天下午5点左右离开。这是“将纷扰繁琐的工作带离员工”战略的一部分，让他们可以集中精神做他们喜欢做的或是重要的事情。当评估福利时，这些节省下的员工的宝贵时间可以直接被认定为福利。② 难怪SAS长期被授予优秀雇主。当然也不会再奇怪其年度员工流动率在IT业是非常低的，仅为4%，也难怪SAS的财务业绩不断爬升。

重视员工会有所回报的证据

重视员工背后的原因是，相信满足和快乐的员工会提高客户满意度，进而提高财务绩效。支持这种认识的研究证据可以追溯到至少50年前。③

积极的工作环境与消极的环境相比，在财务表现上是更有回报的。例如，在美国，员工在100家最值得工作的公司里获得非凡的好处，如高工作满意度，有趣的工作，找到机会来平衡他们的私人生活和工作。这100家最佳公司中的上市公司已经意识到与一般上市公司相比，它们在财务上有实质

① Florida and Goodnight, 2005
② Florida and Goodnight, 2005
③ Cropanzano and Wright, 2001; Huselid, 1995; Huselid and Becker, 2000; Schneider *et al.*, 2003; Vogus and Welbourne, 2003

性的优势，比同行也有更好的财务表现。[①] 1998～2004 年间这 100 家最佳公司的业绩超过了标准普尔指数近 4 倍，其累计回报率也超过其他的公司。类似的情况也出现在了由休伊特（Hewitt）咨询公司评出的最佳雇主以及其他最值得去工作的企业中。

研究一致表明，对员工进行投资有益于企业的财务表现，这对于不在“最佳”列表中的主流公司也是一样的。[②] “例如，一群经验丰富、工作热情高涨、适应性强的员工以及面向员工的工作场所会促进股东价值增长。[③] 在小型企业中，企业家开发和对待员工的方式会影响这些企业中的就业增长。[④] 另外，全球研究表明，把个人需要考虑在内的灵活的工作安排，比如弹性工作制，在家工作和轮班制，可以增加大约 3.5％的股东回报。”[⑤]

同样，所谓创新的人力资源实践已经产生了巨大的效力。在某种情况下，它们被用来抵消许多负面的工作特性，如在呼叫中心的工作，受到高度控制和考核的压力。[⑥] 相反，员工被鼓励既以个人也以团队一员的自觉性来负责工作，并为改进工作提建议。[⑦] 仔细甄选、招聘、大量的培训和发展规划以及新的职业结构就成为新呼叫中心人力资源工作的一部分。

此外，有意创造有趣的环境使人们喜欢上班——不像在传统的呼叫中心，压力是占主导地位的。[⑧] 在对两个呼叫中心的研究中，这些措施导致了生产率的提高，减少了旷工。在大多数情况下，呼叫中心员工的收入也增长了，而且他们的士气和工作承诺也得到了提高。[⑨]

虽然研究人员没有清晰地解释为何重视员工会提高公司绩效，但整体

---

① Chan, Gee and Steiner, 2000; Fulmer, Gerhart and Scott, 2003; Romero and McFarlin, 2004; Van Marrewijk, 2004

② Levering, 2000

③ Becker *et al.*, 1997; Pfau and Cohen, 2003

④ Rauch, Frese and Utsch, 2005

⑤ Pfau and Cohen, 2003

⑥ Kinnie, Hutchinson and Purcell, 2000

⑦ Kinnie, Hutchinson and Purcell, 2000

⑧ Wall and Wood, 2005

⑨ Montgomery and Ramus, 2007

的证据是令人信服的。对人的关怀与更好的企业表现相联系，即更高的累计股票收益率，更好的经营业绩和更高的平均资产收益率。重视员工还可以帮助招募、培养和留住最优秀的人才。根据美国的研究，在11个顶级商学院的MBA毕业生中，近95%的人将未来雇主的声誉与它们的财务能力排在同样重要的位置。

目前尚不清楚是快乐的员工会产生更高的绩效，还是高绩效的企业让员工快乐，抑或是两者相互作用，形成一个良性的循环。不管原因如何，有证据表明，体恤员工的额外成本并不会造成财务业绩的低下。相反，体恤员工将会有更好的财务回报。

公司可以在任何时间决定开始重视员工，因此这是一个可持续领导力金字塔的基础要素。此要素与保留员工、继任规划、培训和发展相联系，也支撑起了有驱动力的企业文化。

CEO与高管团队

在蝗虫型视野里，CEO是正面领导企业的英雄，他们从顶层为公司设定方向。唐纳德·特朗普(Donald Trump)在他的电视系列节目“学徒”中将这种情形人格化，在剧中，他因兴高采烈地告诉员工被解雇了而臭名昭著。从更积极的角度来说，英国维尔京(Virgin)企业的总裁理查德·布兰森(Richard Branson)爵士将自己塑造成一个有远见的英雄——一个鼓舞人心版本的CEO。这两个人都是他们公司的业主，从而进一步加剧了他们的“英雄”状态。然而，至少在某些情况下，英雄的地位也与专业化的领导人相关，如传说中的GE领导人杰克·韦尔奇(Jack Welch)、十分著名的“链锯”邓拉普(Dunlap)，以及其他名气稍逊的CEO。

英勇的领导者观念的基础是假设CEO独自一人或主要承担企业绩效的责任。通常的想法是绩效表现可以通过股价来衡量。因此，CEO应该得到与股票期权基本相当的回报。这种信念会使组织中的其他人都会因为过分强调单一个人的贡献而感觉自己被低估了。同样，也会因为领导控制一切的错觉而产生如此感受。英雄式领导者的神话加强了人们对于个人魅力的关注，而忽视了分权式的领导，没有注意到领导力应该作为一个更广泛的系统的一部分。这可能会贬低其余人作出的贡献。

所有的领导者似乎都应该被追究企业成功或失败的责任。这种情况很少发生在蝗虫型领导的身上。当一切顺利的时候，这样的总裁被视为媒体明星，而当很糟的结果出现时，他们却很少被认真地追究责任。如果以主动离职与被迫离职的数量来衡量的话，许多 CEO 的失败率其实是很高的。[①]然而，与低级员工所犯下的些微错误相比，CEO 和政府高级官员所引起的灾难性失误一般都处理得比较敷衍。糟糕的绩效以及无道德的甚至是违法的行为都很少成为开除 CEO 的原因。于是，当事情进展顺利时，蝗虫型 CEO 总是被给予特殊的优惠政策——而当事情出问题时，他们也会得到别样的优惠待遇。

以团队为基础的模式更加具有蜜蜂型领导的特色。在这样的模式中，战略决策是由一支高层管理团队作出的。所谓的 CEO 的角色，在这种模式中，不过是一个平等团体的发言人或是最终决定者。2006 年，那时的宝马公司（BMW）的 CEO 赫尔穆特·庞克（Helmut Panke），在德国被评为最受欢迎的 CEO。他当时说："我不会受此影响。当一个企业进展顺利时，它会影响经理进行评估的方式。我是一个成功的团队的一部分。"[②]虽然大多数的蜜蜂型 CEO 们会保持低调，但凡事总有例外。请参阅专栏 3-6 中总部设在瑞士的制药业巨头诺华公司的 CEO，他为了适应企业文化而改变了自己的行为。

……领导控制一切的错觉。

---

① Bianco *et al.*, 2000

② Dönch and Frank, 2006, p. 209

专栏 3-6 诺华公司的 CEO 在两个世界间追求着平衡

丹尼尔·魏思乐(Daniel Vasella)博士曾任制药公司即总部设在瑞士巴塞尔的诺华公司的 CEO,现任该公司主席。1996 年,诺华公司由三个非常古老的欧洲制药公司——洁吉(Geigy)公司、汽巴(Giba)公司和山德士(Sandoz)——合并成立。这个新的企业仍然可以追溯到 18 世纪,它在约 140 个国家有着 360 个独立的分支机构。其最大的市场是美国,其次是欧洲。为了提高合并后的美国新公司的知名度,魏思乐在美国媒体面前将自己包装成一个英雄式的 CEO。这样的行为在瑞士引起了其同胞们的严厉批评。对于大型企业的负责人采取典型的蝗虫型方式来包装自己是不能接受的,而较为温和的蜜蜂型行为是人们希望看到的。

在一些蜜蜂型企业中,作为发言人的 CEO 角色是常在高管团队中轮换的。这使得个人在担任 CEO 期间过分突出自己是不明智的。如果超过了限度,表现出英雄式的角色可能会使高管团队中的其他人不高兴。小组发言人的角色在一些国家的法律中并没有制度化,但高管团队领导有强烈的表达企业声音的意愿。①

像沃伦·本尼斯(Warren Bennis)一样的著名的管理专家们支持在公司的高层采取基于团队的模式。② 他们敦促企业不要过于依赖那些充满魅力、全能的 CEO。团队领导允许企业在人员和资源上追求一致的过程。团队领导可以促进企业可持续发展,尤其是在确保战略决策、企业文化和管理风格的连续性上,这样可以避免在 CEO 身上发生一些意外所造成的后果。

随着业务变得越来越复杂,在高层管理中,分担责任是不可避免的。分担责任是很有意义的,因为随着做出贡献的人越多,决策的质量往往会

① For example Hubbard *et al.*, 2002
② For example Bennis, 2003; Nadler and Tushman, 1990

增加。[①] 协作领导的想法在某些方面或许会挑战一些管理人员，特别是当这涉及高管团队成员在权利与责任上的分歧与冲突时。鉴于有许多相反的例证出现，这种怀疑是毫无根据的。

高管团队的领导在蜜蜂型企业中是十分强力的，例如总部设在美国的高露洁和SAS软件公司。高露洁因为其高管团队的技巧和深度而广受关注，更不用说其一贯的高财务回报了。在1984～2007年间，现任董事长兼CEO鲁本·马克(Reuben Mark)在推行管理高层团队协作时，一直十分低调。[②] 类似地，SAS软件公司的创始人、董事长、主要股东及总裁詹姆斯·古德奈特(James Goodnight)，早就授权给他的高层管理团队，这样就使得他能继续他个人对计算机编程的追求。[③]

高管团队的领导会有所回报的证据

研究高管团队是复杂的，因为在不同的企业高管团队有着不同的定义。一开始，小企业的高管团队往往比大企业的小，所以其组成会有所不同。[④] 研究表明，因为大的团队会提供更多的信息，因此会导致更好的决策。[⑤] 然而，心理学研究的结论是，根据团队的目的，任何团队都会有一个理想规模，至少会有一个上限。

各种研究表明，高管团队的领导比依靠英雄的CEO更具有可持续性，其证据是，高管团队比英雄式的CEO更能帮助企业获得良好的绩效。[⑥] 在企业实现伟大发展的时候，CEO往往会表现出谦逊以及团队导向。[⑦] 优秀的企业会实践高管团队领导，并且高管团队的竞争力是企业绩效的关键。[⑧]

---

① Flood *et al.*, 2000
② Lardner, 2002
③ Business Leader Online, November 1999, http://www.businessleader.com/bl/nov99/cover.html
④ Carpenter, Geletkanycz and Sanders, 2004
⑤ Certo *et al.*, 2006
⑥ Finkelstein and Hambrick, 1996
⑦ Collins, 2001b
⑧ Ling and Jaw, 2006

此外，在澳大利亚最成功或者可以称得上“胜利”的11家企业都采用了高管团队进行领导。[①]

如果一切都可能发生变化，利益相关者或许会对新的领导模式感到困惑或不安。将最高领导的职责分散到一个团队中去，将会帮助避免一个人犯错误所带来的风险。

从93个以色列公司所获得的证据表明，在高层中，管理的互补性特质以及其他的基本技能对于企业的成功来说是一个重要的无形因素。由于在一个人的身上是不可能发现全部这些必要的技能的，[②]因此，如果公司是由具备全部技能的高管团队领导的话，就会比那些不具备这些技能的企业或是被一个单独的CEO领导的企业更成功。总体而言，有证据表明，被高管团队领导的企业相比那些由英雄式的CEO领导的企业有相当大的优势。

英雄式的决策方式尤其会破坏战略决策，对全球2 500家最大的公共机构的研究表明了这究竟是如何发生的。[③] 研究人员得出结论说，21世纪初的CEO被当做是最顶尖的运动员。英雄式的CEO享受高薪的待遇，只要他们能够贡献出超常水平的绩效。如果企业增长和股价停滞，那么这些企业的运动员就得退休了。在新的英雄式领导继任之后，企业很有可能改变它的方向、策略和风格，因为每个新的继承者都想要摆脱前任的影响。这使得企业很难成功，尤其是可能影响核心价值。

由强有力的CEO领导的团队总是危机四伏，原因在于团队成员无法共享相同的目标和利益。[④] 如果由一个特别强大的CEO或其他成员主持高管团队，团队成员都不太愿意公开和共享信息，在由英雄式CEO领导的蝗虫型企业中，这种情形很可能会发生。由于这种情形破坏了高管团队公开、准确地评估存在潜在威胁的信息的机会，甚至会导致企业的衰落。此外，高层领导有可能在企业受到威胁时集中他们的权力。

---

① Hubbard *et al.*, 2002

② Carmeli and Tishler, 2004a

③ Flood *et al.*, 2000; Lucier, Spiegel and Schuyt, 2002

④ Edmondson, Roberto and Watkins, 2003

将领导从一个强大的个人扩展到一个高管团队的做法是蜜蜂模式的一部分。在企业决定转向蜜蜂型领导的时候，基于团队的领导可以在任何时间开始进行，因此，它也成为了可持续领导力金字塔的基础实践。

伦　　理

企业和个人的行为正受到来自企业内部和外部越来越严格的审查。在不同国家，公众的看法是，商业道德普遍偏低。超过 2/3 的美国人在 21 世纪初的调查中报告，公司只存在很少的或根本不存在公平及诚实的行为。这应该使董事会和高管担忧，因为商业世界一直被公司丑闻和欺诈案件困扰着。研究表明，如果将高管的薪酬与财务表现相挂钩，那么歪曲企业的财务报表的情况就十分可能发生。操纵公司的盈利也可能发生，特别是当企业绩效低于管理者的期望时。①

管理专家沃伦·本尼斯②认为，开放和透明将有助于遏制腐败。其他人则认为法律对遏制不当行为和欺诈行为会起到主要作用。然而，蜜蜂型组织试图通过在组织文化中嵌入道德行为来防止不当行为。它们需要自己的员工做正确的事，用一系列支持道德行为的原则、行为规范以及价值观来约束员工。良好的道德不仅可以保护品牌和声誉，而且也能确保一个企业的资源、技术和技能被适当地使用。在这些方面，道德成为良好领导力的一个组成部分。

管理者自己怎么想的呢？甚至早在 1999 年，大约有 80％的管理人员一致认为，遵循伦理对于保留道德底线是有益的行为。超过 87％的人并不认为一个人的道德必须让位于提高竞争力。③

道德实践有多种形式，如下面的例子所示。以研究为基础的组织，如弗

---

① Harris and Bromiley，2007

② Bennis，2003

③ Jose and Thibodeaux，1999

劳恩霍夫协会和诺华公司，要求员工在研究中坚持良好的科学实践原则和研究伦理。瑞士制药巨头诺华公司，获得了由欧洲商业伦理网络颁发的2006年度商业道德奖，这代表了它在道德实践上的成就被广泛认可了。另一个更进一步的例子是来自德国汽车制造商保时捷的一笔可观的资金。在莱比锡开发新的工厂时，保时捷拒绝了州政府授予的补贴。虽然任何一家公司都会由于额外的资金而受益，但保时捷认为，成熟的产业如其自身就不应该再获得纳税人的钱。接受公众的钱与保时捷的道德相违背。管理层认为，接受政府的补贴会损害公司的信誉。

然而，道德应不应该只包括避免欺诈和丑闻。蜜蜂型组织寻求成为良好的公民，也就是说，竭尽全力做到最好。崇尚道德的公司鼓励积极的组织行为，而不只是避免不好的行为。[①] 在参阅专栏 3－7 中瑞士零售集团米格罗(Migros)的所谓的"道德市场"。

专栏 3－7　　米格罗的道德市场

在苏黎世的瑞士零售商米格罗被其组织价值观的标志所环绕。进入总部大楼，访问者就会看到一个巨大的箭头，表示屋顶上的太阳能电池板正在产生多少电力。游客很快就会看到米格罗创始人的半身像以及他创业时的卡车的复制品。在其总部的入口并不会明显体会到其践行的道德和伦理价值观。为了在行动上体验这些价值观，参观者会进入道德超市。那里有巨大的写有"参与"的招牌将参观者的注意力吸引到超市的货架上，那上面有许多道德的价值标签，以及可供选择的为基本项目定价的三个价格类别——为每一个品质和价值观标价。

如果不深入了解这些幕后的信息，游客不会意识到作为瑞士最大的超市运营商的供应商之一，米格罗必须符合世界各地制定的用工标准。即

① Cameron，2006

使是在新兴经济体中的供应商,也必须保证每周一个休息日和每周最高工作时间不得超过48小时。无论是避免海洋生物的过度捕捞,还是避免破坏热带雨林而改为植树来获取棕榈油,这些供应商也必须避免破坏生态环境。

不经意的观察人士也不太可能知道,米格罗拥有约200万客户。只有最细心的观察者才会注意到,尽管许多超市运营商的利润来自烟草和酒精,但这些产品却从未出现在米格罗的超市。然而,不知为何这一承诺被其附属公司在一定程度上削弱了。米格罗的重点仍放在其创始人所谓的"道德市场"上,即使这样,米格罗仍通过大约528家商店的81 000名员工实现了价值约20亿瑞士法郎的年营业额。米格罗是名列《财富》杂志500强的企业。

恪守道德行为的承诺会有所回报的证据

道德行为对于一个企业来说是值得的,其原因是它不仅保护了企业声誉,而且会带来财务上的利益。有道德的公司可能会比那些缺少道德的竞争对手产生更高的市场价值,这是通过研究2000～2004年间标准普尔指数500家有道德的公司的绩效表现得出的结论。有道德的公司的财务水平始终显著高于其余的标准普尔指数公司。① 在2004年,有道德企业创造的平均商业增加值为94亿美元。这与研究英国主要的有道德的公司的结果一致——那就是,鼓励员工的积极行为——在财务上终于有所表现。②

有道德企业不仅在绩效表现上超越不道德的企业,而且对于不道德的企业来说,不道德的或非法的行为也是代价高昂的。在提交报告时说谎,支出账目造假,支付或收受回扣,固定价格,从雇主处偷窃和伪造的病假会花费行业数十亿美元的成本。③ 声誉的损害是无法弥补的。在被认为是重视

---

① Verschoor, 2004
② Cameron, Bright and Caza, 2004
③ Jones, 1995

雇员或重视社区的企业中，不法行为与其竞争对少相比是很少见的。[①] 这也就是说，企业对员工和社会各界的关心可能会降低企业内部的不法行为。

研究表明，一家公司的声誉与其未来的财务表现正相关。[②] 这样的原因一部分来自好声誉的企业可以吸引积极进取的员工。斯坦福大学的研究人员发现。MBA 毕业生会牺牲薪水，在有合作精神的、负责任的公司接受有挑战性的工作。[③] 当员工认为他们的领导人具有很高的道德水平时，员工有可能更好地理解并对一个策略形成承诺。[④] 这表明了在实现愿景方面给员工承诺的重要性，尤其是在动荡的时代。

这样，道德有利的证据超过了不道德的。令人不解的是，为什么越来越多的企业不愿意遵守道德操守。企业会因为一个更道德、自我负责的劳动力而大大受益，并且保护自己的品牌和财务活力。鼓励道德的立场能够马上开始建立，这就是为什么道德的行为也是可持续领导力金字塔的一种基础要素。行为守则是可以出台的，道德的训练可以与其他措施一起开始实施。

……鼓励积极的行为……在许多财务指标上看都是有回报的。

长期视角与短期视角

时间上的视角是蝗虫型和蜜蜂型方式的主要区别之一。蝗虫型领导主要侧重于从短期来看，而蜜蜂型模式则重视长期。显然，平衡这两个视角是所有企业必不可免的，但是当短期压力危及长远目标时就很难实现了。从 2008 年《麦肯锡季刊》调查的 586 家公司董事来看，这是显而易见的。调查

① Trevino *et al.*, 1999
② Eberl and Schwaiger, 2004
③ Montgomery and Ramus, 2007
④ Recardo, 2000

的结论是董事局成员想花更多的时间来开发一个长期的战略和增加长期的股东价值。但目前大多数董事的时间都花费在满足短期的金融和监管要求的会议上，而不是在制定战略上。

在长期内实现良好的业绩，是一个主要的管理挑战。蜜蜂型公司能接受绩效结果仅在一些汇报期很出色，而在其他时候可以是普通的。蝗虫型经理人则一直在压力下，他们需在每次报告中都体现利润的增长。根据蝗虫型经理人的观点，如果是合理的和必要的，长远视角可以是一种选择，但往往会为短期压力让步。蜜蜂型企业抵制这些压力是依靠它们对于长期视角的认识——在较长的时间内，总体的绩效平均来说会更好。[①] 这些时间框架的长度随行业而变化。在快节奏的行业中，每年平均就足够了，而在其他行业，5 年甚至更长的时间间隔可能是有意义的。这里的例子包括飞机建造业和再保险。

美国的教授艾伦·肯尼迪(Alan Kennedy)[②]指出，十分注重短期利润的公司经常会抵押它们未来的长期盈利能力，以使其资产负债表现在看起来更好。要达到分析师和股东能接受的季度收益，它们可能削减研发、解雇员工，这样就丧失了知识和智慧，或推迟培训与新项目——这些对企业的长期可持续发展来说都是至关重要的。

当所有的决定被短期压力所驱使，是不可能实现长期的可持续与繁荣的。长期视角会影响业务的各个方面。例如，企业持续重视与利益相关者及合作伙伴的长期关系，并与其他企业合作。这些“资产”通常不反映在资产负债表中，因此很难量化其影响。然而，它们形成了一个企业的无形资产，而且需要时间来发展。实现一个长期的愿景需要放弃短期的经济利益，直到组织战略、系统与资源能够达到愿景的要求。

如果高管们的绩效奖金与一些短期的财务目标相挂钩，那么他们可能会面临利益冲突。蝗虫型 CEO 可以通过削减员工人数立即提高下一季度

① For example Marchington and Zagelmeyer, 2005
② Kennedy, 2000

的结果。当这一行动的消极后果表明在财务指标上的时候，这个 CEO 可能已经得到了其奖金，甚至可能跳槽了。如果企业致力于长期的发展，那么就应该确保管理者的激励与长期的公司回报有关。一些怀疑论者说，这意味着，经理从来没有得到报酬！因为蝗虫型管理人员，包括 CEO，每隔三年或四年就要进行轮换，这可能是真的。

对于蜜蜂型企业来说，使管理人员的薪酬与企业长期的繁荣相挂钩是没有问题的，因为它们重视留住和发展员工。例如，到 2009 年，全球金融服务提供商安联自 1889 年成立以来仅换了 9 个总裁。

留住高级管理人员会促进稳定。这是因为新 CEO 可能会打乱长期的战略计划，因为他们寻求通过短期行为来使企业拥有其烙印。如果注重长远的发展，那么就会允许对专门设施进行投资，包括设备或建筑物，并专注于长周期的增长战略。例如，采埃孚（ZF Friedrichshafen）——汽车行业的主要零部件供应商，在特别为促进创意而设计的设施上投资，这是一个通过加强创新获取回报的项目。

如果蜜蜂型 CEO 预计自己会有很长的任期，那么他就可以引导企业资源去实现企业长期的可持续发展以及创造有利的文化。在鲁本·马克担任消费品制造商高露洁 CEO 的 23 年中，他围绕其全球价值培育了这家公司的企业文化。这从财务上有很好的回报。马克任期之后的股东总回报率为 4 206%，而整个标准普尔 500 指数中的其他公司，平均只有 1 483%。在同一时期，高露洁也优于同业，根据高露洁公司 2007 年年度报告中显示，其竞争对手只有 3 085%的股东回报率。

总之，无论是否涉及与利益相关者的关系、计划、金融或是其他的绩效测量、创新、管理员工或是其自己的投资计划，蜜蜂型企业都是重视长期发展的。相反，许多蝗虫型领导的企业因为牺牲未来的发展来满足现在的短期利益而倍受谴责。哪种是更可持续发展的？请参阅专栏 3－8 中宝马的长期计划例子，它计划实现汽车业的变革。该公司花费了 20 年追求长期发展，甚至在困难时期也坚守。

专栏3－8　宝马的长期计划

来自宝马的长期战略规划是一个很好的例子。尽管它在传统燃油技术上取得成功，宝马却在追求一个由氢气驱动的未来世界的愿景。经过几十年的开发，氢动力汽车已准备就绪，但足够的充氢站的网络可能要花费另一个20年之久。[①] 同时，该公司已经开发出创新技术，以支持其高效动力计划，该计划的目的是使所有宝马汽车能够同时具有高性能与高燃油效率，这是宝马承诺给客户的“纯粹驾驶乐趣”计划的一部分。到2020年，宝马的目标是要成为个人移动优质产品和优质服务提供商。宝马显然需要一个长期的视角来实现，这背后是长期资源规划和创新的支持。

长期视角是值得的证据

研究表明，重视长期发展的公司普遍比短期的发展得好。[②] 例如，作为一个团体，长期任职的CEO比短期的CEO产生更大的股东总回报。[③] 这并不奇怪，因为其他的研究显示，高级管理人员的行为对短期财务表现的可衡量的影响很小。[④] 短期结果可以由CEO的控制范围以外的事件更好地来解释。将领导人的薪酬与短期的表现相连接，无论是正面的还是负面的，都是很不合理的。长期的思维还允许长期投资昂贵的设备、工艺、工程、创新和员工的发展。

……重视长期发展的公司普遍比短期的发展得好。

着眼于长期是可持续领导金字塔的一个基础要素，因为它一旦被选择，

① Dönch and Frank，2006，p. 209
② See Mitchell，2001；Sethi，2005
③ Booz Allen Hamilton，2003
④ Hart and Quinn，1993

就可以在任何时间引入。在长期的基础上做出的决定会巩固蜜蜂型领导，并支持其他实践。其中，长期的导向允许企业投资于培训和发展，进行继任规划，在困难时期挽留员工，增强与利益相关者的关系，规划和管理变革，以及追求愿景。建立创新、员工参与和质量等这些关键绩效驱动因素是需要长期准备的。同样，它需要时间来培养共同决策、信任、有效的协作、企业文化、自我管理的员工队伍和分享知识。因此，要实现更高等级的实践以及可持续领导力金字塔中的关键业绩驱动因素是离不开长期视角的。

组织变革

管理大师彼得·德鲁克(Petter Drucker)[①]认为，变革和持续创新——无论是在市场内、全球化或其他有竞争力的挑战中——都应该被看做机会而不是威胁。但是，当组织正经历着其成员所必须适应的前所未有的变化时，这可能难以实现。如此大的变革需求部分来自于全球化，它带来了更多的竞争和机遇。全球化需要发展新的技能，如处理文化差异。许多其他外部因素也迫使组织去适应，包括技术、客户需求和流程的快速变化。

无论是什么原因导致变化，蝗虫型经理经常面对的特定压力包括提高短期业绩，避免成为被收购的目标或被打击的目标或者公司业务停止运行。[②] 通常，管理人员——以及许多学术研究人员——将变化视为孤立的事件，而不考虑变革的影响和其实施对日常运作的影响。[③] 他们低估了引入重大变革可能对作为一个整体的组织体系所造成的破坏性影响。此外，管理人员往往不具备应付如此多变革的技能。许多人抱怨说他们在变革时期缺乏培训和支持，而这正是他们最需要的。[④]

---

① Drucker, 2003

② Hambrick, Finkelstein and Mooney, 2005

③ Meyer and Stensacker, 2006

④ Longenecker, Neubert and Fink, 2007

并非所有的变化都是危急的和严峻的，而且我们可以区分不同层次的变化。基本上，组织在不断发展和适应新的形势，因为它们及其员工在不停地学习。通常情况下，这些进化适应程度相当小并且定位于一家公司的特定部分。在其他时期，变革是很刻意的和持续的增量持续改进过程。第三种变革可以是通过外部事件或某些利益相关者作为主要驱动者改变现状来实现的。①

蜜蜂型领导者会最小化变革的动荡，他们喜好增量变化。当在蜜蜂型企业中主要的变革是必需的时，它是一个有计划的和可控的过程。在相对稳定的时候，变革可以经过精心策划，以确保新的流程和行为是与现有系统兼容的——除非整个系统需要进行修改。然而，改变整个系统是昂贵的和具有挑战性的。由于在第一章中讨论的各种原因，人们往往拒绝重大的变化。

研究表明，成功可控的变革是相当罕见的。② 如果将一个组织看做一个系统，这一发现并非很令人惊讶。只因为领导者希望变革发生而预期主要变革就会发生是不现实的。毕竟，员工的行为也必须适应，他们这样做需要令人信服的理由。对未来的共同愿景是一个重要的行动路线图。

当一切都在变化且没有固定的参照时，变革变得无法管理。在动态的操作环境中，可能一些变化发生得如此之快，以至于规划是不可能的。为了避免组织停止运行，公司的系统需要平衡。系统需要具备足够的动态性以应对不可预知的变化，但同时应足够稳定，能应对偶尔的扰动。蜜蜂型领导者鼓励并不断改进，但这并不意味着盲目地采用新的潮流。变化无常和向最新时尚靠拢会阻碍一个具有明确目的和身份的变革。相反，在蜜蜂型理念中，只要有可能，重大变革是一个深思熟虑的和系统的过程。蜜蜂型领导者考虑的是加强和保护公司的强势文化与声誉。然而，在一个充满活力和竞争激烈的市场中，大的变革是不可避免的，特别是对历史悠久的公司来说。改变无需涉及整个组织，但可以为了战略目的在不同时期的不同特定

---

① Van Aken，2007

② House and Aditya，1997；Waldman，Javidan and Varella，2004

业务上发生。专栏 3-9 展示了 10 年中瑞银财富管理战略的本质变化。

专栏 3-9 瑞银(UBS)——战略变革大师

瑞银的座右铭“通过企业转变形成全球领导力”导致了 20 世纪 90 年代的许多日后使其成为高利润财富管理公司的收购和兼并。在超过 10 年的时间里，瑞银小心翼翼地收购对集团战略有意义的企业。[①] 在这个过程中，瑞银评估了每一个加入组织的文化并判断其与母公司的契合程度。这种连续的收购和兼并的教训包括需要采取系统的分析方法。但是面对机会，使用直觉也很重要。瑞银认识到，坚定不移地致力于愿景非常重要。平衡高层管理与管理适应组织的需求非常重要。为了从被收购的公司中获益，瑞银需要评价它们的不同能力和文化。

瑞银采取不同的策略整合其收购的不同公司。在某些情况下，新来者会迅速进入现有的文化。而有时候，其文化保持不变。在其他时候，可以利用文化差异改变总部。一个反“收购”的实例就是美国奥康纳(O'Connor & Associates)公司的并购。奥康纳是一家风险管理公司，其文化是平等、思想开放，并专注于团队合作。总公司刻意用奥康纳的不同风格影响较为保守的瑞士银行家。除了引进此前所缺乏的技术专长，奥康纳的收购从根本上改变了瑞银。该公司从只以瑞士竞争者为对手发展成为世界各地的基准。这支持了瑞银从一家瑞士银行转型成为全球竞争参与者的战略，但一开始却使几个保守的银行家感到震惊！瑞银认为文化挑战收到了回报。

组织变革是值得的证据

对于变革与组织绩效之间的关系所做的研究出奇地稀少。[②] 然而，一些

① UBS, c. 2004

② Pettigrew, Woodman and Cameron, 2001

研究表明，精心策划的变革通常比跳跃到最新的管理模式更有效。[①] 吉姆·柯林斯(Jim Collins)教授对从 1965 年至今曾经出现在《财富》500 强名单上的 1 435 家美国成功公司的研究也赞同采取深思熟虑的方法来变革。研究结果表明，成功的变革是向上突破实现共同愿景的动力。这比来回尝试各种激进的变革计划和重组更好。在柯林斯的研究中，只有 11 家“好”公司达到了伟大的级别。[②] 在这些“伟大”的公司中，变革方法都是系统和深思熟虑的。例如，“伟大”的公司没有跳跃到时尚的技术上，而是在经过精心挑选的与他们的目标有紧密联系的技术上进行了大胆的投资。管理层确保关键人士在他们的职务范围内有空间进行必要的变革。

只因为领导者想让重大变革发生而期望它就会发生是不现实的。

对加利福尼亚州储蓄和贷款业的研究表明，这些银行的大多数技术、监管和经济的变化改善了它们短期财务的表现。[③] 当变革建立在固定套路和能力的基础上时尤其如此。因此，这些变革可以与现存系统一起提高绩效。

其他研究人员对 4 个行业领域里的欧洲公司进行了成对比较。在每一种情况下，进行比较的一家公司都表现得比另一家好。结果表明，在引领变革、管理环境、员工待遇和变革时采取连贯的战略举措方面，高绩效公司都与低绩效公司存在差异。[④]

对美国职业棒球产业的研究表明，变革和计划变革能力的影响取决于当时的经营环境。当条件相对稳定时，变化可能对组织产生积极的影响。[⑤] 然而，当变革在不稳定的情况下发生时会有负面的影响。在没有计划的情况下，组织成员有可能模仿竞争者，而不是寻求自己的最佳方向。研究人员

---

① Ghoshal and Bartlett，1996
② Collins，2001b
③ Haveman，1992
④ Pettigrew and Whipp，1991
⑤ Wezel and Saka-Helmhout，2006

得出结论，这样会降低增长速度，并拉低团队业绩。

进一步的研究需要调查蜜蜂变革方法和经营业绩之间的关系。然而，上述分析表明，深思熟虑的变革管理方法在没有拉动企业竞争方向的情况下重新调整了人员、系统和策略。当然，规划和管理变革需要参与人员有必要的时间和资源。管理层可以决定采取一个深思熟虑的方法尽可能地管理变革，这种做法构成了可持续领导力金字塔的基础要素。为了实现有效的变革，管理者必须为改变人们的态度和行为以及修改相关的系统和流程做出长期努力。这里部分涉及使人们能够在不断的学习和发展中建立信任的环境——再次展现了蜜蜂型要素的相互关联性。

独立于金融市场的能力

如今，财务和会计结果基本驱动了商业世界。在最近的一项来自 900 家企业的 4 500 名领导者的调查研究中，超过 1/4 的人表示，最能给他们带来尊重的行为是“数字的提升”。[①] 这是最常见的反应，并不奇怪，因为如果管理者不能使企业达到设定的财务目标，就不大可能还留在企业中了。[②] 这也适用于许多蝗虫型领导者所主导的非上市企业、公益性组织和政府部门，其中对数字的追求是需要最先满足的。

金融资本市场背后的商学院、分析师、评级机构、交易员以及其他人往往因为蝗虫型的短视而倍受指责。这往往体现在一个回报周期内的固定的增长，即 3 个月到 6 个月，以及通过股价的波动来评判企业绩效的好坏。

对 12 名金融学教授的访谈显示，他们和他们的同僚都认为，金融资本市场为企业创造了主要的游戏。令人担忧的是，这些教授声称市场是不能被更改或挑战的，只能被接受。[③] 毫无疑问，他们的学生也认为企业的活动都

① Bernthal and Wellins, 2006

② Longenecker, Neubert and Fink, 2007

③ Parker, 2007

必须旨在满足资本市场的要求。但是，这些市场是合理、高效的吗？它们的要求呢？

与流行观点相反的是，股价的短期变化既不反映股东价值，也不反映公司的价值。这种狭隘的、为投资者创造财富的方法依赖于许多虚假的经济假设。首先，追求利润最大化与追求最大的财富是不一样的。此外，一家公司的价值的50%～80%可以归咎于非金融资产，如员工、品牌和智力资本。[①] 因此，为什么要在评估企业时强调只占少部分的、周边的金融指标？难道仅仅是因为财务状况更容易衡量，而人力资本或智力资本不是？

……市场既不能被改变也不能被挑战……

经理们也对只是狭隘地关注短期回报而表示忧心忡忡。令人吃惊的是，来自1 000多家领导跨国企业的38%的CEO一致认为，资本市场的要求是他们的公司价值和品牌的主要威胁。[②] 实现一个企业的长远利益可能会要挑战金融市场的限制。然而，当股东要求大量的短期股息时，这是很难做到的，而高层管理者不得不满足股东的期望。告诉市场公司专注于长期目标可以吸引更多的耐心的投资者，就像谷歌公开上市的时候所做的那样。

蜜蜂型领导者用不同的方法在挑战金融市场。一些公司避免与这些市场有任何关联。例如，依靠自己的资源来实现增长目标。广播和IT通信专家罗德与施瓦茨公司开发了几种机制来保持其独立性。首先，它自己的先进预报系统使企业能够调整其财务和其他进程，以避免借用外部资金。通过提前预测，公司会拥有更多的时间，以保护自己免受不断变化的市场的影响。罗德与施瓦茨公司使用其预测工具能够预测互联网经济热潮的结束，并尽量减少对其业务的不利影响。

许多企业选择继续保持私有，而不是上市。有超过10 000名员工、总部

---

① Goldenberg, 2000

② World Economic Forum, 2004

位于美国的软件的创建者 SAS 约 87%的员工支持他们的 CEO 的决定，抵制上市。绝大多数 SAS 员工重视独立于资本市场。

一个所有权封闭的系统，以及银行融资保护了许多家族企业免受资本市场的影响。当企业的所属家族试图卖掉企业，而新的投资者可能不会像他们那样耐心的时候，企业的独立性就会受到很大的威胁。①

然而，即使公开上市，蜜蜂型领导者的公司也将坚决抵抗金融市场，或者小心经营它们与投资者之间的关系。毕竟，华尔街分析师的要求并不总是正确的，而且不会有外人比员工还了解企业。例如，有两百年历史的高露洁，总是令一些分析师感到失望，因为他们不断进行小步的创新，而不是分析师喜欢看到的重大突破，特别是这样一家价值数十亿美元的公司。这一渐进式的改进理念意味着，早在 2002 年，高露洁营业额的近 38%来自历史不超过 5 年的产品。今天，高露洁坚持不断更新战略，包括最近推出的用来发现大受欢迎新产品的搜索引擎。高露洁在财务表现上的成功是显而易见的，在 2006 年达到了创纪录的业绩，并在接下来的几年内继续创造辉煌。

全球领先的再保险上市公司——慕尼黑再保险公司，经常挑战金融市场(请参阅专栏 3 - 10)。有时候，一家中等规模的公司需要极大的勇气来挑战金融市场。汽车制造商保时捷公司拒绝提供法兰克福证券交易所要求的季度报告。保时捷认为，这个短期的简报扰乱了企业对于更重要的长期的追求。证券交易所将保时捷排除在 M - DAX 指数之外。保时捷依然坚持，并于 2004 年成为了世界上最赚钱的汽车制造商，并确定了其在自己选择的时间间隔内向股东报告的权力。如果保时捷向季度报告屈服的话，它会一样成功吗？

保时捷公司拒绝进行……季度汇报……并在 2004 年成为了世界上最赚钱的汽车制造商。

---

① Munich Re Group, annual report, 2001

专栏3－10 慕尼黑再保险公司挑战金融市场

作为世界上最大的再保险公司，慕尼黑再保险公司为全球经营的4 000多个主要的保险公司提供再保险。成立于1880年，现拥有员工约47 000人。员工包括来自80多个学科的分析气象、地质、医疗及其他提供保险运营资料的研究人员。再保险是一个长期的业务，需要利用可获得的最佳信息有条不紊地规划和预测。

慕尼黑再保险公司有时会直接挑战它上市的证券交易所。例如，在2005年其指出，纽约证券交易所用来评估上市股票价值的公式可以改善。这种说法并没有引起注意。此前，就在2001年恐怖袭击之前，慕尼黑再保险公司进行了一次对美国金融市场的重大挑战。9月11日之前，分析师曾批评慕尼黑再保险公司不向股东分配约合2亿美元的准备金。慕尼黑再保险公司拒绝了这些要求，因为它估计该金额将要用来应对未知但可能预期的索赔，就像“9·11”事件在那之前是不可想象的。不过，慕尼黑再保险公司预先估计了那年它可能要面对价值2亿美元的理赔总额。

就在9月11日双塔被破坏之后，华尔街分析师和评级机构坚持要知道慕尼黑再保险公司的赔偿责任究竟有多高。现在他们怀疑慕尼黑再保险公司是否为其负债作出足够的准备。想象一下慕尼黑再保险公司的情况，如果它听从分析师的要求，在“9·11”事件之前分配了准备金的话后果会如何。

在那样令人震惊的时刻，没有保险公司可以立即评估出其具体的赔偿责任，因此市场开始猜测。“负面展望”是该公司的年度报告中对于其股价前景的描述。在24小时之内，慕尼黑再保险公司股价从285欧元下跌到207欧元，最终蒸发了该公司约1/3的市场价值。直到该公司9月12日下午3时开始量化其损失的时候，下跌才被控制住。有趣的是，这家再保险公司为“9·11”事件提供的赔偿约为2亿美元左右，正是其专家已预先准备的。

> 在"9·11"事件期间，这家公司内部并没有什么改变，除了股价遭到了损失，其原因是，一些分析师认为他们比慕尼黑再保险公司更了解再保险业务。这个故事的寓意是：为了企业的利益，不要亦步亦趋地跟着资本市场以及受"专家"的支配。

诺斯通向分析师提出质疑，将自己从蝗虫型领导中解救出来。在1997年，这家美国服装零售商在控股家族步入幕后、将公司的管理权交给专业公司之后，陷入了困境。新的管理层向这家传统的蜜蜂型公司引入了蝗虫型原则。一两年内，诺斯通卓越的客户服务有史以来第一次被投诉。股价下跌到6美元，公司的发展前景蒙上了阴影。这家上市公司的主要股东，即诺斯通家族，在分析师的批评之下，重新接管了公司。三年之内，公司重新繁荣了，与之相伴的是又重新恢复了传奇般的服务水平。到2007年，股价已经稳步增长到50美元左右。诺斯通家族忽略了分析师对他们的做法的反对，重新执政，并使公司重新回到了有利的蜜蜂型文化。包括2007年加入了董事会的3名诺斯通家族成员，总共4名诺斯通家族成员加入到了管理团队。为了保证透明度，每年都重新选举董事代表。

基于蜜蜂型企业挑战金融市场的行为而认为它们对利润不感兴趣的认识是错误的。公司的利润和回报会使他们摆脱对于私募股权投资的对冲基金和类似的外人的影响，保持企业的独立性。罗德与施瓦茨公司员工的既定目标是创造足够多的利润，以使得经营这家无线与IT通信公司的家族所有者继续投资这家家族企业成为一个完全理性的选择，而不是进行其他的投资选择。这样，就可以保护公司免受外部投资者的影响，他们可能会迫使企业进行短期的考虑，以及带来短期视角所导致的负面影响。

许多蜜蜂型公司对于平衡市场的需求与自身的可持续发展十分有兴趣，特别是在金融服务行业。本迪戈银行(澳大利亚)和慕尼黑再保险公司(德国)等金融机构十分亲近资本市场，即使没有直接参与。然而，他们基本上都是忠于蜜蜂型模式的。非常成功的投资公司伯克希尔·哈撒韦(Berkshire Hathaway)公司的董事长沃伦·巴菲特也是如此。伯克希尔·

哈撒韦公司依靠其投资及保险业务生存，但却有节制地借债，拒绝过度利用其资产负债表。高级管理人员所持的态度之一是，他们将不会出售任何他们所拥有的良好的业务。伯克希尔·哈撒韦公司长期坚持这点。具有误导性的会计策略、粉饰季度业绩等行为不符合这家公司的职业道德。这些及其他的金融机构很可能会导致一个更可持续的未来，正如我们将在第五章中讨论的那样。

蜜蜂型公司重视它们的独立性，希望摆脱对于资本市场的依赖，寻求将业务的需求置于分析师、投资者和其他“大师”的需求之上。本节的重点迄今一直放在商业企业上，但政府以及非营利组织则由政治家、其成员或其他人负责。因此，即使这样的组织与金融市场是不相关的，一个平行的不应盲目跟随这些“政治主人”的要求也是存在的。蜜蜂型哲学主导的政府企业会甘愿承担风险去为了组织的利益而质疑其政治主人，即使这种质疑对他们自己来说也是有成本的。

独立于金融市场会有回报的证据

那些挑战金融市场的公司会比同行业的其他公司更可持续？一些公司证明，确实是这样的。

然而，由于很少有上市公司会公开挑战金融市场，因此，直接的学术依据是稀少的。不对抗金融系统的一个重要原因是，分析师拥有相当大的权力，可以惩罚惹恼了他们的公司。不利的分析报告或评级可以破坏公司在市场上的地位。据报道，一些评级机构威胁要下调拒绝参与机构审计的公司。[①] 另一个缺乏研究证据的原因是，要挑战资本市场和其关联的企业的共同的假设是，市场是不容挑战的。但在2008年的市场崩溃之后，金融资本市场的霸主地位被严重削弱了。

对金融市场保持独立性的一种方式是，完全由私人控制。如第一章中提到的，家族企业已显示出比独立所有和管理的其他企业在标准普尔指数

---

① Klein，2004

上有更好的表现。一项对私人持有的、高绩效的德国公司的研究发现，这些公司的年度收入增长率比德国 DAX 指数中的其他公司要高出近一倍，是所有的德国企业平均增长率的 3 倍。[①] 这表明，独立于金融市场并不会阻碍经济上的成功。

然而，许多挑战金融市场的影响的证据是间接的，主要依靠上面介绍的各种推论。正如哈佛大学教授克莱顿·克里斯滕森(Clayton Christensen)指出的，[②]金融市场通过短期行为带来的对其他蜜蜂型要素的负面影响会破坏企业绩效。这些蜜蜂型要素包括培训、创新和留住员工。同样，考虑众多利益相关者利益的公司，比狭隘地只注重股东利益的企业要有更高的绩效。[③] 此外，一些对冲基金通过债务影响一家企业的行为会使企业变得不可持续，正如许多例子所表明的那样。难怪可持续的企业倾向于保持金融市场的独立，使自己能够做出业务决策。

企业如何应对金融资本市场的压力，显然是受多种因素影响的。然而，高层管理人员可以在任何时候决定要优先考虑公司的利益，而不是资本市场的需求。出于这个原因，公司在何种程度上受到金融市场破坏性的影响成为可持续领导力金字塔的基础要素。

对环境的责任

环境责任是蜜蜂型领导的核心，这是由于两个因素：一个在于伦理方面，另一个是务实方面。道德方面的考虑是人们没有损害他人健康、生活及生活质量的权力，没有人有资格独享属于未来几代人的生活环境。这包括拥有一个有品质，享受属于他们的清新空气、水、其他自然资源和享受健康以及无毒环境的生活。

---

① Venohr and Meyer，2007

② Nelson，2005

③ For example Sethi，2005

从务实的角度看，如果对环境产生破坏，那么这也会对企业的可持续经营构成长期的威胁。破坏环境对企业是没有长期价值的，环境保护的动力在于投资，保险人或贷款人，客户和员工，法规或道德问题，控制破坏的需要，公共关系和品牌保护。不管是什么动机，爱护环境是可持续领导的一个重要组成部分。

由于对于空气、水和土地质量的全球性关注，企业会不可避免地面对持续增加的坚持环保标准的外部压力。由于各种各样癌症和其他健康问题的蔓延，大家的生活质量降低。由于全球变暖所致极地冰盖融化，那些地势低洼的太平洋岛屿，遭受着被洪水淹没的威胁。正如澳大利亚，其许多城市及城镇的水资源正在耗尽，而当地水行政主管部门却在浪费水资源，因为它们并没有投资于基础设施，以防止水管爆裂和渗漏废水。因此，有必要在各级政府增强环保意识。

但是，企业也可在此做出贡献。蝗虫型哲学和蜜蜂型哲学也可以区分它们对环境的态度。蜜蜂型方法致力于保护环境，不论是否被授权。蜜蜂型组织工作坚持严格的环保标准，无论在哪里，它们都希望其供应商同样环保。

与此相反的是蝗虫型理念。很多蝗虫型哲学的追随者似乎坚信，他们污染和消耗不可再生资源使他们更有竞争力，不管在什么情况下，效率都是必需品。[①] 污染由当地社区处理有利于这些企业的利润。这明显违反了"责任人"应该向第三方支付来承担损失的原则。

2002 年的调查显示，只有少数的美国公司拥护环境保护。参与民意调查的管理者们对采用国际环境管理标准 ISO14001 持抗拒态度。管理人员称，他们不能就环保的成本在公司内部获得通过，他们甚至认为，现在奉行的环保标准已经足够了。[②]

蝗虫型理念的管理者错误地认为他们无法控制供应商，特别是外国供

① For example Bansal, 2002; Ladd, 1970
② Bansal, 2002

应商。据称，因为供应商是独立的企业家，公司也不能对它们实施控制。然而，在事实上外国跨国公司因为其购买力，对其供应商业务发挥了巨大的控制。如第一章中讨论内容，这些论点反映了邓菲的可持续发展等级 2 和等级 3。

与此相反，在信奉蜜蜂型理念的制造和服务企业，符合 ISO14001 或相应标准是司空见惯的。蜜蜂型公司发布环境的审计报告。它们经常在其办公室和工厂张贴通知来显示进度，以图表跟踪它们的水和能源节约情况，废物管理，减少使用有毒和不可再生的资源和类似指标。① 请参阅专栏 3－11 中清洁专家凯驰公司的做法。

专栏 3－11　阿尔弗雷德·凯驰有限公司的环保成就

该公司的座右铭是“简单干净”。这家德国公司提供清洁和灌溉的解决方案、服务和产品。该家族企业雇用了来自 41 个国家的超过 6 600 名员工，凯驰专注于环境的许多方面。首先是直接通过其清洁产品、解决方案和服务来实现环保。凯驰的产品不仅用于清洁传统的生产基地、办公室和家庭，在 2005 年该公司拓展到清洁饮用水。

“生命周期思想”被纳入设计及所有产品的制作、维修和处置，其目的是确保在开发的所有阶段产品对环境的影响尽可能小。该公司采用 ISO14001 在德国、意大利、中国和巴西的制造工厂进行认证，并在其他地方进行认证。在管理中心团队的协助下，全球环境的保护系统始建于 1996 年，包括环境审计、排放控制、管理废物和有毒化学物质，并确保有害材料不被纳入产品。

在凯驰，每个人都要对环境负责任——包括客户、供应商和员工。对客户来说，在凯驰的网站上可以找到一些建议，教他们如何采用更加环保的方法清洗电器。整个欧盟出台了免费返还和处理旧电器的法律规定，但

① Sethi，2002

凯驰早已开始提供这项服务。凯驰也要求供应商严格遵守相关的要求，这远远超出了欧盟的法律规范。

2004年，凯驰因提议让员工使用绿色交通工具来上班而获奖。例如，员工骑自行车上班可以参加一个抽奖来赢取丰厚的奖品，如一部顶级自行车。该公司可为老员工报销50%的交通费用，而新人高达75%。凯驰通过团购使年度交通费进一步降低。该公司鼓励员工拼车，而且教他们如何降低油耗。公司的办公楼采用先进的环保技术，如地热采暖和制冷、太阳能发电、木屑加热和绿化屋顶，员工则乘坐节能电车上班。在人类对环境强烈关注的情况下，这并不是以牺牲利润为代价来实现，而恰恰相反，还创造了史上纪录，利润飙升。公司2006年的销售额增长超过13%，产品销售量达到607万件，且利润也创了纪录，高达12.54亿欧元。自公司成立70年来，这次的销售业绩是最好的，以前也期望过有这么好的结果。公司的高管表示，从2007的环境报告来看，[①]有134家企业积极配合且努力成为环境友好型企业，利润从2007年的13.80亿欧元增长到2008年的14.01亿欧元，马上就会实现了。

在欧洲的许多地方，特别是阿尔卑斯山以北，政府已颁布了一系列的法律，不仅是为了保护环境，也是为了改善环境。在那里，汽车、家用电器和其他消费品的制造商长期以来一直被要求对自己的产品在其使用年限结束后进行回收。通过改进产品回收，而不是增加成本，公司会发明更简单、更高效的装配方法。环境责任的压力也影响了零售商。许多零售商的利益在于对商品包装的回收，因为一些国家的法律允许顾客在门店购买后留下商品的过度包装。在这种方式中，门店承担着处理问题的责任。通过适当地选择包装的供应商，零售商可以减少他们处理问题的责任。

蜜蜂型企业，特别是那些处于邓菲可持续发展等级6的企业，是可能争

① Available at: http://www.karcher.com/int/about_karcher/Environment; accessed 14 February 2010

取立法的，因为这是在做正确的事。无论身在何处，它们都运用严格的环境标准。万豪国际酒店集团在全球范围内经营业务，包括在环境法律松弛的地方。然而，无论在哪里经营，在全公司范围内万豪的联营公司都对环境负责，鼓励保护野生动物、水和能源。联营公司促进了清洁空气、管理废物和清洁其当地社区的运作。酒店的工作人员参与植树。公司的政策是尽可能地去实现"减少消耗/重新使用/回收利用"这一概念。在中国香港，环境方面的法律仍有很多不足，但尽管如此，香港万豪酒店拥有领先的环保措施，其回收和废物管理等先进工艺被其他企业模仿。

一个新的尊重环境的压力来源于金融业。投资者和金融家定期评估公司的风险状况。贷款人将借款者的环境条件纳入考量范围。保险公司可能拒绝为有恶劣环境记录的公司提供保险。环境破坏及环境忽视带来的潜在法律诉讼提高了对环境不友好的企业的风险水平。

汇丰银行这样的全球性银行追求健康的环境的原因是这关系到经济增长。汇丰在自己的办公室、设备、能源消耗及其他资源方面采用良好的环保习惯。它包括在贷款决策时对借款人的环境风险进行评估，确保借款人遵守法律和法规的要求。汇丰银行也支持特定的环境项目，自愿让 2 000 名员工志愿者加入世界各地的保护环境项目。在做这一切的同时，汇丰集团的公司每年挣得破纪录的盈利，2003～2007 年间，在全球金融危机的环境下，仍获得税前利润。该集团在此期间的财务表现优于行业基准。因此，环保并不牺牲股东的利益。它通过管理风险和声誉，提高员工的参与，有利于股东价值。

致力于环保会有所回报的证据

环保政策通常被看做企业和社会责任的一部分。然而，研究表明，关注环境问题在很多方面都是有回报的。首先，环保表现与公司在标准普尔指数上的市场价值之间的关系发人深省。不爱护环境大大降低了企业的市场价值。[①] 针对西班牙 186 家工业公司的研究也提供了额外的证据支持，该研

① Konar and Cohen，2001

究发现主动关心环境与业务表现呈正相关。[①] 具体的结果取决于在特定条件下采取的环保方式。

爱护环境可以降低生产成本，提高公司的品牌和声誉，吸引客户，并反映良好的管理实践。从务实的角度来看，IBM 发现保护环境是有利可图的。IBM 公司在 5 年内投资了 10 亿美元用于环保措施。在扣除所有费用后，储蓄超过了成本，是成本的两倍。回到 2002 年，这个收益相当于在环保方面的投入为 IBM 节省了超过 2.38 亿美元。

……IBM 发现保护环境是有利可图的。

企业保护环境也使企业避免更多的管理风险。这带来的好处是可以避免诉讼，如化学制品或石油泄漏。产品的生产过程、经营和处置可以更环保。这可以降低成本，提高利润。[②]

对于工程经理来说，建造一座对环境负面影响最小化的建筑能够在 40 年的使用寿命中节省大约 250％的成本。[③] 这样的成本节省可以体现在多个方面，包括降低能源成本，提高市场价值，更好的空气质量带来的更有利于健康的因素，以及可以吸引和留住员工的令人愉快的工作环境。这方面的成本节省是如此巨大，以至于一个全新的产业已经出现，称为权变绩效承包。其中一种运作方式就是承包商使用自己的资金帮助客户改良设施，并与客户分享所带来的成本节省。[④]

因此，降低企业对环境的影响对企业来说是有利的，这是通过众多可衡量的方式实现的，包括财务的方式。由于可以在任何时间决定成为环境友好型企业，因此这是可持续领导力金字塔的一个基础要素。

---

① González-Benito and González-Benito, 2005
② Dunphy, 2003
③ Von Paumgarten, 2003
④ Bazerman and Gillespie, 1999

社会责任

企业可以通过解决就业问题，获得投资回报，提供商品和服务对社会做出贡献，这样的行为可以被称作是在履行企业社会责任(CSR)。[①] 邓菲的 6 个可持续等级理论，在第一章中得到了很好的应用，在这里也可以应用于企业履行社会责任的不同程度。[②] 蜜蜂型领导在等级 4 开始履行企业社会责任，而在等级 6 达到顶峰。对于蜜蜂型领导来说，施行可持续的实践是正确的事情。

一些公司可能也会在等级 5 和等级 6 履行企业社会责任，但是它们只是通过这种手段获得良好的公共关系。这并不是真实的等级 6 的做法，因为它们并没有将服务社会作为真正目的。

有很多理由导致公司选择履行社会责任，如企业社会责任有助于企业的可持续发展，因为利益相关者会支持一个好的公司，并保护这家公司的好名声。[③] 并且，企业社会责任活动还可能增强企业的竞争力。[④]

企业社会责任活动有很多种形式。一些公司专注于捐赠、招聘学徒、赞助大学团体等方式。其他的公司通过允许雇员在工作时间做志愿活动来提高社区关系。还有一些公司在环境或者人道主义方面的项目进行投资，或者建立慈善基金。

在蝗虫型领导者的哲学里，企业社会责任是排在短期利润之后的。蝗虫型领导者认为公司通过提供就业和为股东创造财富，已为社会做出了贡献。对英国员工大于 500 人的中小企业的一项调查可以证明蝗虫型领导者观点的广泛存在。在调查中，英国经理被要求对 10 个会影响企业的因素进

---

① Amalric and Hauser, 2005
② Dunphy, 2003
③ Porter and Kramer, 2006
④ Dennis *et al.*, 2008

行排名,[1]最终,社会责任排在第 9 位,环境责任排在第 10 位。

更糟糕的是,很多 CEO 并不认为可持续发展是非常重要的。1 000家领先的跨国公司中,只有 6%的 CEO 认为可持续发展是他们公司最重要的问题。[2] 这是一个很不合理的结果,因为从定义上看,不可持续发展的企业是没有未来的。

只有 6%的 CEO……认为可持续发展是他们公司最重要的问题……

因为忽视他们行为的社会成本,经理并没有诚实地给出他们经营公司的真实成本。解雇员工可以在短期内让公司的资产负债表看起来很好看。这种做法不仅将照顾无法找到另一份工作的人的成本转嫁给了纳税人,并且破坏了公司长期的可持续发展。而不培训,不雇用年纪大的人,不做那些他们可以做的一些贡献,这些行为都有同样的后果。将成本转嫁给别人降低了公司经营的真实成本。因此,对他人福利或者财富的破坏也应当作为额外的成本加进等式中来。

很明显,大型企业比中小型企业更有资源和优势履行企业社会责任。但是证据表明小家族企业在当地社区也非常活跃。比如说,尽管英国的中小型企业并不重视企业社会责任,但它们经常为别人提供商业咨询,做学校和公民团体的志愿者,如市政委员会和商会,并且和当地警察合作。[3] 调查发现,英国的中小型企业所做的贡献是大型企业的 10 倍,每年为社会做 30 亿英镑的贡献。但是,它们的行为在很大程度上是零零星星的、不正规的。

社会责任在实践中究竟是如何表现的? 举一个来自汽车工业的例

---

① *Management Services*, 2002

② World Economic Forum, 2004

③ Nicholls, 2005

子。宝马一直都在寻求对社会负责任。它赞助了很多文化活动和体育活动，努力成为一个好的邻居和市民，为当地社区的人们创造并保护他们的就业机会。这些只是它履行的社会责任的一部分，宝马对环境和雇员负责，使得宝马在可持续发展的各种指标上一直遥遥领先。这些指标由道琼斯可持续发展集团、富时指数公司和瑞典的 SAM 可持续发展集团提供。

发布可持续发展报告使得公司要向公司内外部的利益相关者报告公司在可持续发展上的表现。在一些行业中，企业社会责任报告的质量是有很大差异的。例如，在世界前 10 位的煤矿公司中，可持续发展报告的质量有很大差异。研究人员将英美资源集团、必和必拓公司和力拓矿业集团评为"成熟的报告者"，而将另外 5 家评为"青年"，另外 3 家则被认为是社会报告的"后来者"。因此，尽管在一个行业中，领跑企业应当承担企业社会责任，而且也有很好的范例，但是它们当中对企业社会责任的参与程度还是有很大区别的。并且，对这些报告的真实程度也存在怀疑。①

"后来者"可以获得全球报告倡议组织(GRI)的帮助。全球报告倡议组织为想衡量和报告其为可持续做出的努力的公司提供透明、易于理解的指导。② 全球报告倡议组织认为，可持续发展报告应当合理地描绘出该企业可持续发展的做法。报告中应当包括正面和负面的做法。

一个很重要的问题在于一家公司应该对社会问题给予多大的关注。哪些社会问题应该得到关注？很明显，如果领导者过分地关注社会问题，而忽视其他核心利益相关者的需求和期望，那么也会产生很多问题。有个例子可以说明这一点。美体小铺(TBS)的创始人，安妮塔·罗迪克(Anita Roddick)将公司作为她参与社会问题的资金来源。很多人说她在这条路上走得太远了，忽视了公司的发展问题，公司的发展跟不上她的社会道德。在专栏 3－12 中可以读到更多关于安妮塔·罗迪克的信息。

① Jenkins and Yakevleva，2006

② http://www.globalreporting.org/NR/rdonlyres/ED9E9B36-AB54－4DE1-BFF2－5F735235CA44/0/G3_GuidelinesENU.pdf

专栏3-12 安妮塔·罗迪克的美体小铺的企业社会责任

安妮塔·罗迪克，美体小铺的著名创始人，自己写道：

> 在公众眼中，我和美体小铺总是联系在一起的，因为毫无疑问，将公司价值观和我个人的价值观分开是不可能的。我很关注社会责任问题，尊重人权、环境和动物保护，并且坚决支持社区客户。①

安妮塔·罗迪克认为，企业应当竭尽所能去做一些好事，所以她利用自己的店铺去推进社会和环境的改变。美体小铺与绿色和平组织一直有合作。它因为使得壳牌公司更多地参与社区公益事业而得到好评。罗迪克还和穷困的亚马逊部落及墨西哥农民建立贸易关系。美体小铺以合理的价格收购这些农民的坚果、种子以及其他美容材料。在2005年，这种贸易遍及26个国家，有42个项目。罗迪克将她的大部分时间花在寻找新的产品和捍卫人权上。通过美体小铺的将近2 000家店铺，罗迪克竭尽自己所能做好事，联合众多人的努力，追求大家共同的目标和实现大家共同的价值观。

在2006年，美体小铺被一家巴黎的国际公司——欧莱雅收购。大家最大的疑惑就是，新的所有者是否会继续关注社会责任。如果是这样，如果没有罗迪克将公司经营与社区结合的热情，这样的目标会在欧莱雅实现吗？那些因为罗迪克才加入美体小铺的连锁加盟人又会怎样？不幸的是，罗迪克在2007年去世了，她对她信仰的奋斗还未完成。

事实证明履行社会责任是有回报的

分析企业社会责任对企业财务状况的影响很复杂，因为企业社会责任是一个很广泛的概念，有很多维度。另外，企业社会责任举措的报告都是在

① Available at www.anitaroddick.com; accessed 20 December 2005

一段有限的时间内，但是评估一家公司行为的影响则一般需要从长期来分析。尽管如此，世界各地的研究都表明履行社会责任可以提升一家公司的名声或者改善财务状况。首先，它可以吸引好的员工。[①] 负社会责任的公司在股票市场上一般都表现良好。2000～2003 年的一项研究表明，领先公司的股票表现比他们竞争者高 23.39%，这里的领先是指处理社会、环境和员工问题上的领先。[②] 一项澳大利亚的研究表明，在 4～10 年内，更负企业社会责任的公司的股票表现比当地指数要高 3%以上。[③]

在欧洲、英国和美国，负社会责任的公司在财务上要比不负社会责任的竞争者好。担心由于社会参与而使得财务状况变差是完全没有根据的，只要履行社会责任的过程合理。[④] 实际上，企业社会责任和财务状况也许是一个动态的关系。好的财务状况为履行社会责任提供资金支持，履行社会责任则可以美化公司的形象和品牌，从而间接地为企业财务做出贡献。[⑤]

最近的关于企业社会责任和经营业绩之间关系的研究都过于简单。大部分学者只是将公司分成负社会责任和不负社会责任两类。但是企业社会责任的本质需要更深入的测量。一项 1972～2000 年调查了 61 个负社会责任的投资基金的研究表明，企业社会责任和财务业绩之间的关系是曲线的，[⑥]也就是说太多和太少的企业社会责任都会对经营业绩产生不好的影响，最佳水平应该在这两个极端之间。这个结果也取决于基金选择公司的标准和衡量财务状况的方法。

企业社会责任举措会影响公司的名声。[⑦] 有意思的是，一个企业负社会责任的程度对雇员认可公司的影响，比对市场和财务业绩的影响要大，至少以色列的 CEO 们是这样认为的。[⑧] 之所以会有这样的结果是因为负社会责

---

① Montgomery and Ramus，2007
② Oekom research and Morgan Stanley Private Wealth Management，2004
③ Rey and Nguyen，2005
④ Vermeier，van de Velde and Corten，2005
⑤ Orlitzky，2005；Orlitzky，Schmidt and Rynes，2003
⑥ Barnett and Salomon，2006
⑦ Brammer and Pavelin，2006
⑧ Carmeli，Gilat and Waldman，2007

任会提高雇员的工作成果和工作绩效。

负社会责任的公司在财务状况上一般要与不负社会责任的竞争者相当或者更好。

因此,目前的证据表明负社会责任的公司可以给予投资者回报。除了在之前提到的可能的财务效益,还有一些无形收益。好的名声以及吸引、激励有才能的员工也是很大的优势,在这点上负社会责任的公司有很大优势。① 并且,在股票价格下跌时,好的名声可以保护公司股价。② 根据美国战略专家迈克尔·波特教授的观点,只要能够战略性地运用企业社会责任,企业社会责任即可为公司带来收益。它还可以为公司带来机会、创新和竞争优势。③

也就是说,现在就可以决定开始履行更多的社会责任,将它作为可持续领导金字塔中的一个基础因素。参与到社区活动中来,在重要的决定中考虑社会影响,发布企业社会责任报告,这是独立于其他基础实践要素的。

利益相关者的考量

关注利益相关者的做法是指要广泛促进公司内外部个人和组织的利益。有时企业社会责任被认为是利益相关者理论的一部分,但是因为企业社会责任现在受到政府和企业的高度关注,我们将企业社会责任作为一个单独的基础要素。

蜜蜂型领导哲学和蝗虫型领导哲学的最大区别在于认为谁对谁负责,

---

① Orlitzky, 2005

② Schnietz and Epstein, 2005

③ Porter and Kramer, 2006, p. 80

公司的行为会侵犯谁的利益，这些责任和利益可以怎样调解从而实现双赢。

蝗虫型哲学认为股东和公司的所有者都只有一个利益，那就是使得他们的钱有好的回报。在这种认识下，公司的唯一义务就是保证股东的钱有好的回报。

完全相反的是，蜜蜂型哲学认为实现股东和所有者利益的最好方法就是使得所有做出贡献的相关者的利益都得到满足，包括雇员、消费者、供应商、经理、董事会成员、赞助人、媒体、政府和政客、管理者、联盟，以及其他合作伙伴，甚至是下一代。很少有组织能够意识到或者给这些潜在的利益相关者相同的权重，但是蜜蜂型企业考虑的利益相关者利益比蝗虫型企业广泛得多。

蝗虫型理念只对股东负责的态度，部分是因为其认为股东对公司资产的贡献远远大于其他任何人。因此，企业唯一的义务就是实现股东的期望。

在表 3-1 中，我们试图回答一个问题：股东和雇员谁的投资更重要？在蝗虫型观点下，只有股东的投资是重要的，其他投资如长期雇佣等，都被忽视和摒弃了。蜜蜂型观点则认为很多团体都对公司的成功做出了贡献，因为很多人在公司的经营中都有正当利益，有个人和感情的股份。

表 3-1 谁的投资更重要？

	股东	雇员
贡献（创造价值）	资本（注意：在上市公司中，股东拥有股权，而不是公司的资产或负债）	劳动力，专门技能，技术，思想，企业家精神，文化适应性
可替代性	完全可替代	很难被替代
权益	剩余现金流	工资，也许有奖金
期望	剩余现金流	工资，其他奖励，个人成长，自我实现
风险承担	从低到高（风险可以被管理和转移，股东可以随时及时撤离）	高（风险很难被管理，不能转移风险，不能很容易地撤回劳动力）
灾难性损失	资金损失（可以被其他地方的所得抵消）	失去工作，工资，退休金（无法被抵消）
超常收益	股东是主要的受益人	有些雇员可以从股权中获得很大收益

蝗虫型公司在衡量公司业绩的时候强调股东是非常令人惊讶的，因为股东其实并不关注上市公司真正的业务运营情况，他们只关心股票的价格。因此，很多股票交易者只关注短期利益，而牺牲了长期利益。当高管也是股东，他们的报酬部分取决于短期股票价格时，他们的利益就会产生冲突。作为高管，他们应当追求公司的长期利益。作为股东，他们则会追求短期收益。毫无疑问，管理利益相关者之间的关系很复杂并且具有挑战性，但是有的时候商业行为也会对一小部分人产生直接的影响。一个经典的例子是关于戈尔公司(戈尔特斯和其他产品的制造商)的，它的一个工厂由于工厂周边一个邻居抱怨工厂的污染影响了他的奶牛产奶而关闭了，直到戈尔公司解决了这个个人利益相关者的污染问题后，这个工厂才重新投入使用。

时间，可以在经营蜜蜂型利益相关者关系中起到很大的作用。但是，并不是所有的利益相关者需要每时每刻都得到关注。[①] 有的时候，一个人群的利益，如股东，可以服从其他人群的利益，如雇员。这样就可以提升股东的长期利益，比如说通过将红利进行再投资。

蜜蜂型领导者认为很多团体都对公司的成功做出了贡献。

考量利益相关者的做法可以作调整以符合股东利益。例如，在化学品和矿业公司，保护环境就是风险管理的一种表现。它还可以降低成本，瓦克公司(化学)、采埃孚(汽车部件)和 IBM(服务)都在自己的环境报告中提到了这一点。

有才华的人都喜欢为好公司工作。在中国香港，雇员在万豪国际酒店就职的时间更长，因为万豪对待他的员工比当地其他公司都要好。这些好处来自于对不同利益相关者的考虑。

另外一个考虑利益相关者重要性的方法就是，看看如果不考虑利益相

---

① Connolly, Conlon and Deutsch, 1980

关者的利益会有什么后果。假使没有剩下足够的资源为我们的孩子和孙子提供高质量的生活怎么办？假使他们不能呼吸新鲜空气或者喝到干净的水怎么办？如果银行减少服务支行，消费者还会保持忠诚吗？如果消费者不信任供应商，供应商会怎样对待消费者？在专栏 3－13 中可以读到蝗虫型公司是怎样对待供应商的。

专栏 3－13　怎样对待汽车供应商

蝗虫型和蜜蜂型商业的一个不同点在于其对待供应商方式的不同。蜜蜂型领导寻求的是与少部分长期、值得信赖的供应商建立紧密的良好的关系。蝗虫型领导则是寻求最便宜的供应商。根据《哈佛商业评论》的一篇文章，很多供应商并不信任他们的蝗虫型客户，其有不道德的行为，并对这些客户缺乏尊重。① 下面是一些对比鲜明的例子，摘自于这篇文章的 104 页：

一家供应厂商的 CEO 对福特、通用、克莱斯勒和本田公司说道："本田是一个要求苛刻的客户，但是它对我们很忠诚。美国汽车厂商要求我们给出图纸，与其他供应商一起投标，他们只会将工作给出价最低的投标者。本田从来都不会这样做。"

一位来自福特供应商的高管说道："在我看来，福特似乎将他们的雇员送去了'仇恨学校'，学习如何仇恨供应商。这家公司极具对抗性。和他们接触过后，我决定不买福特的车了。"

这篇文章的作者指出美国汽车制造商是如何在与供应商的关系中只关心价格的。比如说，如果出现了一个价格更低的供应商，通用会立刻与现在的供应商解除合同。但是，与美国公司相比，运营方式更加偏重于蜜蜂型的公司，如本田和丰田，则很重视与自己关系密切的供应商所带来的技术革新。这包含了信任和对这些利益相关者的尊重。

---

① Liker and Choi，2004

当然,并不是所有的北美的公司都对其供应商表现出厌恶和轻蔑。与日本的公司一样,蜜蜂型公司不管在哪里都会与供应商建立紧密的联系。它们和供应商相互学习,增加知识,从而加固它们的合伙关系。这并不表示蜜蜂型企业并不寻求价格低的供应商,只是它们也很关注创新、商誉和其他来自于长期关系的好处。[①]

事实证明考虑利益相关者是有回报的

传统的组织绩效衡量一般在利益相关者政策下得到提高,当各种利益相关者的需求都得到短期和长期的满足时,股东才会获得利润。[②] 考虑利益相关者还可以对无形资产产生正面影响。这包括与其他公司结成联盟,与顾客和长期有经验的雇员加强关系。[③] 另外,一项对航空业的研究表明,强调不同利益相关者群体的概念和需求会影响企业的名声和财务状况。[④] 如何对待顾客、雇员、投资者、工人代表和地方社区,这些都会影响公司的名声和业绩。增加企业竞争力的知识也可来自于与利益相关者合作,如创新。[⑤]

在最低程度上,蜜蜂型组织至少会考虑三个主要的利益相关者:顾客、股东和雇员。研究表明这三个利益集团之间的确存在联系。比如,雇员满意度和顾客满意度是相互促进和相互加强的。[⑥] 一项对中国服务企业的研究表明,同时关注顾客、雇员和竞争者会增加公司提升业绩的机会。[⑦] 这些研究者测量了财务、市场以及企业的社会责任履行情况。

对于成功的企业而言,顾客始终是一个主要的利益相关者群体。很多

① Sako, 1992
② For example Berman *et al.*, 1999; Jones, 1995; Ruf *et al.*, 2001
③ Dyer and Singh, 1998; Leana and Rousseau, 2000; Preston and Donaldson, 1999
④ Martinez and Norman, 2004
⑤ Harrison, Bosse and Phillips, 2010
⑥ For example Vora, 2004
⑦ Chung-Leung *et al.*, 2005

研究都表明高顾客满意度会提高财务收入。[1] 英国一项有趣的研究项目证明了这一点，它研究了在私人供水行业提高服务质量的成本。强调顾客的需要会增加服务成本，但是服务质量的提升会最终增加股东利益。[2]

瑞典一项对137个采购者和原始设备制造商之间关系的研究表明，与供应商合作会对采购方企业的绩效产生正面影响。[3] 采购方的创新能力得到了提高，因为他们与供应商建立了合作和信任的关系——而且采购方会有更好的财务业绩。因此，研究结果支持了蜜蜂型企业对利益相关者的关注与企业绩效之间的关系。将利益相关者的利益作为可持续领导金字塔的一个基础要素的原因是，管理者可以随时决定采取这一措施。

愿 景

“愿景”是很难界定的。学者和从业者经常交替使用“愿景”、“使命”、“目的”、“梦想”、“方向”、“大想法”这些词汇。指出这些词汇之间的差异超出了本书的范围，但对于我们来说，“愿景”为所有组织的未来提供了一个明确的方向或更高阶的目的。一个引人注目的、合理的愿景被广泛认为是领导活动的关键，如实施战略和指导变化。

蜜蜂型领导会创造一个强大的愿景，与员工分享。例如，诺华公司通过它的“使命”发现为员工提供了更高等级的愿景，开发并成功推广了新医药产品。这些产品可以治疗疾病，减轻病痛，提高客户的生活质量。与此同时，诺华公司的“愿景”包括保持自己是一家领先与备受尊敬的公司。它的目的是提供股东回报，体现了公司卓越的绩效表现，同时充分奖励那些将自己的想法贡献给公司以及留在公司工作的人。

---

① For example Anderson, Fornell and Lehmann, 1994; Babakus, Bienstock and Van Scotter, 2004; Bernhardt, Donthu and Kennett, 2000

② Ogden and Watson, 1999

③ Corsten and Felde, 2005

愿景的不同本质在于如何使用它、它的内容和它在发生的背景中的体现。有些企业使用正式的愿景陈述一个明确和共享的组织理念。在其他情况下，一家公司的愿景更可能源自它的品牌和声誉，而不是明确的陈述。例如，在汽车制造商宝马和保时捷公司，质量、持续改进、精益求精的理念驱动着工人，而不是正式的愿景陈述。创新、品质、卓越的文化嵌入这些汽车制造商的员工的日常工作中。然而，一个共同的愿景对于引领企业的未来是很重要的。先前的董事会主席，约阿希姆·米尔贝格(Joachim Milberg)，明确表示，宝马的CEO及其团队必须是具有远见的，并有把这种愿景变成现实的能力。口号"纯粹驾驶乐趣"和"高效动力"的精髓展现了宝马的愿景。

美国大陆航空公司强调一个清晰的愿景在其从金融风暴中的复苏中起到了重要的作用，特别是这次金融风暴伴随着美国的"9·11"恐怖袭击事件之后的航空业低迷。其2002年年度报告中指出：

> 正如我们已经看到的，在这样困难的时候，我们的竞争对手们有多么步履蹒跚(有时可能会倒闭)，一个清晰、易懂的方案的重要性是前所未有的，即允许每个人都知道目标是什么，以及我们如何衡量成功的经营。[1]

对于大陆航空公司来说，在它的"勇往直前"计划中，已经考虑了未来的发展。

一个引人注目的、合理的愿景被广泛认为是领导活动的关键，
如实施战略和指导变化。

公司的愿景不必要适合每一个员工。"有愿景的公司是如此地清楚它们的立场，它们要实现的目标，以至于它们根本没有为那些不愿意的或不能

① Continental Airlines annual report 2002, p. 4

满足其严格的标准的员工留下足够的空间”，研究人员柯林斯和波拉斯说道。[①] 只有那些非常适合一家有愿景公司的核心价值观、信念和要求的员工才会觉得这是一个工作的好地方。因此，蜜蜂型企业非常肯定地说，它们的员工接受组织的愿景，而且组织文化支持实现这个愿景。这需要特别关注招聘和选拔，以确保员工与组织契合。建筑公司西尔（Seele）的例子见专栏3-14。

专栏3-14　西尔公司——“寻找卓越”

西尔是一家小型的巴伐利亚建筑公司，为一个主要的国际客户设计与构建定制的外墙、屋顶及其他由玻璃和钢铸造的建筑构件——就像苹果商店的外墙和楼梯。它避免了标准化的工作，也不在价格上竞争。这家非常成功的公司通过建立革命性的似乎藐视物理学定律的设计，从而赢得了全球性的声誉。西尔将钢和玻璃的结构从通常的30千克/平方米减到了4～5千克/平方米。钢的数量越少，建筑构件就越贵。质量和盈利能力使这个组织脱颖而出。

西尔在其愿景“寻找卓越”的帮助下，吸引有创造力的建筑师和工程师作为自己的客户、供应商和员工。从众多的申请者中精心挑选开放的、创新的、有创造力的、团队合作的、方案解决方向的、喜欢开放工作环境的、以客户为中心的员工。公司关注的焦点是员工、工艺和产品，以及对品质和创意的透明度。这不仅体现在该公司的透明玻璃建筑和办公室上，而且还体现在员工以及业务的运行上，这些都是因为它追求卓越的愿景。

追求一个共有的愿景会有所回报的证据

相当多的研究表明，具有明确表述和共享愿景的企业在财务和许多

① Collins and Porras，1994，p. 9

其他方面有更好的表现，尤其是与同类的没有这样愿景的企业相比。[1]“当员工的目标与公司的目标相一致时，客户和员工的满意度被提高了。”[2]

越来越多的证据表明，愿景领导下的经营业绩是优于其他领导模式下的，[3]特别是在不确定的时代。一项英国研究得出的结论是，遵循愿景以及受价值观领导的企业，能够在长期维持成功的表现。[4] 企业从共同愿景和价值观中受益，这一过程是通过增加工人的承诺、动机和工作满意度来实现的，更好的这些因素会导致更好的决策、自我管理和创新，最终提高有愿景组织的绩效。

虽然愿景与卓越的组织绩效相联系，但是一项针对澳大利亚公共部门的大型研究表明，并非所有的愿景都会积极地影响追随者的态度。[5] 相反，在评价一个愿景是否有效的时候，区分愿景的强和弱是重要的。蜜蜂型企业有强烈、明确和广泛共享的愿景，指导员工的行为。与此相反，在蝗虫型领导下，实现强的愿景——除了创造短期股东利润的愿景以外——是困难的。在缺乏其他基础实践的情形下，如关心员工，保留和开发员工，良好的劳资关系和长远的视角，愿景怎么会有效呢？

引进愿景作为重要的战略工具的决定，可以在任何时候做出。出于这个原因，愿景被认为是可持续领导力金字塔的基础实践。

当员工的目标与公司的目标相一致时，客户和员工的满意度被提高了。

---

① For example Baum, Locke and Kirkpatrick, 1998; Hamel and Prahalad, 1989; Kantabutra and Avery, 2003; Oswald Stanwick and LaTour, 1997

② Kantabutra and Avery, 2007; 2005

③ For example Barling, Weber and Kelloway, 1996; DeGroot, Kiker and Cross, 2000; Hewitt Associates, 2004; House, Woycke and Fodor, 1988; Jing, 2009; Lowe and Galen Kroeck, 1996; McColl-Kennedy and Anderson, 2002; Ogbonna and Harris, 2000; O'Regan and Ghobadian, 2005

④ Purcell *et al.*, 2003

⑤ Rafferty and Griffin, 2004

总　结

在这一章中，我们介绍了 14 种区分蜜蜂型领导哲学和蝗虫型领导哲学的基础实践。这些做法之所以形成了基础实践，其原因是因为每个做法一旦被决定采用，都几乎可以立即开始实施。虽然仍然存在其他适当的做法，但是没有必要作为处于开始阶段的基础实践来介绍，即使它们对可持续领导力金字塔中的许多要素的效率与成功有很大的帮助。我们已制定了一系列的案例，来说明一项原则在真正的企业中实现的不同方法，以及每个要素贡献企业绩效的研究证据。

研究表明，与相应的蝗虫型方法相比，蜜蜂型组织在基础实践上的做法，更可能与提高的组织绩效相联系。在蜜蜂型企业，蜜蜂型公司投入巨资开发和培训人员。在企业的各个层级，员工会获得社会和技术能力的开发。在蝗虫型企业，低级别的工作人员的培训和发展的成本可能会由于它们在蝗虫型理念下而无法与公司保持长期的联系受到影响。蝗虫型企业只会训练一个精英组。因此，蝗虫型组织的员工往往发展一般技能，而不是具体特定的雇主所需要的技能。

蜜蜂型公司表示它们重视员工对于企业成功的贡献，因此在许多方面都会很好地照顾和对待员工，至少与蝗虫型领导相比是这样。蝗虫型企业往往把员工作为一个易于更换的资源。

蜜蜂型领导即使在经济困难时期也会耗费相当大的努力留住员工。蝗虫型公司相应的做法是裁员，然后等待好时期的到来重新雇用。

蜜蜂型领导关心的是通过继任计划来实现企业的连续性，并尽可能晋升企业内的员工。蝗虫型公司的领导者通常假设，新的想法最好从雇用新的员工获得。

蜜蜂型领导寻求与工会和其他员工代表建立合作的关系，而对立的劳资关系则是蝗虫型企业的特点。

许多基础要素与该企业如何运行有关。我们看到，蜜蜂型领导在行政上与高管团队合作。与此相反，蝗虫型企业则往往是从外部雇用“英雄”个人，来管理强硬的、无情的、非社会化和利润占主导地位的企业。

蜜蜂型公司坚定地致力于道德行为，而蝗虫型领导则把道德作为可有可无的风险管理的一部分。如果蝗虫型公司可以摆脱不道德的行为，它们会考虑这样做。

采取长期或短期的视角，是区分这两个领导哲学的另一个要素。蜜蜂型领导主要是从长远来看，如果这意味着未来会提供更好的成绩，可以接受较差的短期结果。对于蝗虫型公司，很多因素的压力会迫使经理优先考虑短期利益，而非长期。

这些压力中的一部分来自于金融资本市场，或其他企业相关的金融或政治人物。当蝗虫型公司应对金融市场和其他管理者的支配，蜜蜂型领导则倾向于作出自己的决定。蜜蜂型企业准备挑战来自分析师和主要投资者在企业运行方面所给与的压力。

蜜蜂型领导与蝗虫型领导处理组织变革的方式也是不同的。蝗虫型企业热衷于追赶新潮，往往会尝试许多临时的、并不系统的方法。对于蜜蜂型公司来说，一般高度重视持续的改进，但是在它们运行良好的系统中，其他的冲突也被小心地考虑到。因此，从细节上计划巨大的变革，其原因是考虑到变革会影响众多的利益相关者以及企业的系统。

一个更主要的区别蝗虫型领导与蜜蜂型领导的不同之处是它们所考虑的利益相关者数量的差别。蜜蜂型企业关注广泛的利益相关者，认识到利益相关者在企业利益增加方面能够扮演重要的角色。蝗虫型领导狭隘地关注投资者和股东的短期利益，认为除了那些之外其他的做法都是浪费金钱。

蜜蜂型领导从实用主义与道德的角度都认为环境是一项有价值的投资——实用主义是说这是一个明智之举，而道德的角度是说这是正义的事情。蝗虫型领导认为环境不过是一种诱人去破坏的资源。

蜜蜂型企业将自己视为一个更广泛的社区的一部分，这个社区的生存与幸福是自己合法与存在的可能。蝗虫型企业将自己视为自己的同盟，除了股东以外。

最后，我们看到了嵌入企业中的愿景如何驱动一家蜜蜂型企业，但蝗虫型企业却在形成与分享一个除了加强股东利润之外的更高层次目标方面感到挣扎。

在下一章，我们会看到由这些基础实践形成的更高等级实践与关键绩效驱动因素。

第四章

高等级实践及关键绩效驱动因素

在前面的章节中，我们已对基础实践做过介绍，推行这些基础实践的方式将会对企业及其员工产生影响。这些影响主要表现在两个层面，一个是我们说的“高等级实践”，另一个是“关键绩效驱动因素”。经理人可以期望员工进行自我管理和团队合作或者有创新力并参与奉献，但这些期望能否实现通常是由必要的基础实践是否实行到位决定的。

在本章中，我们将介绍六种衍生自基础实践的高等级实践。然后，我们将引出由高等级实践结合而生的三种关键绩效驱动因素。关键绩效驱动因素与高等级实践的区别之处在于，绩效驱动因素能对顾客产生直接影响。我们将引用已发表的研究结果来说明所有这些变量可能会对企业绩效有何贡献。

高等级实践及关键绩效驱动因素与部分或全部的基础实践存在交互作用，这种交互作用也同样存在于各种高等级实践和关键绩效驱动因素之间。因此，本章所引用的案例分析常涉及多种实践。

高等级实践

六种高等级实践即授权并共同决策、员工的自我管理、团队导向、企业文化、知识分享及保留，以及信任。我们将对上述方面依次进行讨论，并将附上从现存企业和研究证据中撷取的案例。

决 策 方 式

蝗虫型领导哲学与蜜蜂型领导哲学之间的一大区别，在于两者的决策方式。在蝗虫型领导下，决策权由既定的经理人行使，几乎无需员工参与。相比之下，蜜蜂型领导者往往将决策权下放到最基层，并力争在企业内达成共识。

在蜜蜂型领导下，民主参与决策和下放权责是可行的，因为权力趋向于在全公司分散，而不是集中在公司高层(见专栏 4－1 中弗劳恩霍夫协会分散决策的案例)。有些时候，这意味着最基层的员工也能参与企业最高决策的制定。一些蜜蜂型企业自愿让员工加入监事会，使其能对公司的战略决策产生影响。例如，欧洲金融服务提供商安联进行重组后，其 CEO 迈克尔·迪克曼(Michael Diekmann)说道："经过慎重考虑，我们决定继续奉行共同决策的方针，因为我们相信让员工拥有参与权是既正确又极其重要的做法。"①

专栏 4－1　弗劳恩霍夫协会的授权式决策

弗劳恩霍夫协会是欧洲最大的合同研究机构，下设科研机构 80 多个，包括分布在德国 40 个不同地区的 57 家科学研究所和设在国外的代表办事处。改变很多人生活的 MP3 播放器就是弗劳恩霍夫协会的众多发明之一。

除了少数战略决策由总部负责之外，弗劳恩霍夫协会的其他决策都授权给下属独立机构的 1.5 万名员工。这家自我管理型机构负责招引及执

① http://www.allianz.com/en/allianz_group/press_center/news_dossiers/allianz_se/news_2007－05－02.html; accessed 4 September 2007

行商业研究合同。弗劳恩霍夫协会的年交易额约为14亿欧元。下属机构自行决定管理、科学及商业方面的事务。科学家个人可以决定负责项目的相关事务,享受高度授权决策。因协会内部多个机构已形成科学家自治的文化,协会会长的实际决策权便被限制在慕尼黑总部的一些非科学事务上,如组织及人力资源方面的政策。

弗劳恩霍夫协会在开放市场中与各大企业争相吸引人才,但政府严格控制该协会的薪酬水平,要求其与公共服务行业水平一致。因此,使用除薪酬之外的方法吸引科学家人才成为了重中之重。这些吸引措施包括员工可自由发展科研团队、休假以及允许其追求个人发展目标。弗劳恩霍夫协会对于科学家最具吸引力的特征或许还属授权决策。

在蜜蜂型企业中,最基层的操作人员通常也享有参与权。其结果之一是,全公司都能进行创新,普通人也有可能做出不平凡的事情,正如彼得·德鲁克后来所强调的那样。① 允许员工对影响其工作的事项做出决策的做法,通常被称为"授权"。授权这种形式源自员工能够一直对重要决策做出贡献,而不是只在特定决策上贡献力量。汽车制造商宝马就是一家将决策权下放至最基层的典型公司。例如,宝马生产线上的员工只要有正当理由,就有权让生产线停止作业。这样的决定可以是团队商量的结果,也可由个人独立做出。需要注意的是,生产线停工代价十分高昂,每个月的停工期以分钟为单位。允许员工单独做出这种影响甚大的决定,足以证明宝马公司对员工的信任。

"共识"是指决策在群体内被接受,即便该决策没有得到一致赞同。如果那些先前并不赞成某决策的人后来表示接受,共识也就达成了。要达成共识,需要花时间听取众人的看法,而且可能很难收获立竿见影的效果。不过,尽管我们对"共识"做出以上界定,一些奉行蜜蜂型法则的中小企业却能在制定决策时很快达成共识。例如,专营玻璃幕墙的西尔公司在会议方面

① Drucker, 2006

不拘礼节，任何地方（甚至包括公司厨房）都能成为开会的地点。该公司的立足之本就是鼓励设计师与执行人员之间、存在互动的项目团队成员之间、任何个人与对应的CEO之间不断进行沟通。如此集思广益、交流得失，自然有助于提高决策的质量。即便是诺基亚和SAS等以快节奏著称的通信与IT公司，也会在制定决策时尽可能谋求共识，虽然这样会让决策速度变得稍慢。

……普通人也能做出不平凡的事情……

蝗虫型经理人会缩短决策过程，并简单地公布决策。然而，快速的管理决策所表现出的优势，从某种程度上讲不过是一种假象。毕竟，经理人终究还需让决策执行者接受相关决策。虽然由经理人独自做决策会更快一些，但研究显示，联合决策的质量往往高于个人做出的决策。[①] 蜜蜂型领导鼓励合作决策，将其作为提高决策质量与接受度的方法之一。不管达成共识的过程是快还是慢，团体决策通常都能提高决策的接受度。[②]

随着企业规模的扩大，员工的独立决策能力变得更加难得但也更加重要。用IBM首席执行官彭明盛（Samuel Palmisano）的话说："自上而下的严密管理体系会导致官僚主义，抑制公司的速度、灵活性和创新能力，让公司无法满足当今客户的期望。"[③]

授权并共同决策的好处

2008年，麦肯锡咨询公司曾就好的决策过程是否能带来好的决策结果，对2 327名来自各行各业的公司高管进行调查。[④] 结果发现，决策中的几种

① Flood *et al.*, 2000

② Ettling and Jago, 1988

③ Hemp and Stewart, 2004

④ http://www.mckinseyquarterly.com/Strategy/Strategic_Thinking/How_companies_make_good_decisions_McKinsey_Global_Survey_Results_2282; accessed 14 February 2010

特征与优良财务和运营绩效密切相关，这些绩效包括盈利增长和高速决策执行力。接受采访的公司高管表示，保证让有能力的、经验丰富的员工参与决策过程的意义十分重大，因为这样可以使决策依据更为透明的标准以及更为可信的事实证据，并让参与决策的员工为决策的执行负责。

学者亦断言有明确目标、掌握正确信息、受过培训并拥有资源的授权员工将给公司带来良好收益。[①] 把企业的决策过程推广到下层对公司有利，这是情理之中的事。理解工作要求的员工比不明就里的员工表现更好，自上而下的决策体现了这一认识。当然，这是以员工具备所需技能、工作积极性和价值为前提的。

长期让员工参与决策比偶然咨询更能提升员工满意度水平。[②] 而员工对企业满意，也是一种重要的企业绩效。调查表明，授权型环境利于提高员工的工作业绩，并让个人更愿意表现自己。[③] 据一项研究估计，员工参与项目能促进生产力增长 2～5 个百分点。[④] 相较未能参与决策的同事，参与决策的员工对企业会更加忠诚，同时工作满意度也会上升。

在团队中，授权决策和共同决策能够提高生产力并使团队成员更具前瞻性。[⑤] 授权团队也更有可能为顾客提供高水平服务，并拥有更高的工作满意度以及对企业和对团队更高的忠诚度。这些结果又会带来更好的以财务标准[⑥]来衡量的企业绩效，从而让企业更具竞争优势。

授权决策对企业绩效的促进，有时会受到其他变量的联合影响。比如，研究者发现，对员工进行授权的宾馆能够向顾客收取更高的房费，特别是在员工彼此分享信息并以团队为导向时，[⑦]这有利于宾馆收入的增长。针对韩国企业的一项研究说明了决策质量对于企业绩效的重要性。[⑧] 研究发现企

---

① For example Meindl, 1998; Ogbonna and Harris, 2000
② Miller and Monge, 1988
③ Seibert, Silver and Randolph, 2004
④ Freeman and Rogers, 1999
⑤ Kirkman and Rosen, 1999
⑥ Hung, 2006
⑦ Srivastava, Bartol and Locke, 2006
⑧ Miller and Lee, 2001

业对员工的忠诚度与员工投入“有价值”决策过程的能力和意愿密切相关。这种投入来源于培训、员工本身的才能、积极性以及他们的合作和为企业谋利益的意愿。

因此，除财务绩效和员工满意度之外，共同决策和授权决策还能对蜜蜂型领导方式的其他高等级实践起到巩固作用。这些实践包括团队工作及合作的能力、健全而有凝聚力的文化、员工的自我管理、传达给全公司各级员工的信任，以及符合道德的决策。所有这些因素共同作用，推动产品及服务质量、员工敬业度和创新的发展。数据表明，参与决策的员工会在其他高等级实践及关键绩效驱动因素方面产生深远影响，从而最终对企业绩效产生影响。

自 我 管 理

不同的蝗虫型哲学和蜜蜂型哲学，对于员工工作的要求也不同；这些不同体现在蝗虫型哲学指导下的员工只是遵照上级指示做特定的工作，而蜜蜂型哲学指导下的员工则独立于经理人的指示。[①] “完全按照上级指示工作”称为“外部管理”，而另一种独立型工作则被称为“自我管理”或者“自我领导”。蝗虫型经理人更有可能对员工进行外部管理，而蜜蜂型领导者则更偏好让员工进行自我管理。

本书中提及的“自我管理”一词，指的是有自控力、主动性和自我领导性的员工。[②] 事实上，受个人偏好、性格、能力以及其他一些原因的影响，并不是所有人都有能力并且愿意进行自我管理。[③] 相比而言，一些人需要更多的监督，从而他们也就需要更多的外部管理。[④] 寻求自我管理型员工的企业需

① Avery，2004；Lord and Maher，1991；Manz，1986

② Neck and Houghton，2006

③ Liu *et al.*，2003

④ De Vries *et al.*，1998

要将这些要求贯彻到员工招聘、选拔以及入职过程中，从而保证新进员工符合理想的自我管理型员工的特征。让员工进行自我管理并自行做决策的一个缺点是，在这个过程中那些控制需求较高的经理人会对这种失去控制感以及确定感的情境感到不适甚至不快。[①]

自我管理型员工会为了公司领导和\或企业文化规定的共同目标而努力工作。有些员工或许会形成及追求自己的目标。确定目标之后，自我管理型员工将更加清楚如何最好地利用自身技能和主动权来实现某个特定目标。[②] 以健全文化和激励性目标为指导，这些员工将决定做什么以及如何去做。进行自我管理的员工预估困难、设立目标、追求设立的目标并根据表现进行自我奖惩。

自我管理型员工对于今天的分散化及网络化企业至关重要。分散各处的团队以及相距遥远的全球员工使得经理人进行管理、监督员工以及对其他地方员工行使权力愈发困难。新型网络化企业成功的关键就在于合作和分享权力，而不是集中式直接领导。[③] 正如 IBM 首席执行官彭明盛所说：

> 你无法对众多高度专业化的员工使用直接命令-控制的管理机制。这并不仅仅是指我们的科学家、工程师和咨询顾问。我们有超过 20 万名员工拥有大学文凭。CEO 不能对他们说，“排着队跟我来”或者“关于你的价值，我已经有定论了”。[④]

蜜蜂型领导的重点并不在于少数对领导亦步亦趋的员工，它的重点在于使企业所有成员都成为广阔系统中的一部分。在这种观念的指引下，受过良好教育并有一技之长的员工并不需要别人告诉他们应该怎样工作。如果从事的工作对自己有很大的吸引力，那么员工并不需要经理人去激励或

---

① Kanter，1989

② Burla *et al.*，1994

③ Ghoshal，Bartlett and Moran，1999

④ Hemp and Stewart，2004

者控制。

另外，工作场所的其他元素也可以替代或者强化领导者的角色。[①] 这些所谓的"领导替代元素"包括紧密联系的团队，团队中的成员都受过良好训练，并且支持互相学习。科技能替代经理人在控制及其他方面的一些作用，比如电脑能监控并指挥客户服务中心的很多活动。其他能替代领导者指导作用的元素还包括讲解详细的工作手册、指导方针、政策、解释性笔记、专业系统、训练课程以及标准操作步骤。显然，员工若有着共同的强大目标和价值观，经理人的工作量也会因此减少很多。目标和价值帮助员工弄清楚前进的目的地以及如何抵达目的地。若把上述及其他领导替代元素看成一个完整的系统，它们就能真正植入企业。通过替代领导的工作，让经理人的角色从唯一决策者和控制者向团队工作者和调节者转变。此外，领导替代元素还能抑制"英雄式"领导。

蜜蜂型企业中各个层级的员工都能进行自我管理。在美国零售商诺斯通公司，销售助理被授权可以自行管理其与顾客的关系，最大程度保证顾客满意度。我们熟知的戈尔公司（W. L. Gore & Associates），以生产"Gore-Tex"纤维而闻名，正在更加深入地推行自我管理。在戈尔公司，没有人指挥别人去做事情。每个员工都被称为公司合伙人，他们都被要求进行自我管理。监管者和赞助者也会进行指导，但这些人并不是公司的老大。他们不能颐指气使地告诉下属应该做什么。从生产线到高级管理层，在各国分公司的 9 000 名左右员工中，自我管理得到完全贯彻。有趣的是，约有一半的戈尔公司员工声称自己是领导者。[②] 戈尔公司能进行有效自我管理的关键在于，所有遴选出来的员工都有着共同的目标和价值观，并且与戈尔的企业文化相符。戈尔公司展现了自我管理的一种极端形式，也就是我们通常说的"有机领导"。[③] 有机领导实行起来很有难度，然而一旦成功便威力无穷。

自主和自我管理同样也应用到团队中。当一个团队更具自我管理性，

---

① Howell *et al.*, 1990
② Bell, 2004
③ Avery, 2004

团队成员便会参与到管理事务中来，比如协调团队表现、质量和管理制度，撰写绩效报告，实施持续性提升项目。[①] 在自我管理型团队中，成员须在企业中进行积极定位。他们需要合适的态度、技能和表现才能在团队中工作。团队成员须有能力按照独立个人和团队一分子两个角色进行自我管理，这样才能实现对队友的承诺。[②] 引入高参与度工作系统时，如果太多人不能接受其要求的自主程度，这将会是一件很棘手的事，但可在招聘阶段阐明并在随后的职业生涯中培养发展。在专栏 4－2 中，您将读到丰田的人力资源制度中有多少元素促成日本员工的自我管理行为。

专栏 4－2　　日本丰田式的员工自我管理

2007 年，丰田公司首次取代通用公司成为世界上最大的汽车制造商，并在混合动力和其他创新方面领先世界。丰田被认为是精益生产的模范。某些部分的成功应归功于取自丰田生产制度的“丰田模式”。丰田公司设立许多制度以保证员工在自我管理方面能明白并遵从“丰田模式”。猿田正树(Masaki Saruta)找到了一些丰田文化如何塑造这些行为的作用模式。[③]

基本上来说，丰田公司的人事管理制度是对传统人力资源管理的巨大超越。[④] 通过培训和其他通信技术，公司希望每个员工都能践行并吸收公司的价值观和理想观。绩效管理系统有一部分用来评估员工对丰田模式的理解程度。丰田员工按照公司期望，集中劳动并且长时间工作——即便以个人目标和家庭生活为代价(公司为有需要的员工提供宿舍)。从这个层面来看，丰田模式与其他地方施行的蜜蜂型领导实践完全不同，尤其与关心工作-生活平衡的欧洲不同。也许在长时间工作是常态的日本，丰田的高压工作环境对于员工而言并非不能接受。

---

① Cooney, 2004
② Manz, Mossholder and Luthans, 1987
③ Saruta, 2006
④ Saruta, 2006

激励和培训相结合的作用促成了丰田式的员工。最开始的激励性措施是给予优良业绩者高额的工资奖励，而不是论资排辈。小的工作团体结构激励员工更努力地工作并力争不迟到或早退。不想让队友失望的想法也激励着团队成员贡献更长的时间来进行高品质的工作。公司还利用工作丰富化和扩大化激发员工参与室内训练项目的积极性，以发展员工的专业技能。每个参加培训项目的员工最终都会有所提升，虽然各人的能力有别。培训的一个主要作用就在于传播丰田价值观和工作方法。

员工即便年龄不大，也能获得高度权威。以工作利益为基础的自我激励是丰田公司对员工的期望——公司希望每个员工都能享受所做的工作。

猿田说，公司明确表示要将个人激励和公司目标结合起来。质量控制圈和其他机制促使原有提议进一步完善并让团队紧密联系在一起。丰田模式下，员工努力提高产品质量、降低成本并按时交货。废品，也被定义成不能增加价值的东西，在丰田公司则尽可能地被杜绝。

猿田讲述了这些因素如何结合在一起促使丰田员工长时间地认真工作并不断追求进步——无疑是为了丰厚的报酬。员工若积极配合丰田人力资源的管理、培训以及其他政策方针，将比其他同事更有可能提职加薪。如果员工犯错，管理部门就会受到责备。这是因为在丰田模式下，经理人有职责教给下属技能，使其能进行自我管理。

在蝗虫型领导下，员工只能进行低程度的自我管理。这是因为自我管理型员工需要对企业忠诚，并拥有合适的技能。[①] 相比蝗虫型企业，这些元素更像是蜜蜂型企业的特征。

自然，企业文化、流程和制度要支持进行自我管理的员工，为其指引正确的方向。要创造自我管理的环境，首先要依靠第三章讨论的 14 种基础实践的建立，并要得到其他高等级实践的支持。比如，要想成功，自我管理需要员工有权就影响其工作的事项进行决策并与公司有着共同的目标和价值

① Manz，1996

观。在戈尔公司,员工的协会受公司四大关键价值的约束。同样,这些因素在蜜蜂型领导下比在蝗虫型领导下更能促进创新。在专栏 4-3 中,您会读到更多的有关这家创新型公司自我管理方面的信息。

除了拥有相应的技术能力,员工还需要有好的心态和社会名声才能进行自我管理,包括在自主条件下有能力引导和激励自己。① 否则,自主和自我管理都将很难实现。通过内部提升获得的职业发展机会以及企业对人才的重用留任也会促进自我管理行为。

注重员工自我管理的好处

调查表明,自我管理能促进包括工作绩效在内的许多企业绩效的提升。许多研究者发现,与自主性差的员工相比,认为自己在工作中高度自主的员工会有更好的工作体验。这包括更高的工作满意度、对企业更高的参与度和忠诚度、更少的压力和挫折感。② 因此,自我管理型员工通过在个体和组织水平上的高积极性和忠诚度给企业带来很多好处。例如,对个体水平的研究发现,作为一种员工自我管理的授权形式,工作分配不仅能提高中国员工对企业的忠诚度,也提高了工作满意度和工作表现。③

这些积极的效果提高至少有一部分是以满足工作场所员工的自尊需求为基础的。另外,员工接受授权活动的意愿也会影响该次授权能否改善工作场所的情况。澳大利亚针对制造业自我管理型员工做的一项研究也强调了工作满意度在提升自我管理和团队表现方面的作用。④

针对中国香港 68 所小学所做的一项研究可以作为以组织为分析单位的例子:在这项研究中,研究者将每所小学看做一个分析单位。他们发现,与其他学校相比,更具自我管理性的学校拥有更多自我管理型团队和个人。

---

① Manz, Mossholder and Luthans, 1987; Manz and Sims, 1986

② Chen and Aryee, 2007; Hodson, 2004; Lapidus, Roberts and Chonko, 1997; Spector, 1986; Wilhelm *et al.*, 2004

③ Chen and Aryee, 2007

④ Politis, 2006

另外，以教育质量、员工忠诚度和士气作为衡量标准，自我管理型学校的表现也要更好。[①]

自我管理型员工与高等级创新[②]之间存在着千丝万缕的关系，虽然自主性和创新之间的关系是十分复杂的。[③] 在可持续领导力金字塔框架内（见图2－1），创新被看做一个关键绩效驱动因素，并以独立章节进行详细讨论。不过，要强调蜜蜂型实践之间的相互作用，我们在此需要简单提一下创新的相关内容。太少的自主性会降低创新力，而高度自主则会让企业面临更多风险，除非在员工自主的同时，企业采取措施降低风险。这些措施包括确保确立以高信任度、清晰目标、对根本问题的认可、共同的目标和价值观为特征的蜜蜂型文化。[④] 这体现了基础实践和高等级实践如何合力推动创新这一关键绩效驱动因素的发展。

团 队 导 向

团队工作及合作越来越被看成是企业实现目标以及让企业更具竞争优势的至关重要的元素。[⑤] 这对于以知识信息为基础的迅速变化的全球企业来说，尤其如此。团队在应对变化方面比个体更加迅速且更加灵活。团队能促进创新和知识的互享。因此，能进行自我管理、能与他人良好沟通、能进行团队合作并做事负责的员工越来越受到重视。在企业文化上支持团队工作的蜜蜂型企业中尤为如此。

在只注重眼前利益的蝗虫型模式中，很难进行有效的团队工作。这是因为蝗虫型企业中任期短暂的员工之间彼此了解更少，技能更少，从而对彼

---

① Cheng and Cheung, 2004

② Carmeli, Meitar and Weisberg, 2006

③ Gebert, Boerner and Lanwehr, 2003

④ Gebert, Boerner and Lanwehr, 2003; Mumford *et al.*, 2002

⑤ For example Power and Waddell, 2004; IBM Global CEO Study, 2006

此的信任也就更少。另外,他们并不受强大企业目标和文化的约束,从而更容易发生内部争斗。如果团队成员彼此敌对,团队表现自然会大打折扣。因为成员工作自主性更差,蝗虫型团队偏向经理人领导,以成员的能力、可信程度及凝聚力为依据,团队在不同程度的监控下开展工作。从而,蝗虫型文化留给团队工作的空间很小。

这对绩效表现会造成不良影响。由于缺少对团队其他事物的支持以及忠诚意识,团队工作有可能造成知识信息的闭塞、个人定型以及对团队责任的忽视。由于团队,尤其是自我管理型团队,能够承担很多个人[①]无法承担的责任,不支持团队工作的企业文化将有损于企业绩效。

与之相反,蜜蜂型团队是基于彼此了解、技能高超的个体而建立的,他们认可强大的企业目标和文化,愿意分享信息和知识,从而值得高度信赖,团队成员彼此之间也高度信任。蜜蜂型团队极有可能具备当场解决质量问题的能力、权威和诚信。因此,他们被授权的程度或许是大多数蝗虫型企业无法想象的。研究还表明,高绩效团队与共同愿景领导方式密切相关,[②]而"共同愿景领导"是另一个蜜蜂型法则。

……蝗虫型文化下的团队工作能力非常有限。

对于团队工作是如何在蜜蜂型企业中应用的,我们来看几个例子。首先,在宝马这样的公司,奖惩通常是以团队为重点并且公私分明的。[③] 宝马公司要求各个团队为其质量和时效对其他的团队负责。如果一个团队将错误的责任推卸给另一个团队,那么纠正错误的成本将从这个团队成员的工资和奖金中扣除。这自然会让团队以满足内部及外部顾客的需求为工作重点。另外,宝马公司希望所有员工都体现宝马精神。也就是说,员工不仅需要了解本职工作,还要知道公司的前进目标。宝马团队通常选举一位发言

① De Leede, Nijhof and Fisscher, 1999, p. 203
② Wang, Chou and Jiang, 2005
③ Avery, 2005

人代表其与外界沟通、协调活动和主持团队会议。然而，这个人并不是传统意义上的老板或监工。为使决策获得一致通过发言人需要发挥影响力，但并不是施加权威。在宝马公司，生产线会因为团队例会而暂时停下；团队会议期间，服务部门的一些成员需要坚守岗位以方便客户联系。

研究型企业经常使用相对无结构化团队。领先德国应用研究的弗劳恩霍夫协会将不规则组织应用到团队设计中，让团队成员进行自我组织和自我提升。不规则团队允许其成员根据特定项目的专业要求随意加入或退出。这些团队很容易适应变化的顾客需求和其他情况。同样，戈尔公司也没有老板或者僵硬死板的结构，员工有组织地组成项目团队以应对市场机会（见专栏 4－3）。

专栏4－3　戈尔公司的自由流动型有机团队合作

创立于 1958 年的戈尔公司是美国最大的 200 家私营公司之一。在全球超过 45 家工厂和销售点的约 9 000 名员工的努力下，戈尔公司的全球销售额已超过 25 亿美元。[①] 这个高度创新型企业在聚四氟乙烯的基础上发明了很多产品并持有 2 000 多项发明专利。Gore-Tex 是戈尔公司最著名的品牌，不过其产品还广泛应用于电子信号传输、积层织物、医疗植入及其他各种行业中。全球已有 2 500 万名病人接受戈尔医疗产品植入手术。

美国仅有四家公司出现在《财富》杂志每一次评选的“年度最佳雇主”名单上，戈尔公司便是其中之一，评选范围包括欧洲、亚洲以及美国本土的众多公司。取得这样的佳绩，很大一部分应归功于戈尔公司特别的文化。自公司创立之初，戈尔便避免传统的等级制度。相反，戈尔公司为员工提供基于团队的环境，从而促进个人主动性、增强员工之间交流、鼓励创新。员工相信公司的扁平结构（指管理层次少而管理幅度大的一种组织结构形态）有利于提高员工满意度和留任率。戈尔公司努力让员工的个

① http://www.gore.com; accessed 14 February 2010

人潜能得到最大发挥。它营造了一种能让创造力充分发挥的环境。戈尔公司成功的秘诀在于对员工及其能力的充分信任，以及坚持产品多样化和精品化。在所有戈尔进入的市场，戈尔产品的质量都高居首位，这让戈尔公司十分自豪。

戈尔公司鼓励员工亲身参与创新。与项目关系最密切的人有权就项目做出决策。每个人都有机会参与团队组织，并从中产生领导者。戈尔团队不存在命令链或预设的沟通渠道。相反，员工之间可进行直接沟通并对多部门的团队同事负责。戈尔公司不存在传统意义上的老板，没有人指手画脚地告诉别人应该做什么、不应该做什么。[①]

戈尔公司招募能胜任一般工作的员工，并进行严格遴选以保证所招员工与公司文化相符。在初始投资者（不是老板）的指导下，随着对机会和团队目标的逐渐了解，员工参与并投入到与其能力相符的项目中去。戈尔公司的工作环境是自由性和合作性、自主性和协同性并存。

每个人都能快速获得设计并推动项目发展的公信力。导师帮助员工找到在公司中的发展路径，在增加个人成就感的同时为企业做出更多贡献。每一个员工都有不同类型的导师，但这些导师并不是老板。[②] 有时公司会任命领导者，这些领导者与员工像普通同事一样相处，凭此获得同事的支持从而保住领导者之位。更常见的情况是，由于在推动公司特定目标发展方面具备某种特殊的知识、才能或经历，有人自然地成为领导者。

虽然戈尔公司推行自由流动型文化，但公司并没有因此陷入混乱或难以管理的局面。由共同目标和价值观支撑起来的领导力是“有机的”。[③] 戈尔公司的创始人比尔·戈尔曾提出四条指导性法则，这些法则是公司文化中不可或缺的一部分，并为所有戈尔员工所遵守。戈尔提出的四条法则并没有详细的定义，但包含对许多情况的宽泛性指导。其中一个主要

① Bell，2004
② Bell，2004
③ Avery，2004

法则是建立并保持对别人的忠诚。第二条法则与公平有关，公司和员工要公平对待彼此，任何与公司有某种关联的人都应受到公平对待。第三条法则是自由。这代表的是鼓励、帮助、允许其他员工提升知识、技能和扩大职责。最后，戈尔用水位来比喻风险的管理。如果一个决策在"水位以下"，它就有可能使大船沉没。公司中的某些特定过程和指定专家就有必要参与进来。

根据美国大陆航空公司前 CEO 戈登·贝修恩(Gordon Bethune)的说法，管理一条航线是团队运动的极限。贝修恩认为航空公司是自我管理型团队的集合——从驾驶舱到客舱到管理团队。这些团队需要整体运作，以保证整个公司的活动能够可持续。有关公司绩效方面的广泛沟通是联系员工的纽带，还有一条纽带则是企业对员工的忠诚，也即在不同方面重视员工。

在万豪(美国第二大宴会承包商)强大团队理念的指导下，对于合作的奖励制度抑制了个人的自私行为。合作及团队工作不仅发生在特定宾馆的内部，万豪下设的不同品牌宾馆之间也是如此。不同品牌的宾馆给彼此介绍生意，从而使整个公司的利益得到增长。

团队导向的好处

大量证据表明，团队工作有利于提高企业绩效。首先，团队让员工的工作满意度更高。[①] 在团队中，员工更多地为企业谋利益，而不是为自己谋利益。从而获得更高的劳动生产率、主动性和更好的质量，同时还能提高客户服务水平、工作满意度还有企业及团队忠诚度。[②] 相比之下，有效率、积极性高并值得信赖的团队无需太多监管。[③] 然而，这些团队还是有更好的表现，因为他们有能力、积极性和价值带来更好的绩效。实际上，经理人并不能实

---

① Miller and Monge，1988

② Hung，2006；Ichniowski and Shaw，1999；Kirkman and Rosen，1999；Kochan，Gittell and Lautsch，1995

③ Manz，1990，p. 276

现百分之百的监管，这会导致质量的不稳定。这意味着，像宝马这样的公司完全可以不用监管者，因为雇请监管者花费昂贵但带来的价值却很小或根本没有价值，以财务、品牌和顾客满意度这些标准来衡量，所有这些影响都将带来更好的企业绩效。

研究表明高效的团队与更好的财务绩效密切相关。英国曾进行一项全国性研究，收集经理人对于所在公司财务绩效的评估资料，结论是团队工作带来的好处远超过付出的成本。[①] 团队能力的发展、维持及持续性提升需要付出资金和时间成本。

IBM 曾于 2006 年对来自世界各国的 765 名 CEO 进行采访，采访结果验证了以团队为基础的企业盈利更好这一结论。研究者发现，团队型企业在过去 5 年中的平均运营利润差不多是个人型企业的 3 倍。[②]

除对团队进行奖励之外，奖励做出贡献的个人同样是受益匪浅。相比强调个人奖励的企业，对团队进行奖励的企业的运营利润平均增长率和资产增长率分别要高出 2 个百分点和 3 个百分点左右。[③]

很多其他特定绩效的增长都与团队工作相关。例如，自我管理型团队的顾客服务人员，其服务质量会出现大幅度的提升，而销售额的增长会超过 9 个百分点。[④] 当服装公司的员工采用团队合作模式，其生产率将会出现更大的增长，平均每个团队提升 14 个百分点。[⑤] 团队工作使美国小型钢铁企业的生产率增长，每个钢铁厂产量增加值为 140 万美元。[⑥] 在更具技术性的复杂生产过程中，团队工作尤其可以推动劳动生产率增长。研究者认为给予复杂生产线团队的团队奖金最能推动其生产力提高。一项针对英国企业的调查发现，团队工作是企业长期成功的重要因素。[⑦] 团队工作有利于企业

① DeVaro, 2006
② IBM Global CEO Study, 2006
③ IBM Global CEO Study, 2006
④ Batt, 1999
⑤ Hamilton, Nickerson and Owan, 2003
⑥ Boning, Ichinowski and Shaw, 2001
⑦ Purcell *et al.*, 2003

内部的持续性提升，也有利于工作生活质量的提高。[①] 研究还表明，鼓励合作性工作的经理人表现更好，并且更能得到团队成员的追随和支持。[②] 在中国企业中，相比不注重团队导向的企业，在团队导向型领导手下工作的员工，展示出更高的积极性、忠诚度和信任度。[③] 即便员工的价值与企业不甚相合，这一点也不会改变。

简而言之，已发表的研究证据表明，如果能正确地进行团队工作及合作，将会提升企业的绩效并给企业带来其他很多的好处。然而，也有研究表明，通过团队提升企业绩效并不是自发而成的。[④] 这受到很多因素的影响。比如，员工或许不具备复杂的协调技能或其他团队工作所要求的能力。另一方面，公司或许缺乏对自我管理型企业的支持。一些研究表明，自主性对于高效团队合作尤为重要，此外，员工对团队意义的判断以及是否相信自己能对结果产生影响也很重要。[⑤]

团队工作在可持续领导力金字塔中属高等级实践，因为高效的团队合作并不能通过简单粗暴的命令获得。它需要多种基础实践的支撑和促进。团队合作依靠基础实践，像留住人才、锻炼及培养员工的技术性和社会性才能、让员工体会到公司对他们的重视等。其他很可能对高效团队工作产生支撑作用的基础实践包括成为讲道德的公司、采取允许团队发展的长期视角、注重高等级管理团队的示范作用而不是英雄式 CEO 独揽大权，以及成为一个重视包括员工在内的所有利益相关者利益的公司。另外，让员工了解公司内的所有变革都经过了深思熟虑，以及让他们知道团队不可能受到持续性的破坏，这对团队工作起到支持作用。对于工作目标有清晰的了解，并且不为金融市场或者政策性压力的驱使而采取短期行动，这也是对团队工作的支持。

---

① Kuipers and de Witte，2005

② Sosik，2005

③ Li，2006

④ Allen and Hecht，2004；DeVaro，2006；Power and Waddell，2004

⑤ Kirkman and Rosen，1999

在团队中工作需要其他高等级实践的支持，比如能让员工合作并培养其信任的团队文化，还有能让员工互享知识、进行自我管理以及做决策的环境。因此，团队工作是以14种基础实践为基础，并以其他的高等级实践为支撑。后面我们将讲到，团队工作还会影响包括员工参与度、创新和质量在内的关键绩效驱动因素。

企业文化

企业文化指的是管理员工行为的正式规范和规则。文化包括共同的感受、信仰和价值观。文化健全的企业能清晰地表达其价值观——是否崇尚团队工作、信任、创新、质量、美德、顾客服务；经理人重要还是员工重要以及\或者是否有必要满足员工的需求。所有蜜蜂型企业对于它们代表的事物以及前进的方向都有着清晰的认识，虽然企业的文化各异。共同文化带来的一个结果就是，员工可能会很喜欢向外人炫耀自己的工作环境有多么特别。

蝗虫型企业较难形成健全的文化，除非该企业的文化以股东利益为核心。这种文化或许会在更低层级得到认同。维持任何一种文化对于蝗虫型企业而言都是挑战。蝗虫型企业员工的流失比蜜蜂型企业要快，从而缺少保持文化的员工及其网络。这对于服务业巨头IBM公司是一个威胁，虽然IBM在很多方面信奉蜜蜂型领导哲学。正如第三章所说，IBM每年会不断地流出2万名员工。当人们认为他们只是暂时性地为某个公司谋取未来，这个公司就很难得到人才。

创造及保持一致的企业文化需要时间，并且需要有长远的计划。为保证新进员工与公司文化相符合，蜜蜂型企业的招聘者会寻找个人价值观与企业价值观相符的员工。因此，很多招聘者都强调态度及社交能力比技术能力重要。例如，手术器械生产商蛇牌（Aesculap）公司将社交能力、团队合作及沟通置于技术能力之上。相比技术能力高但态度不端正的应聘者，蛇牌公司更青睐具备良好人际沟通能力的应聘者，即便这些应聘者的技术能力不强。这是因为，要改变一个人的基本信念、价值观和态度几乎是不可能的，[①]所以他们只适合特定的企业。技术能力却能更容易地获得，当然，还需要必要的态度、训练和资源。

……员工可能会很喜欢向外人炫耀自己的工作环境有多么特别。

保护一种健全的文化还需要外部新进员工融入新雇主的工作方式。通过遴选与企业文化相符合的员工，蜜蜂型雇主将价值观不相符合的员工淘汰。如果企业的价值观不与员工所持价值观冲突，社会化会进一步增加两者的文化相符程度。一些企业为新进员工提供大量入职项目，通常是让员工在不同部门轮换任职以增长其经验。在戈尔公司，专职的导师会对新进者提供指导，以帮助他们融入公司文化。

很重要的一点是，招聘拥有共同价值观的员工并不意味着企业一定会失去多样性。尊重他人、讲道德等核心价值是不容商量的。这些价值对于蜜蜂型领导下的员工招聘、培训、升职非常重要。汽车供应商采埃孚公司花费大量时间面试求职者，经常要面试一整天，以保证员工和公司拥有一致的价值观。

一些评论者将健全的文化看做劣势，认为这会成为企业变革的障碍。这一风险在蜜蜂型企业当中可以通过强调创新和持续改进来应对。专栏 4-4 中描述了这些价值观是如何在万豪国际酒店的强大文化中共同起作用的。

专栏 4-4　万豪的企业文化[②]

万豪国际酒店的总部设在华盛顿，但经营点遍及全世界。2008 年，万豪全球销售额达到 130 亿美元左右。万豪力求提供特别的顾客服务，给予

① Collins, 2001a

② Avery, 2005

员工提升的机会以及有吸引力的股票回报。长期股东的投资在长达52年的时间中会获得超过16%的年回报率。除经济方面的成功之外，万豪也连续被《财富》杂志评为酒店业最受青睐的公司以及最佳工作地之一。该公司在国外同在美国国内一样，高度重视社会和环境责任——即便法律对此没有作出要求。美国环境保护局于2008年授予万豪公司可持续优异奖。

和许多蜜蜂型企业一样，万豪超过14.6万名员工的目标、价值和员工实践大体一致。让远离家乡的员工在万豪感受朋友间的情谊，这是万豪员工们共同追求的一个目标。公司以诚信、负责、公平和言行一致作为核心价值。文化的其他方面还包括追求持续性提升、克服困难、努力工作和开心生活。万豪公司追求服务的最高质量和稳定持续。要实现这一目标，需要持续的变化、改善和更新。经理人通过四处走动以及和人聊天与员工顾客保持紧密联系。不过，经理人并非包揽一切。公司认可并欢庆公司员工做出的所有贡献。

如果员工自信且过得开心，这种积极态度将反映在他们做的每一件事中，而这会让顾客开心，这就是万豪的哲学基础。除获得许多社会福利之外，员工还能受到良好的培训并有保证一致性的制度予以员工支持。其中包括打扫酒店房间的66个步骤、保证食物质量的39个步骤以及强化万豪价值观念的20天培训(每一天所有员工都会践行一种不同的价值观念)。作为强化价值的一部分，员工会在会议上了解当天要践行的某种特定价值观念。譬如，提供超过顾客期待的服务或对顾客需求进行预估。

强大的团队工作伦理贯穿万豪的公司文化。相比自利型文化，这种以平等为本的文化更加鼓励共同工作。万豪公司并没有用丰厚的奖金刺激计划来留住人才，因为团队工作的文化依靠的是合作而不是竞争。通过上述这些及其他一些方式，万豪国际酒店形成了支撑强大文化的一系列制度。虽然员工非常忠诚并且支持公司目标及核心价值，但必要时他们还是十分挑剔的。[①]

① Marriott and Brown，1997

然而重要的是，管理者应当与他们向不同利益相关者表述的文化保持一致。例如，当企业向顾客标榜的价值观与员工实际体会到的价值观和文化大不相同时，会对员工的态度产生负面影响。这将会引起恶性循环。员工们并不太会认同公司的“谎言”，而他们的矛盾心理将会传递给顾客，从而导致顾客不再信任该公司品牌。招聘与企业文化相匹配的员工能对此产生帮助。所选员工的价值观若与品牌的根本价值观相合，他们将更有可能认为企业是支持那些价值的。反过来，这对顾客的品牌认知有积极影响，并让顾客更加信任该品牌。①

企业拥有健全文化的好处

健全的企业文化和许多共同的价值观念是蜜蜂型领导哲学的特征。二十多年来，学者们已证明无论是公有企业还是私有企业，强大的、得到广泛认同的企业文化都能促进企业绩效的提升。② 相比变化不定的市场环境，相对稳定的大环境更能凸显强大文化的好处。③ 不过，很多研究都表明文化对绩效的影响是持续性的。先前对 34 家美国大公司的研究数据表明，以五年为期，拥有参与型文化的企业的投资回报率是其他企业的将近两倍。④ 之后对 150 家美国公有贸易公司的研究表明，以六年为期，强势文化企业的表现远在弱文化竞争对手之上。⑤ 这项研究还发现，动荡时期仅仅有强势文化可能对企业造成阻碍，因为这会阻碍企业适应新的市场条件。

因此，企业文化不仅需要足够强大并得到广泛认同，还需要足够灵活以让企业在有需要的时候顺利做出调整。在另一项以 207 家美国大公司为样本的研究中，专注于打造强大企业文化的公司在股市表现更好。⑥ 这并不是短暂性的巧合。以 11 年为期，从多种财务标准来看，这些公司的绩效同样好

① Yaniv and Farkas，2005
② For example Balthazard，Cooke and Potter，2006；Safford，1988
③ Sorensen，2002
④ Denison，1984
⑤ Sorensen，2002
⑥ Kotter and Heskett，1992

过竞争对手,其资产总额是企业文化管理不好的竞争对手的 4 倍。另外一些研究得出结论,文化信仰、态度和目标与多种财务绩效指标相关。①

其他的学者则证明,企业文化影响到与企业绩效相关的各种不同的因素。这些因素包括员工满意度及忠诚度、留在公司的意愿、职业道德和团队工作。比如,以不同的文化为基础,某美国银行的不同分行在员工流失率及效率方面也大不相同。② 相比员工态度积极的分行,员工态度不甚积极的分行其员工流失率也较高,交易额少且增长速度放缓。研究发现,态度不甚积极的分行更有可能倒闭。

另一个考虑是企业的内部文化影响外部人士对企业的印象。换言之,企业文化会影响品牌和口碑。加拿大的一项研究表明,客户对企业文化相合性的认知,深刻影响他们对某一企业的满意度和继续合作的意愿。③

企业文化和多种企业绩效指标之间的积极联系都得到了证实。蜜蜂型企业对于发展和保持适应性强的健全文化的要求,受到 14 种基础实践的影响,其中以目标和价值观念、培训及发展、讲道德和长期留任员工为首。以上这些以及其他实践如何实践,形成了企业的独特文化。另外,蜜蜂型基础实践进行巨大调整时若能有计划、有考量,则可以进一步巩固健全文化带来的优势,从而帮助保持企业内部的相对稳定。文化属于高等级实践,它是以其他很多的基础要素为基础的,而那些基础要素又受到其他高等级实践的支撑。

知识分享及保留

全球各地的企业越来越依赖员工分享知识的能力和意愿,从而促进企业内部员工的学习和成长。这是蝗虫型企业和蜜蜂型企业共有的特点。

---

① Marcoulides and Heck, 1993
② Bartel *et al.*, 2004
③ MacIntosh and Doherty, 2007

起先，人们希望信息及沟通技术（ICT）成为知识分享的支柱力量。比如，销售人员每天将客户的信息和反馈输入数据库，供其他人察看和学习。专家学者将他们的专业知识输入电脑系统，供他人获取。同时也确保公司内部的ICT系统对退休员工的知识信息有所储存。

虽然技术方面取得了部分成功，但很快你就会发现，很多企业的员工并不是光凭命令就进行知识分享的。通过ICT系统命令员工互享信息，尤其会让员工感到不舒服。企业也不能强迫员工经常性查询ICT系统以更新知识。或者说，知识分享需要依靠员工之间的亲密关系。[①] 这就将知识管理和创造的重点从系统转到了人的身上。经理人和学者越来越意识到，只有当人与人之间的关系不那么正式的时候，才能真正为企业和社会创造价值。中规中矩的正式沟通渠道，对于极富多样性和复杂性的跨国公司尤其没有帮助。[②] 相反，员工之间的关系需要从"人"这一角度来构建。

为了达到这一目的，许多公司正为员工创造可以随意进行知识分享的沟通环境。比如，在咖啡店、员工厨房进行非正式的会面或参加公司研讨会、路演及公司组织的其他学习性活动。卡尔-埃里克·史韦比（Karl-Erik Sveiby）教授在一篇报告中写道，知识管理如何让一家挪威私人医院里的病人减少恐惧并实现价值增长。[③] 这家挪威医院里的护士想减少病人做手术之前的恐惧感。虽然受到了医生的一些怀疑，该医院的护士们试验性地邀请之前的病人和新病人一起喝咖啡、吃蛋糕。自然而然，他们会聊起自己的手术。结果，外科医生和护士一致认为，这次尝试取得了巨大的成功，因为新病人对于手术的恐惧感确实减少了。接下来让我们仔细分析一下。外科医生和护士都说，新病人问的问题少了，手术之前对于镇静性药物的需求也降低了。原来的病人告诉新的病人手术是怎么一回事，病人们彼此吸取经验并互相学习。这种知识的转移可以为医院员工节省时间以及带来其他的好处。最后，外科医生的困难迎刃而解，医院的工作人员也和其他同事分享

① Wheatley, 2003

② Nasrallah, Levitt and Glynn, 2003

③ Based on Sveiby, 2007

这一新的知识。虽然对于镇静性药物的低需求直接有利于节省成本，但史韦比教授总结道，知识分享的绝大部分价值是无形的，这些无形价值通过节省时间、享受快乐以及在新政策和程序下创造结构性资本获得。更复杂的知识分享环境包括志同道合的群体，有着相似兴趣爱好的员工彼此交换想法，无论采用面谈或是网聊的方式。这种自由的交流能增进同事之间的感情。请阅读专栏4－5中的内容，看瑞士霍尔希姆公司如何实现知识分享。

专栏4－5　霍尔希姆公司如何管理知识①

总部位于苏黎世的霍尔希姆公司是一家建筑材料供应商，对其而言，知识管理至关重要，并需要在遍及全球的各子公司推行。霍尔希姆鼓励利益相关者分享知识。公司的架构由五个元素组成。信息内容、员工、创造和传播知识的方法、交换数据及信息服务的方法这四种元素以第五种关键元素，即结构性知识，为中心。认识到仅使用IT数据库并不能有效地进行知识分享，霍尔希姆公司建成了一些知识网络小岛以构造知识，这些知识小岛在某专业领域彼此相交，比如工厂操作或IT。知识小岛建立的目的是在大约40个实践群体中互享知识。这反映出霍尔希姆公司的一个信念，即拥有、需要、创造并使用知识的员工能对企业知识进行最好的管理。

实践群体将员工和模式的组成元素组合到一起。在相应软件的支撑下，群体成员参与到创造、分享及重新使用知识的管理过程中。流动群体实践提供了一种日常的社会性环境，在这种环境中，知识可以真正得以分享。这些团队可以根据特定时期分享知识的需求成立或解散。

霍尔希姆公司还使用其他几种手段来创造和分享知识，包括分阶段开展学习活动。公司对过去20年管理项目积累的经验进行了总结。任务报告以当前项目中学到的经验为重点。启动新项目之前，员工需要对这些经验有所了解。

---

① Based on Avery，2005

对于慕尼黑保险公司而言，知识信息是保险业务的重中之重，因为保险业务是在风险的基础上开展的。知识来源于员工的经历和专长、创新、向客户和其他合作者学习以及自己的研究。为促进知识分享，慕尼黑保险公司形成了一种文化，要求员工每天从公司中选一名同事一起吃午餐。员工餐厅为支持这一传统，餐桌统一设双人座位。

实现并促进知识互换对于跨国企业尤其具有挑战性。使分享成功秘诀成为一种制度，这对高露洁的合作型文化起到了巨大的支撑作用。在开放交流的文化中，员工一起出差旅行、参加会议或用邮件联系，这都强化了知识共享行为。强大的企业文化让同事之间彼此分享经验和价值观念。反过来，大范围的沟通以及共同的目标将促进服务或产品质量的持续性提升。这些实践和影响与推动效率提高相结合，从而对财务绩效产生间接影响，互享性知识的应用使企业获得可持续发展。①

诺华公司是一家跨国型制药公司，为推动员工进行自由沟通，诺华公司采取了一个大胆的方法。诺华公司连续很多年都努力想解决一个知识性难题，问题是这样表述的："如何让诺华员工了解诺华公司知道的事情。"20世纪90年代，该公司设立了一个正式的知识经理职位。在将近十年的试验性知识分享之后，这个职位于2006年被废除。之所以废除，并不是因为试验失败，而是因为试验的成功。到2006年，知识分享已深深融入诺华的公司文化中。2005年，诺华公司将巴塞尔园区改造成一座旨在促进沟通、学习和创新的知识之城。知识之城住的都是研究者和其他诺华员工，这是一个大学一样的园区，空间开阔，并设有儿童照管设施、饭店、咖啡厅和商店。知识之城设立的目的在于让员工在日常生活中有机会和同事见面联络，从而加强彼此之间的沟通和学习。

……知识分享以良好的人际关系为依托。

---

① Evans and Davis，2005

知识分享对于蝗虫型企业和蜜蜂型企业都有利，但蝗虫型企业的临时性员工使得知识的管理益发困难。但这对于蜜蜂型企业并不难，因为蜜蜂型企业从长远出发，以下面几项作为建设重点：留住人才并重视他们；员工的持续发展；形成高度信任的文化，鼓励而不是阻挠员工在咖啡厅中聊天；专注于团队工作；减少会引起知识保留的内部竞争等。创新制度贯穿整个公司，并触及知识领域，而知识正是许多利益相关者所拥有的东西。蜜蜂型领导力的另一种特征，即与前员工及供应商保持联系，有助于企业获得知识信息。员工流动率高或许会给公司带来外面的新鲜知识，不过这是以公司的内部知识流向竞争者为代价的。企业的挑战就在于，持续更新现有知识并促进知识分享的同时，还要防止其他对手获得本公司的知识信息。

知识分享与保留的好处

知识的分享与保留将促进企业绩效提升，这一认识相对来说还比较新，而且很难定义和定量。[①] 相关的研究结果并不一致。比如，2003 年一项基于《财富》500 强企业的调查表明，若完全从财务标准来看，并未体现出知识管理的作用，虽然这些企业都曾声称要对知识进行良好管理。[②] 仍然是 2003 年，另一项研究则得出结论称，知识的应用确实使 208 家制造企业的绩效得到提升。[③]

总的来说，在不同行业和国家进行的研究都表明，知识分享以及加强企业学习对于企业绩效意义重大。将一些学习型跨国公司同竞争对手进行比较，结果表明学习型公司拥有竞争优势，这种优势体现在长期财务绩效和市场绩效的优良表现上。[④] 与此相近，一项针对澳大利亚 200 家企业的研究得出结论称，学习型企业的企业绩效更好。[⑤] 在这次研究中，企业绩效从知识、

---

① Robinson *et al.*, 2004
② Gastillo, 2003
③ Dröge, Claycomb and Germain, 2003
④ Goh and Ryan, 2008
⑤ Power and Waddell, 2004

财务表现以及顾客满意度三个方面进行衡量。不同部门间进行知识分享使《财富》1 000强中的250家企业实现盈利增长，特别是当知识分享拥有对应IT系统支撑时。[①] 在西班牙公司中，学习和知识整合同样与更好的企业绩效挂钩。[②] 一项针对中国高新技术企业的研究表明，这些企业的创新能力与知识获得密切相关，而企业的创新能力又与企业的长期增长相关。[③] 最后，对于酒店的研究显示，员工间的知识分享也与企业绩效密不可分。[④]

知识分享在可持续领导力金字塔中属高等级实践，因为它需要某几种基础实践的支撑。这些基础实践包括长远的眼光、提供培训和发展以及留住人才。团队倾向、信任以及健全文化等其他高等级实践对知识分享及保留这一实践起到巩固作用。高等级实践的集中作用带来高的员工参与度，包括那些拥有知识的员工。[⑤] 这些影响对于创新、改善企业过程和质量并最终让企业获得竞争优势也十分重要。

信　　任

两种主要的信任方式将蝗虫型领导力和蜜蜂型领导力区分开来。[⑥] 这与萨柯(Sako)的“正常契约关系”(信任度低)和“义务性契约关系”(信任度高)颇为相似。

为规范职责，正常契约关系(ACR)严重依赖书面合同或协议，依赖管理企业运作及其相关标准的一般性规则规章制度。例如，对于供应商的评判以全球性要求为依据，即产品应符合特定质量或专业标准。作为回报，只要供应商发货并提供服务，他们就可以收到合同款。这种形式的信任需要双

---

① Tanriverdi, 2005

② Lopez, Peon and Ordas, 2005; Prieto and Revilla, 2006

③ Yang, Rui and Wang, 2006

④ Srivastava, Bartol and Locke, 2006

⑤ Janz and Prasarnphanich, 2003

⑥ Sako, 1992

方同意兑现各自的承诺。对正常契约关系中信任的依赖，让合作伙伴得以追求他们的利益。他们可以随时变换合作伙伴或者改变利益要求。这是一种依靠遵守承诺这一强大道德准则的利己主义方法。因为没有明确的承诺，双方可以不考虑对方，随时拔高自己的地位。譬如，他们可以选择更加便宜的商品或服务。这是假定在商业谈判中进行无节制的讨价还价不违公平。① 在ACR信任模式下，忠诚并不在考虑范围之内，而这正是蝗虫型企业的特点。

第二种信任，义务性契约关系（OCR），依靠双方的良好意愿而不是合同、规章或标准。OCR假定合作双方会共同努力，并愿意付出比合同规定事项更多的努力。OCR合作伙伴将彼此看做可信的、可以依赖的对象，而不是想方设法占对方的便宜。判断其中一方是否可信，很大程度上是看这一方的信誉以及之前双方打交道的经验。蜜蜂型企业更偏好这种信任方式。

在实践中，无论是与员工、供应商、投资者或其他利益相关者打交道，这两种基本信任方式在商业关系中实现的程度都各不相同。② 在OCR信任模式下，对于双方关系的良好意愿会增长。美国大陆航空公司就是一个明证。公司即便是在财政困难时期，也为退休员工提供并打算继续提供多于法定数额的养老金。③ 坚持兑现这种类型的承诺，对于公司员工保持对管理层的信任至关重要。

OCR信任模式与蜜蜂型领导在很多方面都吻合。这是因为OCR信任模式从长远角度考虑双方关系。在蝗虫型企业中，供应商合同也许因市场价格下降而遭到违约，或者整个竞标过程贯穿贿赂或其他形式的不道德行为。④

信任很复杂、很难衡量，并且可以用不同的方式操作。比如，一个工人或许信任其他的同事但并不信任管理层或者整个公司，又或者管理层不相

---

① Sako，1992，p. 239
② Caldwell and Karri，2005；Sako，1992
③ Continental Airlines，2007，letter to shareholders
④ Liker and Choi，2004

信员工。组织过程中暗含的信息是判断管理层对员工信任程度的一种方法。[①] 员工培训及其他职业发展项目的规定能反映出一家公司对于员工的忠诚度和信任度。同样,与员工分享公司关于财务状况的信息也是信任的表现。当然,仅仅相信别人是不够的,还需要这些人值得相信。可信赖度前提与信任的前提基本上一致。

信任的反义词是控制和恐惧。控制遭受很多批评。最良性、最常规的控制行为只是让别人顺从而已。但在官僚型和控制型文化中,员工都只是例行公事。如果没有事先向管理者或经理人报告,他们不会主动去做什么事情,因为他们通常没有做决定或冒风险的权力。这对企业的创新力和创造力大为不利。然而,当员工工作能力不强或者工作道德低下时,控制倒是必不可少的。[②]

更糟糕的是,控制会激发反抗、更不愿意冒险以及错误报告等行为,员工之间的合作减少,主动性降低,创造力消失,并且更加依赖他人。[③] 如果控制会引起对错误的惩罚,那么对惩罚的恐惧会让员工倾向于掩盖自身错误并不愿意创新。研究者已经用事实和数据验证了古尔德纳(Goldner)1954年在《工业官僚主义模式》(*Patterns of Industrial Bureaucracy*)一书中就控制理论提出的许多缺点。[④]

在蝗虫型企业中,员工被管控且严加监视,公司不相信员工。在这种情况下,ACR 协议及控制管理的只是双方关系,而不是良好意愿。蝗虫型企业经常利用员工的恐惧尤其是利用工作的不稳定性震慑员工,希望能以此激发员工的生产力。物质性和象征性的奖励是很好的激励因素,然而,恐惧却会产生破坏作用且让员工士气大跌。威吓不仅仅会让员工产生郁闷情绪,而且还可能带来不好的示范效果,员工变得更不愿意冒险。[⑤] 这将抑制公司

---

① McCauley and Kuhnert, 1992

② Lämsä and Pučėtaitė, 2006

③ Dose and Klimoski, 1995; Ferris *et al.*, 1995

④ Dose and Klimoski, 1995; Ferris *et al.*, 1995

⑤ Fessler, 2001; Lerner and Tetlock, 1999; Lewis, 1999; Müller and Hurter, 1999; Scarnati, 1998

的创新和改革，因为员工虽然知道那是正确的事情，却不敢采取行动。工作不稳定引起恐惧，最糟糕的是，这种恐惧是普遍性的，员工没有办法改变。

蝗虫型企业经常利用员工的恐惧，尤其是利用工作的不稳定性震慑员工，希望能以此激发员工的干劲。

20世纪70年代哈罗德·格尼恩(Harold Geneen)管理下的国际电话电报公司(ITT)是关于恐惧与控制的一个极端例子。[①] 从好的方面来说，格尼恩迅速将一个资产7.66亿美元的电信企业变成一个价值数十亿美元的跨国集团。不过，这种发展并没有得到持续。在格尼恩17年的任期结束之时，ITT开始走下坡路。格尼恩继任者领导下的ITT继续下滑，不过直到今天ITT公司依然屹立。格尼恩根本不信任他的员工，他要求各分公司1 500多名管理者向他汇报每一件大事。格尼恩有一个故事，说的是他的办公室有一打或者更多的公文包，每一个公文包里都装满计划书、备忘录和报告，这样他就能密切监视所有下属经理人的一举一动。恐惧和不信任无处不在。员工害怕公司发现自己的无知，害怕在会议上受辱或者受惩罚。在这样一种充满恐惧和不信任的环境中，不寻常的想法或做新的尝试基本不可能——ITT缺乏能推动创新的合作型文化。不过，矛盾的是，格尼恩认为成功管理的关键因素是“情感态度”，即让经理人做自己。[②] ITT几乎不存在信任这回事，恐惧是占据绝对主导性地位的情绪。

相比正式政策和规章制度强压之下的顺从，以良好意愿作为基础的OCR式信任让员工更加灵活、机敏并且适应性更强。[③] 美国教授劳伦斯·米切尔(Lawrence Mitchell)认为，蝗虫型企业应当放弃要么雇用要么开除的思想以及员工必须受到控制和监管的想法。[④] 相反，经理人必须要给予员工

---

① Pascale and Athos, 1981

② Geneen, 2000

③ McLain and Hackman, 1999, p. 171

④ Mitchell, 2001

信任。信任和控制都是风险管理的形式，但两者都不能避免所有风险。选择信任或选择控制，两者被员工欺骗的机会是一样的。不过，控制型经理人的行为体现出对员工的不信任，从而引发员工的厌恶、欺骗及其他负面反应。

蝗虫型企业经理人自己也没有得到多少信任。因此，他们总是在法定要求不断提高的条件下工作。与此同时，要求企业给予蝗虫型经理人信任并让他们做体面事情的呼吁不断增加，并呼吁解除经理人当前承受的大量法律约束和管控。① 考虑到蝗虫领导方式对于道德模棱两可的态度，这种矛盾表现也就不足为奇了。立法机关不相信经理人能做好本职工作，经理人不相信员工，员工不相信经理人。形势严峻，信任需要尽快在三者之间重建。

在信任和尊重基础之上开展工作的企业，并不需要这么多规章制度去控制员工。在罗德与施瓦茨公司（专营无线电、IT通信及测量工具）和戈尔公司，员工无需受到正式性工作职责的束缚就可以为公司作出贡献。公司相信员工知道自己需要做什么。

公司规模并不会对信任造成阻碍。即便是像IBM这样的国际企业巨头也承认信任的重要性。IBM使得信任以及个人责任感成为公司的核心价值观。IBM并没有对员工严加管控，相反，IBM强调，相信公司约25.5万名员工的决策和行为符合公司的价值观，这一点十分重要。IBM的首席执行官彭明盛认为，信任、尊重以及共同的价值观将最终决定一个企业的竞争力。

IBM使得信任与个人责任感成为公司的核心价值观。

信任带来忠诚，而忠诚在很多方面都对企业大为有利。例如，"9·11"袭击之后美国大陆航空公司在纽约和华盛顿陷入了困境，当时管理层呼吁员工支持公司，而员工也确实给予了美国大陆航空公司支持（见专栏3-2）。德国瓦克化工集团在困难时期将员工的工资降低了5个百分点，仅仅是口头承诺日后偿还。几年之后，瓦克公司兑现了承诺，从而使得这些蜜蜂型企业

---

① Mitchell，2001

的员工对于公司的信任得到了正面强化。请阅读专栏 4－6 中的内容，了解信任及自信为何对捷德科技集团(Giesecke & Devrient)如此重要。

专栏 4－6　信任为捷德公司的成功和可持续性奠定基础

总部位于慕尼黑的捷德公司是一家有着 150 多年历史的跨国科技集团，曾为很多政府以及大型企业服务。这些年来，捷德集团几次改变公司战略，从印刷银行纸币转为生产及销售验钞机。之后，捷德公司又加强软件及芯片制造以生产信用卡和智能卡。近年来，捷德公司又将业务拓展到无线电及其他科技的数码防伪领域。毋庸置疑，捷德公司的产品和操作安全性很高——参观者进入公司办公室必须上交证件。

捷德公司的愿景是"让科技在全球激发信心"。对于捷德公司及其产品的信任至关重要，因为捷德公司为 80 多个国家印刷纸币。2008 年捷德公司在约 1 万名员工的努力下创下资产 16.9 亿欧元的新纪录。捷德公司下设 50 多个分公司和合资企业，分布在 30 多个国家。

捷德公司依靠提升信任来实现目标，将信任视为保持可持续发展的根本，所有内部交流和外部联系都严格遵照捷德公司的行为准则。员工和公司拥有相同的价值观，信任也就从他们开始。但信任并不仅仅存在于老板和员工之间，而是延伸到顾客和供应商。

信任以不同的方式发挥作用。具备可持续性以及老资历是捷德品牌培养公司与客户之间信任的前提。捷德在许多安全科技领域寻求合作伙伴的信任。反过来，顾客的信任又使捷德公司的发展更加可持续。各国家政府必须保护边界线和货币的安全。企业(以及个人)需要对数据保持信心。

坚持私有化也是捷德公司维持自信的一个战略决策。公司管理者认为公开上市会破坏这种信任。公司的目标是长期可持续发展，众所周知，可持续发展很大程度上依靠顾客的信任。

信任的好处

研究表明，与供应商之间的OCR信任模式对于实现优良绩效十分重要。[①] 其中一个原因是，OCR信任模式有助于节省交易成本，例如不断寻找新的合作伙伴，并让他们了解公司需求的成本。双方关系建立在良好意愿之上。一旦选定OCR合作伙伴，就不会轻易变换。这样一来，双方无需进行持续性的细节谈判或监督对方履约，从而进一步节约成本。如果交货日期或货物数量有所变更，存货水平也可随之降低，这是出于OCR合作伙伴关系的及时反应和良好意愿。监督成本同样会减少，因为合作伙伴值得信任，定会交出质量让人满意的产品。一旦出现问题，双方良好顺畅的沟通也使解决问题变得相对简单。

事实表明，在加强员工信任的同时，培养尊重、信誉、自豪感及公平也会带来很多方面的好处。[②] 信任有利于加强合作、忠诚、良好关系、企业忠诚度以及员工创新的可能性。工作满意度以及责任感同样与信任相关，并且影响员工对于企业变化的应对方式。如果员工觉得自己可以自由变动，对于管理者的信任也就加强了他们对于企业的忠诚度。信任还与顾客满意度、忠诚以及一个企业的品牌联系紧密。

多项调查发现，信任型文化会带来更好的财务绩效、运作绩效以及更低的员工流失率，在饭店和地方政府部门这些组织中也是如此。[③] 信任也是那些被提名为优秀雇主的公司的重要特征——这些公司在其他方面的表现也优于竞争者。[④] 受到员工信任的经理人，通常都在能力、亲和度以及诚信方面给人不同的感受。[⑤] 信任度高的公司绩效得到提升，这要部分归功于信任对于风险管理的影响。研究者曾就企业信任和风险管理之间的关系进行研

---

① Sako，1992

② Chun and Davies，2006；Deepak，Singh and Sabol，2002；Hubbell and Chory-Assad，2005；Neves and Caetano，2006；Thoms，Dose and Scott，2002；van Marrewijk，2004

③ Davis *et al.*，2000；Gevity Institute，2006；Gould-Williams，2003；Tzafrir，2005

④ Levering，2000

⑤ Davis *et al.*，2000

究,结果发现相比其他风险管理方式,信任更具优势。[①]

因此,总的看来,各项研究都表明,信任对于企业绩效的影响是积极正面的。信任度高的公司在企业绩效方面比缺乏信任而依靠严格控制的公司更具优势。信任在14种基础实践中无疑属于高阶成果。信任文化的形成并不是靠管理层下达几道命令就能实现的。相反,它依靠管理层在全公司施行某几种基础实践。当公司表明长期留任员工的意愿(工作保障)、管理制度公平公正[②]并且员工有机会申请高等级管理职位时,员工更倾向于相信管理层。如果员工看到包括环境和社区在内的其他利益相关者受到良好的对待,他们对于管理层和公司的信任度也会增加。

蜜蜂型企业的员工通常都为自己的言行承担责任并且会在团队内进行自我管理。为了达到这一目的,员工需要对公司以及自己对公司的贡献有清晰的了解。这就要求公司有开放的沟通政策,从而员工能了解公司的总体战略。开放性其实也就包含了信任。这些关系基于对双方都朝着同一个目标努力的信任。根据常识我们也知道,利益相关者更有可能信任并忠诚于讲道德的企业,而不是道德低下的企业。做出变革之前进行仔细考量,并让公司所有层次的员工都参与重大决策,这是其他一些很有可能激发员工信任的基础实践。这种实践激发信任,而信任正是蜜蜂型企业对长期高水平员工的要求。蝗虫型企业通常并不依赖员工的信任。

在这一部分,我们已经讨论了六种高等级实践,并看到这六种实践的产生需要相宜的企业环境。自我管理型员工能够进行决策,需要有基础要素作为前提,比如清晰的愿景以及良好的技能。单凭命令,无法获得有效的企业文化和员工的信任。同样,公司也不能强迫员工互享知识或在团队中合作,即便管理层命令他们这样去做。这些高等级实践的实现需要基础实践的支撑,包括长远眼光、道德行为、留任及培养员工形成的工作安全感、周密的继任计划、员工感觉他们受到重视并有着共同的愿景。工作安全感也体

① McLain and Hackman, 1999, p. 152

② Hubbell and Chory-Assad, 2005; Mayer and Davis, 1999

现在信任上，而工作安全感的形成又受到留任及培养员工的推动。

这六种高等级实践将上升为三种关键绩效驱动因素，我们将在下面讨论。

关键绩效驱动因素

本章将介绍三种关键绩效驱动因素，即创新、员工参与以及质量。这三种驱动因素受14种基础实践和六种高等级实践的交替影响，并由此形成。顾客体验到的产品和服务与这三种因素息息相关。顾客会受到质量、产品和服务创新以及积极的员工敬业度影响，尤其是在接受服务的过程中。

创　　新

IBM继2006年的全球CEO研究之后又对756名CEO进行调查。[①] CEO们说，实现盈利增长的压力迫使他们将精力集中在创新上面。接受采访的CEO中有2/3都表示，接下来两年公司需作出巨大调整以应对这种增长的压力。这些结果表明，无论是奉行蝗虫型哲学还是蜜蜂型哲学，很多企业都需要进行创新以求生存。令人担忧的是，只有一半CEO在采访中表示此前有过成功应对这种变化的经验。

英国政治经济学家威尔·哈顿(Will Hutton)曾在20世纪末大赞蜜蜂型模式的成功。[②] 他把这种成功的很大一部分原因归结于蜜蜂型企业相比蝗虫型企业所具备的更强创新能力以及更高的生产力增长率。蝗虫型企业善于快速更换员工，从而获得快速改变方向并进行彻底创新的优势。[③] 然

---

① IBM Global Services，2007

② Hutton，2002

③ Hodges and Woolcock，1993

而,这种方式的长期优势却值得怀疑。的确,一家公司可以简单地购买需要的新技能,但这样的改变是有代价的。另外,它会阻止管理层对于制度创新型深厚文化的创造和支撑,而这种文化正是公司长期财富增长的必要条件。①

产品、服务、过程及管理方面的制度创新是蜜蜂型领导的核心。创新是一种战略工具——企业内部一种影响广泛的力量。② 创新力通常是渐进的而不是一下子彻底改变,尤其是在过程和管理中。在蜜蜂型领导下,新想法来自各个层面——来自工人、顾客、供应商以及其他各种利益相关者。新想法也能来自新媒体,比如维基百科和博客。最终的想法需要经过正式过程的评估检验,而不是随机确定。某些情况下,创新制度会引导公司建立专有技术盈利中心。以创新服务为中心的衍生公司,能为公司带来额外的收益。比如,保时捷汽车公司为产品创新和专有技术改进两个流程单独成立了一家利润中心,该中心现拥有 3 000 多名研究员。

然而,创造员工可以持续改良其活动的环境是很复杂的。博思艾伦咨询公司(Booz Allen Hamilton)曾对在研发上花费最大的 1 000 家公司进行研究,结果表明,这并不是一件光靠往研究部门砸钱就能做到的事。③ 该研究没有发现研发部门的投入和财务绩效之间有明显的关联。这并不让人惊讶,同时其他的研究也表明,研发并非仅仅需要研发部门的员工参与这一过程,所有员工都需要机会、技能以及主动性来为企业增值不断贡献想法。④

长远眼光对于创新是至关重要的,主要有以下几个原因。第一,创新过程融入企业文化需要时间。第二,如果创新无法带来即时收益,目光短浅的企业投资该创新的积极性就不高,特别是在企业经济困难时期。⑤ 企业与员工及合作伙伴订立短期合同等常见措施阻碍了创新。⑥ 专注短期利益将阻碍创新,而创新本可以改善企业过程并改变企业模式,企业目光不长远,找

① For example Hamel, 2006

② Hamel, 2003; 2006

③ Jaruzelski, Dehoff and Bordia, 2006

④ Ichniowski and Shaw, 2003

⑤ Perel, 2005

⑥ Michie and Sheeham-Quinn, 2001

到创新点的机会也随之降低。认识到这些，即便是在困难时期，蜜蜂型公司——无论规模大小——会继续实施创新并很少削减研发预算。

美国教授克莱顿·克里斯汀森(Clayton Christensen)及他的同事认为，一些常用的财务分析工具会阻碍人们在投资创新时作出明智的决定。① 这是因为现金流量贴现等工具的使用使得投资者评估创新投资时易关注短期利益。同样，使用每股收益评估股东价值，会使经理人避免投资在长期收益型项目上。

创新对于蜜蜂型企业的重要性在实践中显而易见。对于西尔建筑公司来说，每一个建筑项目都要独一无二，每一次都需要大量创新并为客户量身打造。之前五年中，凯驰公司80%以上的清洁用品、系统和解决方案都是自主研发的，这让凯驰十分自豪。

毋庸置疑，很多蜜蜂型企业都有正式严谨的创新过程。员工提供新想法，如果这个想法能帮公司节约资金或者带来新的解决方案和机会，公司将给予员工奖励。手术器械供应商蛇牌公司每年要收到600～700个新想法。提出最好建议的员工将在节日获得2 000欧元的奖励。宝马公司对于创新想法的最高奖励可达1.5万欧元。万豪公司则不断改善酒店服务和运作。这家公司喜欢通过非正式方法获得管理酒店的创意，而这些创意通常没有物质奖励。万豪的经理在公司中四处走动，与酒店员工及客户聊天。这使员工提出新想法以及使顾客对酒店服务做出反馈变得更容易，而这些都有利于万豪的发展。

宝马公司对创新想法的奖励最高可达1.5万欧元。

很多蜜蜂型企业将创新提到战略高度。比如，美国全球服务巨头IBM公司，并不仅仅将创新看做每年新增的3 000～4 000项专利。这是因为创造本身并不能带来价值，除非创造发明应用到提出新方案中。在IBM，创新指

---

① Christensen, Kaufman and Shih, 2008

的是从发明创造中为顾客提出解决方案。瑞典阿特拉斯公司(Atlas Lopco)曾这样宣传自己:一家拥有125年历史的建筑设备供应商,同时为顾客提供新颖创意。毫无疑问,那时的阿特拉斯公司将创新看做长期发展和全球业务利润增长的最终驱动力。芬兰诺基亚公司的四大企业价值之一就是"更新"——始终求变,不断求新,并寻求新想法和新的工作方式。澳大利亚的本迪戈银行非常重视利益相关者的需求,对银行产品和战略进行创新。

在很多蜜蜂型企业中,顾客的回馈及想法是未来解决方案的一部分。比如,美国软件开发商SAS的创新制度,要求员工记录每个客户的建议并送到软件用户部门评估。其中排名前十的建议几乎都会被采用。SAS重视与客户的密切联系,并将其作为创新过程的一部分。财务和人力资源的管理朝着创新的方向发展,使这一战略方法进一步得到巩固。SAS将24%左右的资金重新用于研发,这个数字差不多是其主要竞争对手平均水平的两倍。

罗德与施瓦茨(无线电及通信技术)和瓦克(化工产品)这样的公司,同样重视创新。即便是在财务困难时期,这些公司还是保持研发资金投入额不变。对于制度创新的投入,是企业文化不可分割的一部分。比如,2006年瓦克公司收到的3 800条建议中有一半予以采用,为公司节约380万欧元。[①]提出这些建议的员工将获得奖金回报。

专栏4-7 本迪戈与阿德莱德银行进行创新以满足社会需求

澳大利亚本迪戈银行以传统建房互助协会的名义于1858年成立。1995年,它以银行法人的身份注册,并以高度重视客户的特点和其他竞争对手区分开来。到2008年,本迪戈银行已成长为一家极为成功的企业,2007年本迪戈银行与阿德莱德银行合并,从而更改了银行的名字。2009年,新的集团在全国430多个地区聘用了5 500名员工,管理资产和存款的

① WACKER 2006 annual report, p. 56

价值超过470亿澳元，向140万客户提供服务。[①] 银行有82 000多名股东。本迪戈银行公布2006～2007年度的税后利润为1.218亿美元，并在2008年继续盈利。2009年税前利润下降26个百分点，为1.73亿美元，虽然资产总额比2008年有所增加。有趣的是，即便是在1890年及1930年经济大萧条时期还有2008～2009年的经济危机时期，这家企业始终都能实现盈利。我们能从本迪戈银行学到什么呢？

银行总的策略是为所有利益相关者带去可持续价值，并与顾客及所在的社区保持尤为密切的关系。本迪戈银行连续多年在澳大利亚银行顾客满意度调查中胜出。为了达到这个目标，银行投资大量时间在员工、技能、制度以及结构上，以期找到能使客户及社区未来获得更多收益的方法。本迪戈银行采取的战略包括将品牌定位在特定市场，比如让下设社区银行开展特许经营。

一家社区银行通过授权当地居民设立并管理自己的银行，从而让银行回到社区。社区银行的概念源于2 000多家银行支行在澳大利亚乡村地区的倒闭，这导致很多乡村社区没有银行服务设施，民众对此意见非常大。七年之中，澳大利亚有29%的银行支行倒闭。

通过设立当地的公有银行，社区便能拥有并管理一家特许经营社区银行。当地投资者需投入40万～50万澳元使支行开张。本迪戈银行提供必要的软件设施和支持。银行资产由社区支行和总行共同拥有。付完支行运营费用之后，剩下的部分属于当地公司。银行股东也能获得合理的回报——4～10个百分点，不同银行的具体数额不同。其余的盈利部分用于社区建设，改善当地居民的生活质量。到2009年，本迪戈银行已开办237家社区持有支行，很多支行都能可持续地盈利。今后开办支行的数目将继续增长。

---

① 2009 annual report, Bendigo and Adelaide Bank Ltd. Available at www.bendigoadelaide.com.au/public/shareholders/financial_results.asp; accessed 14 February 2010

创新型社区银行的战略表明，企业对于社区的贡献使得该企业的服务需求强势增长。① 这个战略影响整个社区，从而保持并扩大顾客群的规模。因此，重视利益相关者的利益，使得短期盈利也得以增长。利益相关者通过不同方式获利，如创新型银行服务、盈利带来的就业机会及其他有利于社区的事项。

本迪戈银行的创新还在继续。从改善澳大利亚乡村地区的电信服务到合作型商业活动，本迪戈正开发类似的项目以满足其他社区的需求。在本迪戈，创新与满足顾客需求并肩而行。

制度性及战略性创新有回报的证据

不断有研究表明，企业的发展和进步有赖于创新。② 投资并培养企业在新产品、服务和管理上的创新能力对于推动企业获得成功至关重要。创新或许是在这个全球化、彼此联系并高度竞争化的世界上生存的唯一战略，而创新常与顾客满意度相联系。③

在那些参与 IBM2006 年调查研究的 CEO 所在的企业中，④灵活的企业管理及合作方面的创新与财务绩效之间的相互作用甚为明显。从一段时期内财务增长、运营性利润增长以及平均盈利增长等财务指标来看，上述论点得到充分验证。某研究项目曾将 20 位最强投资者与法国其他股市投资者进行比较，结果表明创新在推动财务绩效增长方面发挥着重要作用。⑤ 另一项研究得出结论，如果公司进行创新，股市也会给予该公司积极的回应。⑥

创新还能在品牌与声誉方面为企业带来好处。创新者的名声让企业更

① Bendigo Bank 2001－02 annual report
② Batory, Neese and Heineman, 2005; Lawson and Samson, 2001
③ For example Tontini, 2007
④ IBM Global Services, 2007
⑤ Odo Securities, 2008
⑥ Sood and Tellis, 2008

容易获得财务支持、合同、优惠和补贴,并能吸引最好的研究员以及研发合作者。[①] 公开发布并分享知识是使潜在合作者了解公司优势的一个方法。短期来看,开放性或许会让企业承担竞争加剧的风险,但这很可能在将来为企业带来财务增长以及更好的名声。

大型创新项目的资金支持及执行,对于大公司而言很可能要更容易一些。不过,研究表明,渐进性创新同样可以使中小企业获得竞争优势,使其更具盈利能力并成功地与大公司竞争。[②] 因此,创新从不同方面对企业绩效产生不同程度的影响。

7 个方面因素能够支撑创新带来的财富:愿景和战略、员工能力、企业智慧、创新观念管理、企业结构和制度、文化和整体环境以及科技管理。[③] 学习同样会支撑创新的发展。如果员工热爱学习,这家企业将会更具创新力。[④] 另外,一项针对非营利组织的调查表明,支持学习和创新的组织更可能授权于员工,而员工也会对组织更加信任、更加忠诚。[⑤] 在这种情况下,员工也会认为服务质量处于高水平。

蜜蜂型企业的创新有很多不同的形式,并受到高度重视,属于企业的核心能力。我们看到创新有赖于多种基础实践的施行。这些基础实践包括以强大愿景为基础的长期视角、留住人才、使员工能力增强、重视员工。支撑性基础实践反过来又巩固制度创新依靠的六种高等级实践。拥有支撑创新的相应文化、高效的团队协作、自我管理型员工积极探索新想法、自主决策以及知识分享亦对创新起到推动作用。信任对长远计划的支撑需要制度性创新发挥作用。显然,创新与员工参与度彼此强化。参与的员工更具创新能力,而高度创新的文化则会促进员工对公司的认同。蜜蜂型实践的众多良性循环之一便由此形成。

---

① Muller and Pénin, 2006

② Bhaskaran, 2006

③ Lawson and Samson, 2001

④ Hult, Hurley and Knight, 2004

⑤ Latting *et al.*, 2004

员工参与

员工参与是关键绩效驱动因素之一，它与员工工作动机及员工满意度相关。“参与”这个词在文献著作中的意义在一定程度上引起了混淆。似乎大家普遍认为，参与并非一个单一概念，它由多种元素组成。参与反映了员工是否在感情上忠诚于企业，愿意与企业共进退，以及是否想要展现自己最好的能力。① 一种观点认为参与与否可从三个方面判断：员工是否对企业有良好的评价，是否表达过愿意与企业共进退的意愿，以及是否追求实现企业目标。② 从这个层面上讲，参与体现了员工对于企业的忠诚。

蜜蜂型企业力求让员工在感情上认同公司，而蝗虫型企业则只要求员工在认知及理性层面上与公司建立联系。根据一项面向全世界400多万名员工的研究，将近一半员工表示自己并不积极参与。③ 这个令人忧心的结果意味着，很多公司的员工士气不振，而且迫切想要离开公司。无论是从经济还是从可能失去的知识技能来看，这都会让企业付出高昂的代价。

授权，或者说感觉自己得到授权，会对员工参与起到推动作用。塞伯尔特(Seibert)及其同事提出的一种模式十分有用。④ 他们将那些实际在公司中获得授权的员工与自我感觉被授权的员工区分开来。⑤ 公司层面的结构、制度以及管理创新的授权环境会影响团队的表现。团队中的员工对于文化授权性的认识是一致的。决策下放以及自我管理，这两者是蜜蜂型企业的特点，也是授权的组成部分。感觉被授权反过来又能增强员工参与度，⑥并让员工对所从事的工作及工作条件感到满意。

---

① Allen and Meyer，1990

② Hewitt Associates，2001

③ Gandossy and Kao，2004

④ Seibert，Silver and Randolph，2004

⑤ Quinn and Spreitzer，1997；Seibert，Silver and Randolph，2004

⑥ Seibert，Silver and Randolph，2004

员工满意度有时与员工参与度相关，员工满意度之所以被人重视是因为它与顾客满意度彼此相关，而顾客满意度是主要绩效之一。① 这种紧密关系的形成有几种原因。一个原因是，顾客满意度受员工对待顾客的方式影响，满意度高的员工也会将这种积极情绪传递给顾客。研究表明，员工满意度影响产品或服务质量，而这些又与顾客满意度相关。② 上述这些关系被称为"服务-盈利链"。③ 态度积极的员工使顾客满意度和忠诚度提高，而态度消极的员工则让顾客对该企业敬而远之。因此，员工满意度影响员工参与度，它是企业能够成功和生存的重要推动因素之一。

许多基础实践和高等级实践在某特定企业中共同作用形成的工作环境，将会影响员工态度及其行为。企业经常通过员工调查来了解推动员工满意度增长的因素，尤其是规模较大的企业。这些调查反映出 18 家英国公司中与员工满意度相关的因素，包括奖励与认同、沟通以及工作-生活平衡。④ 不过，如专栏 4－8 所示，影响满意度的因素随企业文化、国家文化及当地大环境不同而不同。泰国的桑皮纸制造中心（Sa Paper Preservation House，SPPH）采用当地特色鲜明的方式来提升员工满意度。同样，同一企业之中，影响忠诚度的因素在不同部门间也存在差异，比如行业之间、经理人和员工之间。⑤ 因此，让企业实践尤其是人力资源实践，适应不同员工的需求在保持员工参与度方面就显得尤为重要。

员工参与带给企业的好处

研究表明，员工参与度和满意度均会影响企业的运作，包括提高团队协作的举措、信任、员工自我管理、顾客满意度，还有财务收入如利润。⑥ 华信

---

① Atchison，1999；Medley and Larochelle，1995；Hausfeld *et al.*，1994

② Hoffmann and Koop，2004

③ Heskett *et al.*，1994

④ Kinnie *et al.*，2005

⑤ Kinnie *et al.*，2005

⑥ Bakker *et al.*，2008；Harter，Schmidt and Hayes，2002；Neck and Houghton，2006；Politis，2006；Thoms，Dose and Scott，2002

专栏4-8 桑皮纸制造中心——员工参与①

桑皮纸是一种用桑树纤维做成的手工纸。在盛行劳动密集型经济的亚洲国家大量生产。作为该行业的佼佼者，桑皮纸制造中心位于泰国清迈，已有40年的历史。众多现有的竞争者以及不断涌入的新公司使得桑皮纸制造中心在这个行业的生存面临挑战。桑皮纸制造中心起先只是一个三人家庭作坊，如今已逐渐成长为一家拥有500名员工的企业。和许多竞争者不一样，桑皮纸制造中心的产品都是手工制作，众多质量奖项足以证明其产品的精良质量。从一开始的小规模手工作坊，桑皮纸制造中心不断发展并度过几次经济和社会危机，包括1997年亚洲金融危机。桑皮纸制造中心80%的产品出口国外，并且出口已有25年的历史。

桑皮纸制造中心的领导哲学强调员工的快乐，认为不快乐的员工创造性也不强，因此，快乐是创新的关键。公司把员工当成家人。当然，要想让员工快乐需要为他们的发展投资。公司在工作技能方面为员工提供培训，更重要的是，在伦理方面也进行培训。桑皮纸制造中心的经理说，她从来没有考虑过用机器或其他高科技取代人工，因为她的员工是她极具竞争力的武器。

经济方面的安排也能让员工保持快乐。工资准时发放——这在桑皮纸制造中心的竞争对手中可不一定。公司为员工提供无息贷款并让他们参加储蓄项目。另外，桑皮纸制造中心认为员工是更大范围的群体的一部分，因此必须考虑他们的利益。如果他们的丈夫或妻子、儿女没有好的生活，员工也不会快乐。因此，公司从当地聘请员工以及桑农，如果员工喜欢，还可以让员工在家工作，和家人在一起。桑皮纸制造中心用同样的方式对待桑农，尤其是结账快，有时给的钱比桑农的要价还多。保证员工满意并使其具备足够的技能获得授权，这些都是桑皮纸制造中心的管理者为让员工参与付出的努力。

---

① Assistant Professor Sooksan Kantabutra, Mahidol University, Bangkok, personal communication

惠悦(Watson Wyatt)的研究报告称让员工更多地参与公司事务能够为公司创造收益,部分原因可能在于参与度高的员工多是愿意与公司同舟共济的优秀员工。[①] 2008~2009年,华信惠悦对14 000名员工进行调查研究,他们分别来自11个欧洲国家,从事不同的行业。结果显示其中有60%参与度高的员工在业绩方面超过或远远超过之前的预期。华信惠悦在2008~2009年对美国员工的调查也得出了相似的结论,[②]89%参与度高的公司鼓励在公司内部分享技术成果,而仅有7%的企业是参与度低的。因此,员工的参与程度与公司的持续发展和效益息息相关。

管理宽松的企业文化对员工的责任感和奉献精神的形成至关重要。[③]一项对香港小学的研究发现教职工或个人自我管理严格的学校与同类学校相比,教学质量要高。[④] 此外,这类学校的教职员工更有奉献精神,士气更高。

以色列研究人员在另一项研究中发现,如果员工坚信他们的雇主在竞争对手和顾客心目中是积极的形象,他们就会更热爱自己的工作环境。[⑤] 所以雇主的外界名声会影响员工对工作环境的态度,这表现在员工的奉献精神,对公司的热爱程度,以及是否乐于成为公司的一员。

评选"最佳公司"或者"100个最受员工欢迎的公司"的其中一个标准便是员工参与度。"最佳公司"与同行相比,与员工的关系更亲密,员工参与度也更高。

令人欣慰的是好公司中员工参与度一般来说不会随时间有太大的变化。从财政收入、会计账单、市场份额的角度来看,"最佳公司"往往比榜上无名的企业表现优异,包括公司的股票价格。[⑥] 此外,更人性化的企业更容

---

① http://www.watsonwyatt.com/research/resrender.asp?id=2007-US-0298&page=1; accessed 22 September 2008

② http://www.watsonwyatt.com/research/resrender.asp?id=2008-US-0232&page=1; accessed 15 February 2009

③ Seibert, Silver and Randolph, 2004

④ Cheng and Cheung, 2004

⑤ Carmeli, Gilat and Weisberg, 2006

⑥ For example Fulmer, Gerhart and Scott, 2003

易招纳人才,而这些有能力的人比他们的同辈更具创造力和奉献精神。

脱离员工,尤其是优秀的员工,直接导致员工跳槽频繁、生产力低下。员工参与度越低,他们越不会积极争取公司内部的培训机会、支持经理、与经理沟通,他们更关注公司外的事情。

很明显,公司的品牌与名誉反映了一个企业家的决策。工作环境的优劣影响企业的成长与利润。美国58家最受员工欢迎的公司和“标准普尔100家最佳公司”中的88家是通过对比销售额增长、资产增长、股权收益、资产回报率评选的。这种对比表明工作环境好的公司相应地增长更快,盈利更多。[①]

员工参与度需要一些基本条件,这在第三章谈到过,但是更多地可以由授权并共同决策、自我管理、团队导向、健全的企业文化、知识分享和信任形成。参与度高的员工会更积极地参加反馈会议、培训和发展活动,还有其他能强化其参与度的活动。这样的员工还能影响顾客,他们形成稳固的客户群,能提高客户满意度。如此,能够增加企业利润,这在第二章中已经讨论过。[②]

质　　量

有趣的是,27%的来自1 000家顶级企业的CEO们认为服务和产品质量是衡量企业成功的最重要的标准。[③] 对于蜜蜂型企业而言,追求最高的质量标准和卓越表现是其企业文化的核心。在这样的公司,质量不是纸上谈兵,而要实实在在付诸行动。[④]

但究竟什么才是质量呢?对于这个问题可以发现不同的视角,包括产

① Lau and May, 1998
② Loveman, 1998
③ World Economic Forum, 2004
④ Albert, 1992

品、顾客、制造以及物有所值。在一些服务部门，例如教育，会对质量采用一些额外的定义和度量。[①] 物有所值是特别重要的，因为这与客户的满意度密切相关。物有所值与在一定成本下得到的质量有关，而这又与产生相应产品或服务的成本有关。物有所值是很难衡量的，因此经常是主观的。对于客户来讲，物有所值植根于投资带来的回报，而不仅仅是当初的购买价格。

要使生产和服务质量达到某一个水平，可以采用正式的系统和控制来促进这个过程，例如全面质量管理或者 ISO9001。在财务 1 000 强的公司中，大型的公司比小型公司更倾向于采用正式的质量管理模式，例如全面质量管理。[②] 但是，在小型公司中也可以不必采用正式的模式来实现较高的质量。蜜蜂型公司经常采用其自己的额外质量控制系统，专栏 4-9 提供了一个来自于化学工业的例子。

系统本身并不能保证质量。通向高质量的路径部分取决于公司的文化以及领导哲学。[③] 全面质量管理的基本原则包括在组织范围内授权，聚焦于客户需要以及开展广泛的行动来持续提高质量。[④] 实现高的质量需要来自高层管理者的支持，他们控制着所需的相应资源去实现想要的质量水平。但是，为了实现高质量的产品和服务，并最终达到物有所值的水平，并不能仅仅依靠管理者。组织当中所有的成员都必须加入到这个过程中来。

与蝗虫型公司相比，高质量在蜜蜂型公司中更容易达到。很多用来产生高质量文化的元素都已经包含在蜜蜂型领导模式当中，包括高层管理者的支持，聚焦于人的需求，以及有一个强大的企业文化。[⑤] 除了上述能支持高质量的元素之外，长期的视角也是非常重要的。采取长期的视角能够鼓

① Van Kemenade, Pupius and Hardjono, 2008
② Lawler, Mohrman and Ledford, 1995
③ Naor *et al.*, 2008
④ Lakshman, 2006
⑤ Naor *et al.*, 2008

励保留、开发、投资员工并认可员工的价值。忠诚、高技术水平并且注重长期利益的员工群体更倾向于去提高产品的质量。毕竟，应对那些来自客户的投诉以及修正产品错误对于高技术水平的员工来说并不是很令人满足的任务。长期留用的员工倾向于分享公司的价值观，而来自同伴的压力也会增进质量。长期留任的员工更容易认知和信任他人，并且分享他们的知识。

……SAS会在每年要求客户更新他们的使用许可时，向客户征询产品质量的意见。

专栏4-9 **瓦克的世界级质量**

位于慕尼黑的瓦克是化工和半导体行业的领导者，开发出了大量在主要产业中被广泛应用的化工产品以及流程。其很多产品与硅原料以及公司在50年前开始生产的硅酮有关。整个集团有五个分部，包括生产硅的硅电子部门、硅酮部门、聚合物（粘合剂与添加剂）部门、生产专用食物的生化及生命科学部门，以及多晶硅（为电子芯片以及太阳能电池公司提供晶片）部门。

怀着"总是存在可以提高的空间"这一信条，瓦克崇尚高质量以及创新产品。该公司开发了一个综合管理系统（IMS）来维持可持续的商业实践，特别是在质量、健康、安全以及环保等方面。瓦克的综合管理系统规范了工作流程，并在公司的生产、质量、健康、安全以及环保方面规定了相应的责任和问责机制。这套综合管理系统是在现有的认证管理系统的基础上建立的，特别是ISO9001以及ISO14001。公司的终极目标是创造客户、利益相关者、雇员以及全球大众的高满意度。

因此，很多蜜蜂型领导的元素都会支持高质量的产品和服务。那些比较重视效率的观察者很多时候会很感到困惑，他们想知道蜜蜂型企业会在多长时间内实现卓越的质量。

与此形成对比的是，在蝗虫型领导模式下，整个过程需要靠管理者的控制和监督，高质量反而更难以实现。由于所有的管理者都不是完全实事求是的，而且蝗虫型的员工也往往是技术水平低下并且参与度较低，出错的情况会不停出现。质量也可以用系统或自动化的方式来实现，但是，让某些管理者感到惊奇的是，自动化并不总是能实现高质量。有的时候，人工是更加精确的。在很长一段时间内，保时捷采用人工来安装汽车的风挡，因为老一代的机器人并不能精确地安装这一部件。蛇牌的精密手术剪也是用人工完成的，已达到其想要的精确度。因此，在通向高质量的道路上，管理并不总是能消除人的因素。在某些行业中，例如服务业，自动化并不总是一个可以选择的途径。

在服务业，质量体现在不同的方面。美国软件生产商 SAS 会在每年要求客户更新他们的使用许可时，向客户征询产品质量的意见。如果他们对于当前的服务不满意，这样就给使用者提供了一个机会去解除商业关系，这也表明 SAS 对于其产品质量的高度自信。美国时装零售品牌诺斯通的最终目标是让客户满意，但这始于公司首先重视自己的员工。诺斯通士气高涨的员工被鼓励对自己的工作充满激情，并使用自己的才能和最佳的判断力去满足客户要求。员工被授权去承担责任并在实现传奇水平的公司服务质量的过程中充分发挥自己的创造性。类似地，万豪国际酒店集团也致力于提供高水平的客户服务。在正式的系统中，员工会理解并帮助管理者实现优秀的服务。但是实现高质量需要技术水平高、敬业并且有道德的员工。

重视质量会有所回报的证据

提高并保持高质量会使公司实现更高的客户满意度以及财务上的回报。[①]

---

① For example Anderson, Fornell and Lehman, 1994; Lawler, Mohrman and Ledford, 1995

特别是，ISO9000 认证与公司的运营绩效存在显著的相关。[①] 但是，ISO9000 并不一定是公司运营绩效的原因。有研究显示，那些在 ISO9000 注册认证的企业实际上在寻求认证之前就已经表现出了更好的绩效。[②] 因此，这是因为全面的追求质量促进了财务上的回报，而不是因为认证系统引起了这一变化。研究发现，获得质量奖项例如马尔科姆·鲍德里奇(Malcolm Baldridge)国家质量奖能够为获得者的利益相关者带来显著的价值。[③]

质量提升对于制造业和服务业的企业都会有所回报。通过实行一系列的质量提升项目，美国现代公司将提供的保修服务成本从收入的 5.7%降到 1.8%。[④] 通过这类质量提升项目，对于这家收入超过 260 亿法郎的公司来说，预示着现代公司在全球范围的成本节省可达 10 亿法郎。[⑤] 这表明追求高质量并不会提高成本，反而会省钱。

蝗虫型管理者经常担心质量的提升会降低生产率以及提高成本。这并不总是成立的。研究表明即使是那些技术上很简单的钢铁生产线也可以在实行自我管理团队作业以及其他人力资源管理措施的情况下，同时提高生产率和质量。为了量化钢铁生产业的收益，经济学家保守估计在每一个钢铁生产线上多投入 1%的工作时间会产生每月 3 万美元的收益。[⑥]

针对服务业的相关研究也支持这种观点。例如，医院里持续的质量提升会导致财务绩效、成本绩效以及服务同时提升。[⑦] 服务或者产品的质量也与消费者对于一家公司品牌和声誉的认知相关。[⑧] 研究者声称，如果能够提升服务质量而阻止 5%的消费者背叛就会产生 100%的收益。[⑨] 提升质量因

---

① For example Corbett, Montes-Sancho and Kirsch, 2005; Mokhtar, Karbhari and Naser, 2005; Naveh and Marcus, 2005; Tarí and Sabater, 2006

② Heras, Dick and Casadesús, 2002

③ Balasubramanian, Mathur and Thakur, 2005

④ Hyundai Motor, 2005

⑤ Calculated viz: £26 billion × 3.9%=£1 billion

⑥ Ichniowski and Shaw, 1999

⑦ Alexander, Weiner and Griffith, 2006; Scotti, Harmon and Behson, 2007

⑧ For example Mitra and Golder, 2006

⑨ Reichheld and Sasser, 1990

此可以通过很多方式带来收益。

对于质量的追求并不经常是单独发生的。在西班牙，那些绩效良好并在全面质量管理中认证的公司往往比其他公司更加重视质量管理当中人的因素。①优质公司通过合作、团队作业、聚焦于客户和员工以及持续的学习与提升来不断追求卓越。②这些都是蜜蜂型领导的核心组成部分。如果追求质量的这些元素不是组织文化的一部分，那么剩下的就只有控制和监督。额外的监督会消耗成本，于是就会在蜜蜂型文化中不需要的一些活动上增加成本。

很清楚的一点是，获取蜜蜂型领导所追求的高质量需要同时实施 14 种基础实践以及 6 种高等级实践所包含的很多内容。必要的基础实践包括采取长远的视角，重视并保留员工，以及开发员工技能。所有 6 种高等级实践对于一家追求高质量的公司来说都是必要的：授权并共同决策，团队倾向，员工参与，信任，知识分享及保留，以及一个有驱动力的企业文化。高质量由这些因素共同作用而产生，从而被认为是一个关键绩效驱动因素。它被其他的关键绩效因素所强化，从而使得参与的员工能够被期望有持续提高的动力，有创造力，帮助提升质量，从而最终使得客户满意。

总　结

在本章当中，我们检视了从第三章的 14 种基础实践当中产生的蜜蜂型领导的 9 个方面。这些效应包括授权并共同决策，自我管理，团队导向，建立有驱动力的组织文化，共享和保留知识，以及建立高水平的信任关系。在蜜蜂型领导中，这 14 种基础实践和 6 种高等级实践会接着产生 3 种关键绩效驱动因素：战略性和系统性的创新，员工参与以及对于高质量的追求。

---

① Tarí and Sabater, 2006

② Lakshman, 2006; Perry, 2005

我们讨论了每种效应的定义，以及公司在实践当中如何使用和诠释它们。研究表明在蜜蜂型领导原则之下，6 种高等级实践和 3 种关键绩效驱动因素会正面预测组织绩效。蝗虫型哲学并不能够在长时间内促进这些结果的可持续性。

一家公司在这些关键绩效驱动因素上的状况可以反映出其采取的是蜜蜂型哲学或蝗虫型哲学。因此而产生的领导行为首先取决于这 14 种基础实践被采用的情况，其次取决于相应的高等级实践的情况。在基础水平上的决策，例如采用长期或短期视角，是否遵循伦理，如何进行变革管理等都会影响高等级实践。信任水平的高低取决于这些基础实践的状况。换句话说，一系列的基础实践和高等级实践，以及三个关键绩效驱动因素，合在一起，影响着重要的组织绩效的结果。这些结果包括声誉和品牌、客户满意度、财务绩效、长期股东价值、最终的可持续性，以及利益相关者的价值。这些内在关系会在第五章进行进一步的讨论。

第五章

领导力实践的互动对公司绩效的影响

本书的核心观点是，从输入层面来说，可持续领导力离不开一系列实践活动。我们在本书中总共列出23种这样的“领导力”实践，并且根据企业采用的蜜蜂型法则或蝗虫型法则，逐一讲解了这些实践活动对企业绩效的影响。从结果方面来说，可持续领导力远非盈利、环保或者对社会负责那么简单，虽然这些目标是很好的开端。除此之外，想要持续发展的企业还需提升客户满意度、加强品牌和声誉建设，并且为利益相关者创造长期价值。

从已发布的研究成果来看，蜜蜂型实践活动可能会带来更好的经济收益、客户满意度、品牌价值和声誉，并为股东创造更多价值，最终能为利益相关者创造更多长期价值。换言之，学术研究成果显示，有助于提高企业绩效和可持续性的管理实践活动更有可能以蜜蜂型法则而非蝗虫型法则为基础。以上便是体现可持续领导力的商业案例的基础。

在第三章和第四章中，我们很容易对这些商业实践活动逐个加以检验。不过，事实上，这23种有助于可持续领导力的要素并非彼此孤立。其中大多数商业实践活动可在各种不同类型的企业中同时进行。在本章中，我们会说明这些商业实践活动如何协同促进可持续领导力，从而让企业保持健康的财务状况，满足(或超过)客户的要求并获得良好的声誉，从而为利益相关者(包括投资者)创造更多价值。

在本章，我们首先将深入探讨企业绩效与商业实践之间的关系——包括直接和间接的关系——以及可持续领导力金字塔的动态。该金字塔的影响与作用可以从自下而上、自上而下以及平行这三个层面来解读。它还考虑到了不同企业所面临的不同问题。该金字塔有助于我们判断应从何种基础实践活动做起，或者该如何提高更高层次的实践活动。了解这些商业实践活动如何协同推动企业绩效之后，我们将讨论它们结合或捆绑运用时所体现出的蜜蜂型法则的威力。我们还将讲述那些大公司如何将可持续实践成功应用到日常运作中，或是如何推进这一过程。

我们将举例证明企业有可能向更具可持续性的实践活动转变。不过，所谓“条条大道通罗马”，能实现可持续领导力的方法有很多，而本书中列举的商业案例将重点展现某些特定企业所采用的方法。当然，奉行蜜蜂型领导法则的企业同样会面临很多挑战，然而，对于更具持续发展力的企业，我们非常看好它们的未来。

可持续领导力实践的直接影响与间接影响

各种可持续领导力实践活动与企业绩效之间的关系可能是直接的、间接的或两者兼有的。下面我们来看看这些概念。

“直接关系”是指商业实践直接促进某种特定绩效的增长。例如，企业人才的培养，与经济效益以及利益相关者所获价值的增长直接相关。

“间接关系”则是指一种商业实践推动另一种实践的发展，并进一步促进某种绩效的增长。例如，强烈的共同愿景有助于自我管理，从而有助于提高员工的参与度。研究表明，这两种实践活动在推动企业业绩增长方面，从本质上来说并无直接关系。“独立于金融市场”让企业在创新和重大投资方面立足长远(即便短期内或许会带来不利影响)，并且能加强企业对专有技术的控制，从而间接地有利于公司。另一种与公司业绩表现并不直接相关的实践活动，是员工的自我管理。自我管理不能直接影响公司业绩，但它却与产品质量、创新能力、工作积极性、工作表现、工作满意度以及对公司忠诚度的提升密切相关，而后四种要素则构成了员工的敬业度。因此，员工的自我管理可以从三个关键方面间接推动企业业绩增长。

很多实践活动的影响都是兼具直接性和间接性的。例如,环保措施可以直接节约能源和水的使用,改良生产过程并减少补救工作。这些环保措施能够直接降低生产成本。此外,保护环境可以防止意外伤害事件以及其他有损品牌声誉的不良事件的发生,从而直接保护或改善企业声誉。而环境保护带来的间接影响之一,就是对人才的更大吸引力。人才有助于提高产品质量并促进创新,从而推动企业业绩的提升。正如之前所说,员工发展与公司财务业绩之间存在直接联系。然而,员工发展也通过对自我管理(一种更高水平的实践)以及员工参与度(推动业绩增长的关键动力之一)的提升,间接推动公司整体业绩。

另一个与此相关的例子,是长期在任的 CEO,比那些任期短暂的 CEO 更有利于公司股价的稳定与提高,而且 CEO 的稳定也能帮公司节省一大笔寻觅其继任者的昂贵开支。此外,长期在任的 CEO 也能为公司带来间接好处,因为这样能让公司在领导方面更具连贯性(有助于保护公司文化)。与只留任三年的 CEO 相比,长期在任的 CEO 不那么看重短期业绩,他们更具长远眼光。长期在任的 CEO 所带来的种种影响,间接有利于公司的各种基础及高层实践活动,从而最终为投资者和其他利益相关者创造更多价值。

我们已经不难看出,可持续领导力金字塔是一个动态体系,我们将在下一节中对其进行更详细的介绍。

可持续领导力金字塔的实行

可持续领导力金字塔为研究企业现行实践提供了一个框架。在这一体系中,各种元素能够并且确实在不同方面互相影响。

我们本来想列出一个"中性"的金字塔模型,使其同时适用于蜜蜂和蝗虫这两种领导法则,但目前的这个金字塔却并非如此。事实上,读者们可以参照表 2－1 对两种法则进行对比。可持续领导力金字塔的每个要素或组成部分都反映了蜜蜂型领导方式。“中性”的说法，会让这一体系本身的自我强化功能变得难于理解。例如，如果没有长远眼光，就很难创造出其他“蜜蜂型要素”。如果引入“蝗虫型要素”，可持续领导力理论根基就会土崩瓦解，因为金字塔的每一层都离不开下面的支撑层。支撑要素的缺失将使这一体系的整体结构变成空中楼阁。

想要谋求可持续领导力的经理人们首先应当自下而上地观察这个金字塔，重点关注如何打牢金字塔的基础。然而，还有一个行之有效的方法就是，从金字塔顶端展现的公司绩效目标来观察整个金字塔，并思考这样的问题：要实现某些特定绩效需要哪些必要的先决条件？其中又有哪些条件不够成熟或者依然欠缺？

譬如，如果把客户满意度作为绩效目标，那么要实现这一目标都需要哪些必不可少的实践呢？根据可持续领导力金字塔所示，创新能力、质量和员工参与都是至关重要的，尤其是在服务业。研究表明，很多客户都喜欢物有所值的创新产品与服务。在服务业，员工的态度会直接传达给客户，所以员工参与度会影响客户满意度。对于那些不直接面对客户的员工，员工参与或许看起来没那么重要。然而，员工参与对产品或服务质量以及创新力有很大影响，所以对于所有公司都非常重要。创新能力、质量和员工参与是可持续领导力金字塔的三个关键绩效驱动因素。要创建这些驱动因素，就需要所有高等级实践，而这些高等级实践反过来又离不开所有基础实践的支撑。因此，23 种实践对于提升客户满意度而言，不是必不可少就是大有裨益。

……如果把客户满意度作为绩效目标，那么要实现这一目标都需要哪些必不可少的实践呢？

这是怎么一回事呢？我们在第四章看到，企业员工若能进行自我管理并且忠诚可信，再加上相得益彰的企业文化，那么企业的创新能力和产品/

服务质量就能达到很高的水平。以高等级实践之一——信任来说，一个更深入的问题是：增进公司对各级员工信任的因素究竟是什么？同样，第三章和第四章阐述的研究结果表明，信任的建立需要另外几种高等级实践：企业文化需鼓励决策权与实施权的下放。很多基础实践同样也能促进信任的建立与维系：友好的劳资关系、对人才的培养、员工的长期留任以及以人为本的态度、企业道德、立足长远发展的眼光、环保与社会责任、对利益相关者的重视还有共同愿景等。员工参与度的发展脉络与此相仿。因此，想要提升客户满意度的企业首先应重点关注员工参与度、产品/服务质量和创新能力，判断哪一部分的上升空间最大，然后依循金字塔模型找出企业的不足之处。

按照这种分析方法，蝗虫型领导的局限性显而易见。蝗虫型企业很难提供优质产品或服务、积极进行创新以及让员工高度参与。从这一点来说，金字塔模型也为企业评估自身状况提供了一个理想框架。您的企业在这些可持续领导力实践上能得多少分？可持续领导力问卷为企业活动的评估提供了一种调查工具（见附录 A）。

读者如果对金字塔模型大致一瞥，或许会觉得其成效基本上是单方向的：金字塔底部的基础实践影响上层实践。一个例子可以体现这种简单的单向因果关系：企业引入有利于生态环境的回收措施后，其财务绩效会有所增长。不过，这种因果关系反过来也同样适用，例如一家盈利的生产厂商决定将一部分盈余资金用来进行废水回收，以减少有毒废水的排放。在这样的案例中，财务盈利反过来推动了公司的环保积极性。事实上有研究表明，在履行企业社会责任方面，财务状况良好的企业会比财务状况不佳的企业投入更多资金。[①] 不过，如果据此就断定，只有财大气粗的企业才承担得起环境和社会责任，那也是讲不通的。同样的道理，对员工进行培训能让企业财务表现更佳，而企业往往也是在财务状况良好的情况下，才更有可能对员工进行培训。

---

① Berry，2007；Campbell，2007

因此，组成金字塔的各种要素是通过多种方式彼此影响的。可持续领导力金字塔体现的是一种层级累进的等级制度，并且越到后面越复杂。金字塔每一层的实践活动都对同层的实践起到强化作用，同时又被同层实践所强化。举个例子来说，决策权的下放（位于金字塔的第二层）有助于强化其他高等级实践，譬如自我管理、团队合作、健全的企业文化、信任和知识分享。金字塔的各个层级都存在彼此强化，包括最高一层，也就是绩效所在的那一层。比如，如果品牌保护得当、客户和投资者对公司满意，利益相关者的价值也就被创造出来了。

这种双向关系也能用工作保障（与可持续领导力金字塔中的员工保留有关）和企业绩效来说明。研究发现，依据工作保障程度可预测企业的财务状况；而企业财务状况良好本身也预测了该企业员工的工作有保障。[①] 这种正面回旋效应让实践可持续领导方式的企业达到良性循环，正如"成功乃成功之母"这句格言所说的一样。成功企业的员工对本公司更加忠诚并且工作更加努力，反过来员工的努力与忠诚又为公司带来更好的商业成绩，使良性循环得以继续。在创新和企业社会责任方面投入更多，良性循环会更加持续。因此，企业实践和绩效之间也就有了或单向或双向或错综复杂的关系。

这种正向的回旋效应让实践可持续领导方式的企业实现良性循环，正如"成功乃成功之母"这句格言所说的一样。

不过，这种多向因果关系有时不易保持。有研究得出结论说，公司盈利很可能带来更高的工作满意率，但更高的工作满意率却并不一定能为公司带来更好的盈利。[②] 换句话说，员工工作满意度上升并不总是能带来更高的盈利率。如第三章和第四章所述，很多强有力的证据足以验证第一个结论。

---

① Van Veldhoven, 2005

② Schneider *et al.*, 2003

譬如，员工参与度增加会让工作满意度、劳动效率也随之增加，并带来更好的财务表现。[①] 美国"最佳百强雇主"公司的员工都有很高的工作满意度，员工有很好的福利待遇，工作开心并且有机会去平衡个人生活和工作。拥有共同的愿景和价值观也会让工作满意度、工作积极性以及员工对公司的忠诚度上升。得到下放权力的团队显示出高的工作满意度、更好的客户服务水平以及对于企业和团队的更高的忠诚度。这些结果反过来又促进企业绩效的提升。[②]

若能选择恰当的措施，大多数金字塔要素都能实现双向影响。工作满意度高并不需要做不必要的工作，这个关系反过来说就是，当员工的所得远大于自己的付出，他们就会对自己的工作很满意。因此，很多践行者都将重点从员工或者工作满意度转向员工忠诚度。

另一个能很好地体现这种动态过程的实践是自我管理。图 5－1 重点列出了企业需要省察自身或者需要改善的基础实践措施，以此推动员工的自我管理。这些基础实践包括：不断开发员工、和谐的劳资关系、长期保留员工、认可员工价值、高层团队领导、符合伦理的行为以及共同的愿景等。考虑到高等级实践，自我管理是由团队导向、授权并共同决策以及彼此信任来支撑并强化的。循着金字塔往上，自我管理对员工参与、创新和产品或服务质量起到直接促进作用。员工的自我管理使得企业降低对昂贵而又无法再带来增值的管理者的需求，从而直接影响到财务绩效和长期利益相关者价值。此举还将间接影响公司的品牌与声誉以及客户满意度。因此，自我管理无可辩驳地在可持续型企业建设中扮演重要的角色。有几种基础实践为自我管理提供了便利——或者说使自我管理得以实现——特定的高等级实践也对自我管理起到了支撑和强化的作用。反过来自我管理又对三种关键绩效驱动因素产生影响，从而影响整个公司的绩效。

① Danford *et al.*, 2005

② Hung, 2006

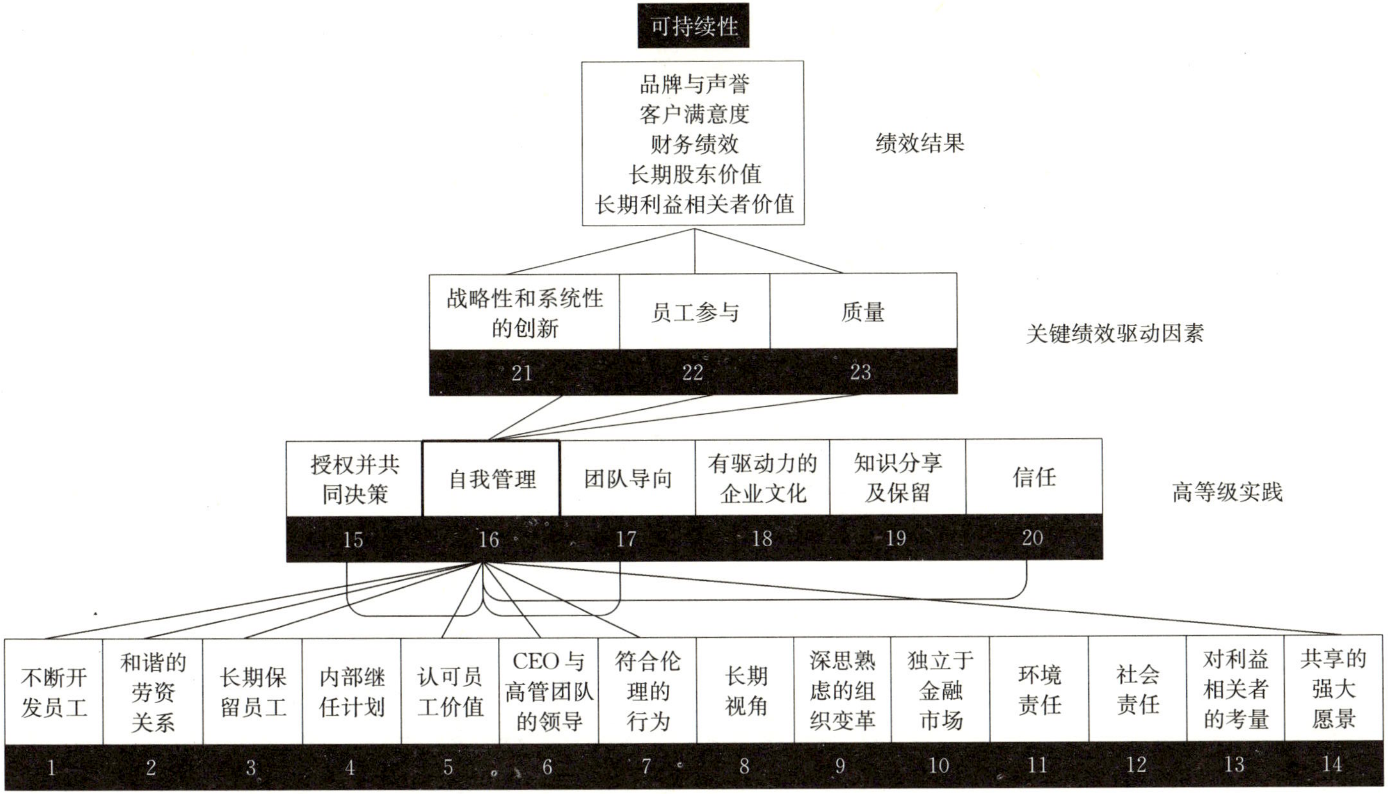

图 5－1　“自我管理”在可持续领导力金字塔中的位置

除了显示高等级实践建筑部分留出的明显空白和实践活动间所有联系的中断，可持续领导力金字塔很重要的一点是，突出了自我管理层缺失于企业金字塔这个事实。尽管自我管理至关重要，蝗虫型企业却犹豫着或者不愿意推动自我管理的完善，这或许是由两个原因造成的。这同样也可以用金字塔模型来解释。首先，在一个典型的蝗虫型企业中，员工没有多少高水平技能，他们很有可能身处一种对立的劳资管理关系中，只是把公司看做一个暂时的“安身之所”，并从未觉得自己受到特别的重视，没有受到必要的激励，不知道也不关心公司的发展前景，还有可能在事关道德原则的问题上妥协。管理高层不相信他们有能力进行自我管理。在蝗虫型管理模式下，只有那些被认为能直接影响公司绩效的实践才有可能受到重视。而那些被认为(或对或错地认为)不能直接提升绩效的实践则不在议程上，如重视员工、建立信任或者社会责任等。

图 5－1 反映出所有实践之间的联系，同时也反映出自我管理并不会直接影响公司绩效。相反，自我管理需经由三种关键绩效驱动因素才能发挥作用。这与论据相符。图 5－1 生动地反映了自我管理与其他很多金字塔实践复杂而直接的关系。如果加上间接的关系，比如，自我管理>建立信任>员工管理，事情就变得更复杂了。其他任何一种实践都是相似的情况。

如果我们试图将所有能论证的实践关系在图表中列出来，那这个图表将复杂到看不懂。图表内容将因太多十字交错的线条而变得模糊难懂。因此，这么做除了能体现各种实践之间纷繁复杂相互依赖的关系之外，再起不到其他作用。事实上，很有可能就是这种纷繁复杂的关系对企业的核心文化和可持续力起到了促进作用。例如，出于纷繁复杂的联系，丰田公司邀请参观者(包括直接竞争者)进入它的生产工厂，把一切公之于众，而参观者最后却对丰田的成功秘诀仍然是一知半解。丰田的秘诀就在于 23 种要素潜藏的相互联系。2010 年，丰田旗下的很多品牌都出现了严重的质量问题，迫使其在全球召回几百万辆汽车。时间会证明这个完全蜜蜂型企业的失利源头究竟在哪儿。

各要素在实践中体现出来的交织关系因企业而异。这也让奉行同样蜜蜂型法则的不同公司形成了各自多样而独特的文化。不过，作为各企业立足之本的蜜蜂型领导哲学却是显而易见的。

与绩效相关的“蜜蜂型要素”

如丰田公司引例所示，企业实践不仅仅彼此相关，同时也会推动企业绩效增长。若产品或服务的质量上乘，那么客户满意度、品牌与声誉、财务绩效以及利益相关者所获价值也都将处于高位。当丰田公司的产品出现多种质量问题时，客户满意度以及品牌和公司名誉都受到了损害，而这又会拉动公司的财务绩效和利益相关者价值下滑。

根据对公司绩效的调查实况而发布的研究报告，我们能确认的与蜜蜂型实践的联系如下表 5－1 所示。这个表反映了 23 种要素中与四大绩效直接相关的那些要素：财务绩效、利益相关者价值、客户满意度、品牌与声誉。我们需要明白的是，没有研究者就利益相关者价值发布报告，到目前为止我们只能确认客户（通过客户满意度）和员工（通过员工参与）是利益相关者的两大关键群体。很明显，所有蜜蜂型实践都分别与这些绩效中的某一种存在联系。

表 5－1　由蜜蜂型实践直接支持的绩效结果

	财务绩效	利益相关者价值	客户满意度	品牌与声誉
基础实践				
不断开发员工	√	√		√
和谐的劳资关系	√			√
长期保留员工	√	√	√	√
内部继任计划	√			√
认可员工价值	√	√	√	√
CEO 与高管团队的领导	√	√		
符合伦理的行为	√			√
长期视角	√	√		

（续表）

	财务绩效	利益相关者价值	客户满意度	品牌与声誉
深思熟虑的组织变革	√			
独立于金融市场	√			√
环境责任	√	√	√	√
社会责任	√	√		√
对利益相关者的考量	√	√	√	√
共享的强大愿景	√		√	√
高等级实践				
授权并共同决策	√			
自我管理				
团队导向	√		√	
有驱动力的企业文化	√		√	√
知识分享及保留	√		√	
信任	√		√	√
关键绩效驱动因素				
战略性和系统性的创新	√	√	√	√
员工参与	√	√	√	√
质量	√	√	√	√
绩效结果				
财务绩效		√	√	√
股东价值	√		√	√
客户满意度	√	√		√
品牌与声誉	√	√	√	

由表 5－1，我们可清楚地得知：

（1）财务绩效：除自我管理之外，研究显示所有的蜜蜂型实践都与财务绩效或者类似绩效直接相关（就自我管理而言，该研究是在政府学校里进行的，采用的测量工具是教育质量——另一个关键绩效驱动因素，因为财务标准在此不适用）。绝大多数经理人都面临提升财务绩效的沉重压力，而 23 种蜜蜂型实践中有 22 种与财务绩效直接相关是导致这一压力的重要原因。如此，研究表明每个蜜蜂型要素都在财务成功方面贡献了各自的力量，而这些措施与公司整体绩效息息相关。

（2）品牌与声誉：在研究蜜蜂型领导力成效的研究者们发布的相关报告中占据第二位的绩效衡量指数为品牌与声誉。就此而言，我们找到证据表明,23 种蜜蜂型实践中有 16 种与提升品牌与声誉直接相关。不在此之列的实践有 CEO 与高管团队的领导、长期视角、深思熟虑的组织变革、授权并共同决策、自我管理、团队导向以及知识分享及保留。由于这些主要都是内部集中的要素,它们没有体现出对品牌与声誉的直接影响,并不那么令人奇怪。

(3) 客户满意度:研究表明,客户满意度和 12 种蜜蜂型实践直接相关。同样,那些与此绩效没有直接关系的实践,除符合伦理的行为之外,大多数都是对企业内部行为产生影响,从而不那么为客户们注意。

(4) 利益相关者价值:利益相关者价值很难衡量而且广受争议,企业宁可将其从实践中剥离。或许这也可以解释为什么研究者不常就此绩效发布研究报告。很多和上市企业活动不相关的因素也很可能积聚联合,对利益相关者价值产生影响。不过,已发布的研究报告显示,有 11 种蜜蜂型实践与此绩效指数直接相关。

除此之外,从表 5 - 1 中,我们还可得出其他有趣的观察结果。首先,创新、员工参与以及质量这三种关键绩效驱动因素,都与报告中提到的四种主要绩效指标相关:品牌与声誉、客户满意度、财务绩效和利益相关者价值。换言之,这三种实践对所有的绩效指标都起到促进作用,这也让它们“关键绩效驱动因素”之名名副其实。

有几种基础实践也对四种绩效产生直接影响。这些基础实践是,长期保留员工、认可员工价值、环境责任以及对利益相关者的考量。另外两种基础实践也对四种绩效变体中的三种具有推动作用,即社会责任和企业愿景。

在高等级实践中,有驱动力的企业文化和信任有助于财务绩效、客户满意度以及企业的品牌与声誉。

如第三章和第四章综合概括的那样,其他的研究报告并未将很多蜜蜂型实践之间本身所具有的复杂关系体现出来。例如,不断开发员工有助于长期保留员工;相反,长期保留员工又使得在员工发展方面大量投入显得明智。很明显,这体现了各种蜜蜂型要素彼此影响、相互依存的关系。

尤为引人注意的是，在关键绩效驱动因素和企业绩效这些方面，相互影响程度达到最高。每一种关键绩效驱动因素都会影响另一种关键绩效驱动因素；而每一种企业绩效指标也都会对另一种绩效指标产生影响。

表 5－1 中有些选项为空格，这并不是说两者之间没有关系。只是说证明其关系存在的论据还没有找到甚至说是还没有开始寻找。这个表有助于我们对未来的研究项目进行评估。例如，有一个主要的研究项目需对商业绩效的全部 23 种实践进行调查——大环境相同并且使用一致的绩效指标。这将使研究者评估每一种实践对商业绩效的相对贡献成为可能。

引用的论据需要从不同的小规模研究调查中整理获得。不过，这些研究的结果显示了 23 种实践和绩效驱动因素中的单项实践及要素分别对哪些企业绩效产生影响。研究调查已通过商业案例分析为蜜蜂型实践与财务绩效、客户满意度、品牌与声誉以及利益相关者价值的增长相关提供支持性论据。虽然利益相关者价值是企业的最终目标，或者说至少应该成为企业的最终目标，研究者们还是得通过综合方法来衡量这一绩效。

显而易见，蜜蜂型实践并非彼此孤立，而是以复杂的方式共同起作用。我们将在下一节探索联合或捆绑实践的主题。

捆绑实践的力量

我们已经看到，一家企业能否实现高绩效取决于很多实践，既取决于这些实践的践行情况，也取决于实践本身及其效果的彼此作用情况。[①] 为了简化研究，学者们通常都会研究单个实践变量的践行效果。不过，在经理人所面对的广阔现实世界中，可持续领导力金字塔中的单项要素并非孤立运作。观察和实践让我们得出这样的结论，大多数商业结果实际上都是许多实践共同作用的产物。这被称为“捆绑实践”。

① Leslie，Loch and Schaninger，2006

研究结果验证了多种蜜蜂型要素捆绑作用的效果。麦肯锡咨询公司以230家跨国公司为样本研究发现，那些并非单一地进行某种实践而是组合施行精心选择实践的公司，会拥有更好的商业绩效。譬如，虽然单一实行员工负责制度、确定目标和优先事项或形成绩效文化能提升商业绩效，但将这三项措施同时组合施行才能达到最佳效果。捆绑实践的效果优于单一实践。

一项针对美国大型企业实际使用商业模型的研究，表明了企业是如何运用多种领导力实践和企业实践来提升商业绩效的。例如，创新性人力资源实践与服务质量、成本和财务绩效的提升相关，同时也与员工及客户满意度密切相关。① 同样，马科姆·鲍尔德奇国家质量奖也对企业不同功能部门的数据进行评估：领导力、战略、主要客户和市场、信息分析、人力资源、过程管理以及商业绩效。卡普兰和诺顿（Kaplan & Norton）平衡计分卡模型也对不同的措施进行整合分析。② 从而，这些研究方法都可作为可持续领导力要求对企业进行综合管理这一论据的有力支撑。

若进行捆绑，无论是以蜜蜂型原则还是蝗虫型原则为指导的实践都将互相影响并显示出彼此强化之势。在蝗虫型企业中，错误实践的捆绑将使企业走上恶性循环之路。然而，对于蜜蜂型企业，捆绑联合将带来一整套具备强大威力的实践，让企业更具竞争优势，并促进企业绩效的增长。关于这一切是如何实现的，的确还需要进一步的研究；但研究者们已就蜜蜂型领导模式下的企业获得更好绩效作出了几种解释。一个原因是，关注可持续发展力的公司通常都有更好的管理。仅此一条便很可能为企业带来更好的绩效。评估绩效有多种标准，而一家公司的决策过程能更好地体现其管理水平。更好的决策也能将企业带入良性发展轨道。

另一个更具说服力的理由则是，多种实践的组合使其更具威力，因为它们形成了一个互相促进的实践组合。整体大于部分。的确，有时组合中的要素彼此促进增强，以至于它们之间的关系显得不仅仅只是互相作用，而是

---

① Feuss *et al.*, 2004

② Kaplan and Norton, 1996

彼此依存。另一条解释之道则是承认，在两种变量的关系之间（比如，培训和财务绩效之间的关系）只能考虑直接效果。所有的间接效果都应忽略不计。不过，在研究了多种实践之后，间接效果亦可掌握。图 5－2 展示了这一过程。

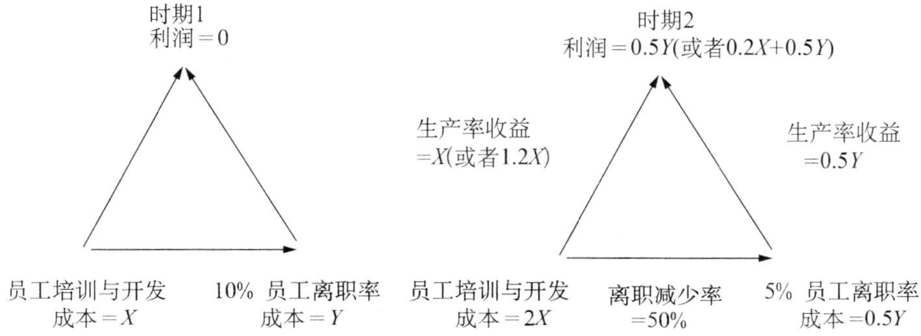

图 5－2　间接效果如何影响企业绩效

参照时期 1 和时期 2 考量一家企业。时期 1 时，企业投入"X"在员工发展和培训（SDT）方面，员工流失率为 10％，这耗掉企业数量为"Y"的成本。处于时期 1 的企业没有盈利并决定进行某种改变，特别是这一企业决定将 SDT 投资预算翻番到"$2X$"。

一年之后（也就是时期 2），该企业发现由于生产率的提高，使得一线生产的投入额刚好再增加"X"。因此，在时期 2 时，SDT 成本是"$2X$"，而提高的生产价值为"X"，也就是说企业的净成本为"X"（$2X-X=X$）。换言之，增长的生产率价值又为增加的培训成本所抵消。因此，单凭这一项措施，达到干预效果似乎并没有得到保障。

不过，时期 2 可不仅仅只是生产率增长，由于新增的 SDT 投入，员工流失率从原先的 10％下降到 5％，这就使企业处理员工流失率的成本从 Y 下降到 $0.5Y$。这是企业的净所得。因此，时期 2 的间接净所得就是该企业的间接利润，即 $0.5Y$。

事实上，情况很有可能比这更好，因为我们根据研究结果知道，SDT 的所得超过其付出的成本。因此，受新增 SDT 投资影响而提高的生产率不仅仅只有"X"，也许是"$1.2X$"。那么，增加 SDT 投入之后，该企业的净成本由原来的“X”减少到“$0.8X$”（$2X-1.2X=0.8X$），这意味着企业的直接所得为“$0.2X$”。换言之，仅靠这两个因素，该企业的直接和间接所得分别为$0.2X$和$0.5Y$。然而，这还不是全部，因为正如我们所知，SDT对于好几种基础实践、高等级实践以及关键绩效驱动因素都能起到利好作用。

这种多重影响也就解释了，在人才培训和培养方面大量投入的美国公共公司何以取得超过标准普尔指数17%～35%的业绩。[①] 最终，我们需要一个能将这些复杂性清晰表现的数学模型，以对任何一种特定干预最有可能带来的好处做出预测。

再一次说明，这些相互作用究竟是如何发生以及某些实践是否只有在与其他实践结合应用时才能产生效果还需进一步研究。不过，针对所谓创新人力资源实践进行的调查已经获得可信的证据，证明某几种捆绑实践切实有效，具体讨论内容见专栏5-1。总的来说，大部分证据都表明施行员工指向型人力资源实践对企业大有好处——因为这会增加员工满意度和参与度——同时也会提升企业绩效。[②]

专栏5-1　高参与度实践捆绑应用促进绩效增长

高参与度人力资源实践也被称为高忠诚度管理实践或创新性人力资源实践。它们代表的是一种培养员工技能、积极性和忠诚度的系统性方法。糟糕的是，这些人力资源实践的自然属性在文献中的定义并不一致，这就让比较不同研究的成果变得困难。常被认为具备创新性的实践包括利用团队解决问题并提供员工入职培训、大量的培训及信息分享、工作轮换、利润分享和工作保障。[③] 除利润分享之外，这些实践在蜜蜂型企业中十分普遍，而研究者们通常认为分享是这些实践中最不具必要性的。[④]

---

① Bassi and McMurrer, 2004

② Pfau and Cohen, 2003

③ Ichniowski and Shaw, 1999

④ Pfeffer, Hatano and Santalainen, 1995

针对《财富》1 000 强公司的调查表明，创新性人力资源实践与更高的劳动生产率、更上乘的产品和服务质量、更高的员工及客户满意度相关。① 在美国的保健行业中，无论施行高参与度实践的花费几何，每一个接受调查的保健机构都能因此而节约超过 120 万美元的资金。随之而来的结果还包括更具满意度的员工、更少的组织性骚动以及低服务成本。②

包括以上研究成果在内的许多发现都更好地佐证了一个论点，即推动绩效增长的是多种实践的结合应用，而非某种实践的单一应用。针对采取团队合作及其他创新性人力资源系统的美国钢铁制造公司进行的研究也突出了这一论点。研究者们发现，与采用传统人力资源系统相比，采用捆绑实践的企业能使生产率提高将近 7 个百分点。这就等同于每一条生产线每个月能增收 24 万美元。③ 重要的是，两种不同生产情形下使用的工人是一样的，因此劳动生产率的提高并不会导致劳动力的改变。另外的研究报告则表明，系列人力资源实践与信任、个人收获以及企业绩效之间存在一种正向的关联。④ 在银行业，组织性大环境加上合适的人力资源实践也与企业绩效的提升密切相关。⑤ 从而，在不同行业背景下，多种人力资源实践捆绑应用比某种实践的单一应用更加高效，证明这一论点的证据已是多如牛毛。

特定行业增长绩效需要哪些实践的结合应用，这一问题尚无确定答案。⑥ 人们还不能找到适应所有状况的人力资源实践组合，这也不足为奇。此项研究新颖而复杂，需要考虑不同层面的多种因素，而且找到答案需要时间。⑦ 人们同时也期待发现，在特定企业中施行的这些实践将怎样影响研究结果，以及会影响到什么程度。⑧ 在某些情况下，多种实践的引入与其说是永久性的干预还不如说是做做样子而已。

---

① For example Lawler, Mohrman and Ledford, 1995

② Scotti *et al.*, 2003

③ Ichniowski and Shaw, 1999

④ Gould-Williams, 2003

⑤ Gelade and Ivey, 2003

⑥ Marchington and Zagelmeyer, 2005

⑦ Boselie, Dietz and Boon, 2005; Paauwe and Boselie, 2005

⑧ For example Harley, 2002

有一家韩国企业的例子表明，几种蜜蜂型要素的综合应用有助于决策水平的提升。在这些商业企业中，若由能干而受到激励的员工进行决策，决策将达到高水平。事实证明，这家韩国公司会对员工进行培训、关心员工并让员工参与决策过程，相比那些没有采取同样实践的对手公司们，这使其获得了更高的资产回报率。[①]

同样，针对"最佳雇主公司"的分析也发现，这些公司的文化中都有蜜蜂型要素的联合作用：蜜蜂型要素中的信任、重视广泛的利益相关者并在知识信息和创新方面依靠员工。[②] 研究还表明，客户导向、企业公民意识、绩效标准、企业联系以及员工对企业认同程度的联合作用，将对企业的财务绩效产生或直接或间接的影响。[③]

那些聚焦于可持续性的公司普遍具有更好的管理。

捆绑实践对于小企业似乎也同样有用。在小企业中，蜜蜂型实践的捆绑应用将对企业的财务绩效和运作绩效均产生良好的影响，诸如提供人才培训和发展；根据个人与公司文化契合程度以及个人潜力选择员工，而不是以员工现有技能知识为标准；强调事业的长远发展前景等。[④] 小企业的员工若对该企业的管理持有信心，那该企业的产品和服务质量也将达到最高。如果辞退员工无可避免，那么坚持实施捆绑式高参与度人力资源实践的公司将能避免生产力方面的损失。[⑤]

大型公司也经常把那些与蜜蜂型领导哲学相一致的实践捆绑起来使用。例如，根据一位宝马公司的前 CEO 的说法，6 种要素的结合构成了宝马

---

① Miller and Lee，2001
② Van Marrewijk，2004
③ Flamholtz and Kannan-Narasimhan，2005
④ Gevity Institute，2006
⑤ Zatzick and Iverson，2006

公司的特别之处。[①] 这6种要素包括：

> 愿景："主打品牌的产品与服务"。
>
> 创新："我们比其他人更加有创新性"。
>
> 效率："我们比其他人更有效率"。
>
> 人："我们公司具有最好的智库，因为我们被认为是最受欢迎的雇主，尤其是在年轻人当中"。
>
> 文化/团队："在我们公司有一种很强的凝聚力，我们有一个共同的目标，就是以强大而又高绩效的团队去赢得竞争"。
>
> 独立："我们是独立的，因此我们不必去做任何的妥协"。

很清楚的一点是，各种蜜蜂型实践之间的关系并不总是那么直接。一项关于员工自主性的管理实践对于创新的影响的研究表明了这一点。这些实践包括去中心化的自我管理和决策、促进自主性、授权以及参与式领导。所有这些实践都与蜜蜂型领导方式一致，目标是最大化员工的自主性以及自我管理。虽然这些实践有利于创新，研究也表明它们会产生一些没有预料到的问题，例如团队协调的问题。这些研究者认为这些风险是可以通过将自主性与清晰的愿景、共识性的决策和信任相结合来抵消的。[②] 以上结果再次表明，这些蜜蜂型实践以复杂的方式相互影响。在某些员工控制的条件下，没有这些限制条件，员工的创新实际是减弱的。因此，将不同的实践进行捆绑是很重要的。

另外一个关于捆绑式实践的力量的证明来自于一项关于创新、质量、增长、盈利以及公司市值相互关系的研究。[③] 这些结果表明一家公司的创新能力需要在保持质量的情况下驱动增长与盈利。这些因素接着又提升了其市

---

① Statement at the AGM by Dr Helmut Panke, then chairman of the Board of Management, BMW AG, 16 May 2006, pp. 17 - 18

② Gebert, Boerner and Lanwehr, 2003

③ Hee-Jae Cho and Pucik, 2005

值。但是，这些变量以一种复杂的方式相互关联在一起。创新影响了增长和盈利；质量在创新和盈利之间起到了中介作用；与增长和盈利类似，创新和质量也同时影响了市值。

我们并不是唯一指出蜜蜂型实践存在相互关联的人。在最近的一项研究中，两位研究者提出，“公司当中的任何过程和程序都与其他的过程交织在一起……从一个层级的观点来看，在基础部分是公司的专门知识和资源，这些相互结合产生低等级的能力；而低等级的能力相互结合就会产生高等级的能力”。[①] 这些观点也反映了我们对于基础实践与高等级实践的观点。这些研究者的证据表明当不同层级且相互关联的能力与公司的社会文化结构结合在一起时，就为公司提供了难以模仿的竞争优势。这也与我们研究的结果相一致。他们的研究方法与我们的方法存在显著差异，因为他们主要集中于一些功能性的竞争力，例如运营、研发、市场、新产品开发、仓储管理以及商品经营能力。

但是，这些研究者在报告中提到了很多我们所认定的蜜蜂型实践。这些实践包括知识管理及共享、强健的客户关系、在公司各个层面的顶尖培训、授权、信任、创新、低员工离职率和强组织文化。不幸的是，这些研究者没有表明单个的实践如何对公司的能力和绩效产生影响。有趣的是，这些研究者也预期到将这些能力捆绑将会对公司和绩效产生比单个能力更为强大的影响。

将来的学者需要继续研究不同实践的捆绑效应是累加的、乘积的，还是更为复杂的。但是我们确实知道，有些在人力资源管理措施、创新、团队、质量以及信任等方面的小型捆绑式蜜蜂型实践比单个实行这些实践要更为有效。这些结果与那些关于蜜蜂型实践的正在累加的研究证据又引发了一个新的问题，那就是为什么蜜蜂型实践为何没有得到广泛采用。下面将就这个问题进行探讨。

---

① Grewal and Slotegraaf, 2007, pp. 455 and 478

制度和文化对蜜蜂型领导力的影响

在第一章，我们已就可能造成经理人们不乐意采取蜜蜂型实践的原因做过探讨。当时主要是从心理和组织方面进行归纳。然而，外部压力同样会对企业造成影响，并诱导经理人们按照某种方式行事。这些外部影响常被称为“制度性因素”。

制度性因素包括企业运作的常规框架、纳税和总体经济形势、竞争对手及其他企业的行为、社会、社会活动家和大范围利益相关者的期许。本地文化的内在价值观同样会影响到企业的运作。比如，高参与度人力资源实践在一些国家的应用比在其他国家更能收到奇效。研究者们发现，在爱尔兰企业中采取高绩效人力资源实践比在荷兰企业中更能推动企业绩效增长。[①]对大约400家企业的特定实践进行研究，这些实践包括激励性条款、培训、指导和优选员工。在爱尔兰，以上实践的整体效果大于部分实践效果之和，但荷兰的情况另当别论。

国家文化会对蜜蜂实践产生哪些更广层面的影响？在中欧、南非或者北欧国家的蜜蜂型企业是否能有更好的表现？而这些国家的文化支持这种领导方式。当然，在其他CEO们、社会大众、常规执政当局以及类似的制度因素对蜜蜂型领导原则予以支持时推行蜜蜂型实践，比绝大多数力量都认为蝗虫型领导力是唯一出路时推行蜜蜂型实践听起来更容易实现一些。

然而，研究已经表明，一家企业是否具备创新能力和拥有强大的企业文化并不依赖于这家企业所处的国家。高绩效公司有能力跨越国家文化差异。与此相反，这些公司会确立蜜蜂型实践的普遍模式，从而走向成功。[②]

因此，实践和学术研究两方面的成果都表明，在不同文化中采取的蜜蜂

---

① Horgan and Mühlau，2006

② Deshpandé，Farley and Webster，2000

型实践可以并且已经获得了大体一致的结果。本书中引用了大量以蜜蜂型领导力原则为指导的跨国公司的例子，而上述论点从这些例子中也可见一斑。

蜜蜂型领导力面临的挑战

企业外部的有利倾向并不能完全排除在企业内部应用蜜蜂型哲学的可能性，不过事情也不会因此而变得简单。的确，企业面临的向短期绩效妥协的压力非常大，尤其是在追赶季度目标时。考虑到其他的因素，这些压力包括：

大多数商学院如此教导①；

教授们向传统智慧低头②；

很多学术期刊对此予以支持③；

美国政府政策的需要④；

很多媒体，包括财经媒体的劝诱⑤；

大多数经理人的个人利益与此密切相关⑥；

金融市场的驱动刺激⑦；

很多主要投资资金都套牢在其中。

考虑到以上条件，很多经理人认为他们别无选择。

无论蜜蜂型实践具有怎样的优势，市场因素、商业大环境以及个人偏见都会影响经理人们对蜜蜂型领导的接受程度。除了这些从国际社会大方面

---

① For example Ghoshal, 2005

② Parker, 2007

③ For example Stewart, 2004

④ For example Stiglitz, 2002

⑤ For example Saving Germany's auto industry, 2004

⑥ For example Kennedy, 2000

⑦ For example Drucker, 2003; World Economic Forum, 2004

归纳而成的压力之外，某些已学会使他人风险增大而自己坐收渔利的经营者，也对蜜蜂型实践的推广造成了影响甚坏的压力。

以德国为例，蜜蜂型领导力是德国的传统领导模式。而现在则有一批被德国政治家称为“蝗虫”的投资者们，正在将独资企业买断，假装要使这些企业变得更加高效。实际上，他们是采用了两种蝗虫型模式。第一种就是我们所知的“私人资本交易”，这种交易的典型结果就是目标企业将背上巨大的有时甚至是无法承受的债务。在这些交易中，传统企业被大量债务买断，这样一来，新的运作就被迫以改善短期财务数字为方向。而这通常就意味着解雇员工、重组管理层、减少工作资金及改善现金流以偿还高额债务。最终，这家企业不是四分五裂就是部分或者整家公司待价而沽。[①]

第二种模式则是“蝗虫们”利用中间人从银行将公司的债务权利买断。中间人随之趁机敛收债务款项，然后将其转换成股票。获得公司控制权之后，他们就会改变策略，开始抛售股票获得现金。[②] 这种做法的一种变体就是，寡廉鲜耻的银行首先出借一笔资金给小公司，很快又要求收回贷款。这会导致借款的公司不得不申请破产或者将公司抵押给银行。

在这些例子中，所谓的“蝗虫们”为了他们个人的经济利益及其他方面的利益，不惜以成千上万个人失去工作为代价。很明显，这与蜜蜂型领导力的很多原则都大相径庭，更不用说把目光放长远以及保持对金融市场和其他控制者的独立姿态。这些私人资本推动者和交易者当中的很多人都是英美资本主义模式和蝗虫型领导方式的狂热支持者。

那些本需要和外部投资者以及资本市场作斗争以保持持续发展力的公司，在听过各种各样有关公司价值下跌的恐怖故事之后纷纷举手投降。比如，本可以进行良好管理并获得盈利的公司，在家族持有者售卖公司后，肯定会受到外部投资者的影响。为顾及股东的利润，公司四分五裂并背上了巨额债务，从而走上了破产之路。这对股东有利吗？坦诚地回答——是的，

---

① Gumbel，2005

② Balzli and Reuter，2006

有利。原本的家族股东获利，“蝗虫们”也从中获利。但在这个过程中，其他的各种利益相关者的价值会受到损害，而这些人通常是公司员工、本地社区和供应商。这样的故事也证实了蜜蜂型哲学是与资本市场及寻求短期获利的外部投资者们对立的。

并非要将所有的私人资本团体都贴上“蝗虫”或“秃鹫投资者”的标签，但将这种经营投资者和传统的买卖投资者区分开来还是很有益处的。[①]传统的投资者们提供新鲜的资本并获得对经营不善或业绩停滞企业的控制权，从而直接影响企业的管理。他们会试图通过改变企业运作、财务及战略计划来提高自身回报率。同样，并不是所有的私人资本活动都会毁掉一家企业。世界经济论坛曾对 1970～2007 年间 2.1 万次私人资本交易进行分析，[②]结论称，总的说来，私人股权资本群体长期参与到公司经营管理中，企业的创新活动和员工雇请量并没有减少。[③] 从国际层面来说，据估计，3 700家受私人股权资本支持的公司创造了 3.9 万个新职位。私人股权资本因此也可以在创业家族卖掉公司后让公司继续发展。然而，即便是意图良好的投资者也有可能在引入不好的领导实践之后，让公司走向毁灭。

为了股东的利益，公司四分五裂并背上了巨额债务，
从而走上了破产之路。

如此说来，“蝗虫们”掌握经济财政大权，是否就宣告了蜜蜂型领导力的终结？这是需要问的问题。下面我们就看看，最有可能成为领头羊的金融业接下来会发生些什么。至于这个行业的公司是否会选择蜜蜂型道路，这又得另当别论了。

---

① Kucher and Meitner，2004
② World Economic Forum，2008
③ Gumbel，2005

金融机构是否会成为领头羊？

银行及保险公司等金融机构以及股票市场普遍应用蝗虫型模式，这一直广受诟病。金融业界的分析师或其他圈中人士在企业方面表现出来的目光短浅，尤其受到批评。2004 年，以可持续发展为主题的世界企业会议以及联合国经济刺激会议严肃指出了金融市场面临的状况："当前的危机只会带来集体困境或从众思潮——创新更少，冒险减少，大家都倾向于围绕同样的结论在运作。"[①]这些批评即使不能用来评价整个金融服务行业，但至少用在金融资本市场是很正确的。

世界经济论坛曾在圆桌会议讨论中问过金融市场操盘者们这个问题。结果表明，接受采访的资金信托者、投资组合经理人和分析师们的个人价值观，并不是社会负责型投资还没有成为主流这一现象的主要原因。[②] 相反，这是一个系统性的难题。这个难题在于指导金融市场玩家们工作的行业习惯、行业结构、行业规定以及激励政策。在这些讨论中，每个人都开始责怪他人。投资经理人们责怪他们的顾客——主要是养老金信托人——以及他们的短期绩效需求。金融分析师们也反过来责怪他们的顾客——也就是投资经理人——只关注短期绩效和市场波动。

金融分析师们并不考虑他们所评估公司较广范围内的可持续发展标准，这成为金融市场另一个关心的焦点。一份对《财富》1 000 强公司的研究报告显示，职业金融分析师们总是低估采用高参与度人力资源实践公司的收入。[③] 大多数分析师在发布公司收入预测时，对这些实践没有掌握信息或不使用信息。忽视以上以及其他可持续性衡量标准的习惯，注定不会给企

---

① World Business Council for Sustainable Development and the UN Environment Program Finance Initiative, 2004, p. 4

② World Economic Forum, 2005

③ Benson, Young and Lawler, 2006

业带来增长。对于年轻金融分析师们所持观点的调查报告见专栏5－2。这份报告显示出，这个重要行业的代际转变并非指日可待。年轻人们并不是推动可持续发展的先锋。

专栏5－2 金融分析师重视可持续领导力标准吗?

金融分析师们的观点对于企业的可持续发展至关重要，因为他们将对所监测企业作出预测、评估以及发表看法。投资者、评估经理人以及评级公司的活动都依靠这些信息。因此，分析师们在评估中考虑可持续实践的多少将决定该公司受市场认可或受市场惩罚的程度。投资者和受评估企业都极有可能以这些分析为基础对决策作出调整。如果分析师们只偏好短期行动和短期绩效，那么可持续领导下的企业广为接受的长期企业价值就只能成为取悦分析师的牺牲品。

世界企业可持续发展会议和联合国环境项目经济刺激会议联合对35岁以下的年轻分析师进行采访。最后得出的结论显示，年轻分析师们认为在评估中并不需要考虑可持续企业实践，虽然这一主题已经体现在很多的研究当中。① 被采访的年轻分析师们并不相信他们的客户会重视这样的信息；他们似乎也不相信环境、社会和管理事务对企业有实质影响。

联合报告总结道，年轻分析师们不愿意考虑这些因素的部分原因，也许是他们缺少信息、缺乏训练或者评估工具。例如，职业投资者说，他们缺少环境绩效的可信资讯，不确定该如何对环境绩效和财务绩效进行有意义的比较。②

还有一点糟糕的是，接受采访的分析师们表示，如果与他们的报酬、职业提升或者职业文化有可能发生冲突，很大程度上他们是不愿意做出改

① World Business Council for Sustainable Development and the UN Environment Program Finance Initiative, 2004

② Mills *et al.*, 2001

变的。从一些方面来看，这很让人意外；但换个角度看，似乎也是意料之中。说它不意外，是考虑到其他的调查研究表明房屋经纪人和政策制定者在评估一家公司过去的绩效或期望绩效时，对环境和社会性标准不甚重视。[①] 或许是因为他们确实不知道这两者是互相联系的。可如果考虑到分析师们本应精于为客户识别、分析和建议最佳绩效工具，这一切又难免让人觉得意外。显然，要让这些年轻的分析师们改变优先考虑事项，需要对文化、报酬和目标进行系统性的调整。再考虑到分析师们众所周知以利欲为驱动，这样做更是让人惊奇。如果此言非虚，他们应该像著名的投资专家沃伦·巴菲特所做的那样，也就是对可持续发展的公司进行投资和提出建议，因为这些公司能带来更好的回报。

金融市场有选择的机会。它可以继续以牺牲长期绩效为代价，以表现糟糕的短期盈利活动为重心，并让整个世界陷入混乱。另外，它也可以发挥威力并在采取长期可持续实践方面拔得头筹，至少在受其影响的公共企业推行。金融分析师们可以学着鉴定、重视并认可那些通过可持续实践获得竞争优势的公司。随后，这一趋势将蔓延至私有公司，因为供应商们已被公有公司引上可持续发展的道路。如我们所知，蜜蜂型法则指导下的公司更易取得辉煌，因此，很多家族公司都欢迎公有企业进入可持续发展公司的行列。让公有公司以蜜蜂型领导法则为指导，将保证越来越多的企业在盈利的同时实现可持续发展。

令人欣喜的是，一些金融机构越来越关注持续性。一些顶尖的资产经理人只愿意将所持资金投到可持续风险项目上。评估持续性的讨论有多复杂，有关评估标准是否会逾越“绿色”和“对社会负责”原则的问题也就有多复杂。不过，环境和社会责任方面或许也正经历着发展变化。一些研究表明，更多金融分析师们的关注点，的确已经从不甚负责或者品质更差的公司

---

① For example UN Environment Program Finance Initiative, 2004

转到更具社会责任感、品质更好的公司。[1] 也许，这是一个信号，表明他们很可能会在经济分析领域有更好的表现。

根据联合国的调查报告，2004 年的主要经纪公司都认同环境、社会和企业管理方面的考量会对长期利益相关者价值产生影响。值得注意的是，没有一家北美经纪公司愿意参与到联合国的这个研究项目中来。不过，《投资者周报》2005 年的一期评论文章指出，三大投行纷纷预测，社会负责型投资很快将成为主流投资方向。文章最后总结道，将有更多资金持有人或团体踏上社会负责型投资之路，这已经成为全球发展的一个趋势。[2]

长期股权资金的集中化，是推动变革的另一个重要力量。比如，很多国家已通过养老基金使之得以进行。美国及其他一些国家的养老基金在资本市场拥有庞大的投资额，从而形成强大的力量。养老基金肯定将关注其所投资企业的长远发展，因为这事关基金自身的生死存亡。[3] 这种权利的集中化，已经开始对需要考虑长期风险行业中的追求短期绩效的活动形成了阻力。当短期财务结果推动公司进程时，长期风险就可能被忽视。有鉴于此，以长期发展为导向的养老基金在股市占有了大份额的股份。将养老基金的资金从非可持续型企业中抽出来，转而投资到社会负责型企业中，会让作为投资工具的企业吸引力得到重新评估。

挪威央行投资管理公司(NBIM)管理的挪威政府养老基金，阐释了投资中符合道德的行径。[4] NBIM 管理挪威大额石油收入中的结余资金，并将其转化成政府的养老基金。NBIM 是欧洲最大的基金，与全世界最大的基金也相差无几。这只基金的透明率非常高，达到 10，并且遵照道德准则进行投资活动。该基金投资的公司被伦理委员会严格监管。若公司的运作与指导方针相悖，NBIM 可能会将投资资金收回。指导方针反对侵犯人权、贪污腐败、环境破坏、雇用童工以及其他有悖道德伦理的行为。NBIM 曾在众多国家收

---

① Hoje, 2003
② McConnell, 2005
③ Sethi, 2005
④ http://www.norges-bank.no/default_25991.aspx; accessed 9 February 2009

回各种被认为违反伦理准则公司的投资。[1]

……一些金融机构越来越关注可持续性。

国际金融大鳄安联集团(《财富》500 强公司之一,总部在德国,主要经营保险)已采取将可持续概念和实践融进公司所有活动的战略。这包括保险、财产及风险管理以及关注社会和环境。金融业的佼佼者将可持续性活动纳入公司战略,这对可持续企业的利益相关者将起到重要的鼓舞推动作用。

回到 2002 年,慕尼黑再保险公司(全球知名保险公司)——全球最大的再保险公司之一,开始投资符合某些可持续性要求的股票和企业债券。自 2005 年起,该业务已囊括政府债券。到 2008 年,慕尼黑再保险公司 82%的投资都分布在符合这些持续性标准的股票、企业债券和政府债券上。[2] 这些标准是以道琼斯持续性指数和理光研究社(Oekom Research)发布的持续性评级为基础的。慕尼黑再保险公司在投资长期股权和物业财产时也会考虑持续性。

显然,养老基金和其他的大型投资经理人已有权力要求所投资企业向着更持续的方向发展。推行更多可持续领导力发展的压力,主要来自投资者对于长期以环境和社会为重的评估。最终,投资活动也应当囊括剩余的 21 种蜜蜂型实践,因为每一种实践都极有可能为企业增加价值。

以上发现表明,分析师们在评估企业时需要从更长远的角度出发。标准的报告活动需要向着允许按照多样标准对不同公司进行适当比较的方向发展。另外,在投资者们青睐更具持续性股票时,蝗虫型企业的 CEO 们或许应当密切关注所在公司股价下跌的情况了。

---

① View the exclusions at http://www. regjeringen. no/en/dep/fin/Selected-topics/andre/Ethical-Guidelines-for-the-Government-Pension-Fund _ Global-/companies-excluded-from-the-investment-u. html? id=447122;accessed 9 February 2009

② http://sustainability. munichre. com/en/economy/investor _ shares/default. aspx; accessed 9 February 2009

企业正在做什么?

金融分析师将环境性和社会性标准纳入工作考量中步调较慢,而企业在这一问题上则更具魄力。毕马威(KPMG)与阿姆斯特丹大学的研究者一道,就企业责任报告在国际范围内开展调查。① 该调查旨在分析世界领先公司的报告趋势。这些公司包括《福布斯》500强中的前250家公司(全球250强)以及来自16个国家的顶尖公司(全国百强)。根据对超过1 600家企业的调查研究,发布企业责任报告的公司在全球250强企业中已上升至64%,在16个国家的全国百强企业中上升至41%。研究者得出结论,当前形势还算乐观,对于环境、社会和经济可持续性措施的报告目前已成为主流。一些公司将此信息纳入公司的年度报告中,不过90%的议题都与责任报告有所差距。金融业在这方面的表现尤为突出,自2002年以来金融业发布企业责任报告的公司增长了2倍。

企业为何会越来越以非金融性措施为重点?在毕马威的全球250强企业中,受到非经济考量驱动的企业占到3/4。② 这些考量涉及创新、学习、员工激励和风险管理。有趣的是,约有一半全球250强企业在报告中将伦理因素作为可持续发展的推手。自然,可持续报告在欧洲的普及程度高于美国。一项针对90家欧洲跨国企业非经济报告实践的分析使毕马威的研究发现进一步得到佐证。非经济实践报告常见的主题包括产品和工作条件的操作性安全、产品质量和创新、与社区和利益相关者的对话、保护环境、员工技能培养以及成为负责的公民企业。③

公司发展进程受短期财务绩效驱动时,长期风险可能会被忽视。

---

① KPMG,2005

② KPMG,2005

③ Perrini,2006

这个报告的很大一部分是否只是形式主义？毕马威的报告质量随研究项目的不同而高低不一，它所发布的大多数报告都被认为只研究到表象。环境议题的研究相比社会和经济议题，尚算深入，提及气候变化的报告占到85%。约有 2/3 报告中的社会性话题包括劳动标准、工作条件、社区参与及慈善事业。研究者称，缺少清晰的社会指标或许会使得有关这些标准的报告流于肤浅。虽然有 61%的报告涉及诸如利润和资产等财务信息，经济报告仍被认为流于表象。只有 25%左右的报告就可持续性对企业的广泛经济影响做了讨论。不过，越来越多的公司正拓展责任概念，并要求供应商的行为也须符合责任原则。对于企业在整体生态方面的贡献的关注与日俱增。

对于社会和环境标准的报告有所增长自然让人高兴，但在推动可持续发展方面，报告也有可能光说不做。在可持续领导力金字塔中层（见第一章中邓菲定义的等级 4），之所以追求可持续性发展，是因为其具备经济意义。对处于等级 5 和等级 6 的公司，可持续性处于战略的核心并不仅仅是出于经济原因，另一方面也是因为这是正确的事情。

近来财务报告中广泛涉及社会性和环境性责任成果的趋势，反映出社会性和环境性议题越来越受到关注。本书还详述了可持续领导力另一个同样重要的方面，而这个趋势也同样反映出对这一方面的认同。

然而，这一切仍需改变，因为以蝗虫型方式经营企业越来越难获得良好的结果。大量真实案例和众多调查研究都对“蝗虫神话”提出了挑战。可持续性作为 21 世纪的一大议题在全球得到认同，自然会引发对当前企业模式的重新鉴定。谨慎而创新的企业将此作为引领改革的战略机遇。在专栏 5-3 中，您会看到罗氏（Roche）制药如何将众多可持续领导实践融入日常医药经营中，以此开创新的未来。

专栏 5-3　　罗氏整合可持续领导力实践

可持续领导力对于这家瑞士医药跨国企业而言并非是可有可无的选

择。对于罗氏,可持续领导力也不只限于环境、职业健康或者企业社会责任感等议题。很多人或许会对此感到惊奇,罗氏的财务部门拥有甚为宽广的可持续性发展视野,远非经济措施所限。可持续领导力已是罗氏每个员工日常工作的一部分,而罗氏正是在道琼斯和欧洲交易同盟 FESE4 可持续发展指数上领先的公司。

多年来,罗氏企业并未让利益相关者了解其在可持续方面取得的成就。遍布全世界 150 个地区的 8 万名员工参与到公司战略中,让上述情形得以转变。只要总部对子公司分享强大文化、目标愿景和价值感这方面的表现感到满意,并且认为子公司的管理值得信任,子公司则会被授予经营的自治权——按照可持续方式经营。子公司兼拥股权和责任,而这会带来入股。

罗氏企业 2009 年的销售总额将近 500 亿瑞士法郎,比 2008 年增长 10 个百分点。罗氏在治疗癌症和移植诊断及药物方面拥有世界领先地位,它的收入来自两部分:医药和诊断。罗氏的战略是为病人对症下药,而不是一刀切地给病人开药,这与对社会负责原则和可持续发展目标相一致。

这家上市公司大部分的股票仍然是私人持有。罗氏的发展战略要求将可持续实践融入公司的日常运作中。在战略计划的准备期,与公司整个价值链相关的可持续性问题都得到了认识。关键绩效指标从而发展成为对可持续力及风险进程的衡量。罗氏的公司网站重点表现了它的长远发展眼光。①

罗氏致力于可持续发展,从而会按照符合道德、对社会负责以及创造长期价值的方式对公司进行管理。由于一种新药的上市需要长达 12 年的时间,罗氏的商业模型也不可避免地需要关注长期发展。罗氏秉承对科学及社会发展负责的原则,创造出能保障其自身独立性的资源,并对风险进行评估。

① http://www.roche.com/home/sustainability.htm; accessed 14 February 2010

除此之外，信任也是罗氏成功的重要秘诀之一。在罗氏看来：与关键利益相关者的彼此信任——股票持有人和员工、病人顾客、医药界和科学界人士、当局管理者及其他公共主体还有公司设施所在社区——至关重要。罗氏的执照建立在能创造可持续价值的基础之上。罗氏以实现核心目标和对社会做出主要贡献为重：为医学上的难题提出创新的解决之道。①

人才的短缺及老员工行将退休给罗氏带来了挑战。罗氏企业期望在下一个五年变得更加强大，尤其是在亚洲的发展。罗氏将积极寻求兼具优秀社会活动和情绪控制能力的新员工，这也是这个高度成功企业维持可持续发展所必需的。

未　来

可持续领导力的未来可能会是什么样子呢？第一，金融企业会越来越意识到有必要对风险进行管理——并考虑蜜蜂型原则领导下更好的企业绩效——它们将在未来各显其威。联合国的投资原则（PRI）已拉开这一进程的帷幕。② 这些原则于2005～2006年间由70位机构投资人组成的国际投资团提出，反映与投资活动相关的环境、社会和企业管理议题。银行及其他贷款人将越来越不愿支持蝗虫型企业，因为这种企业的破产清算风险不断上升并且长远的整体表现也越来越糟糕，或是因为贷款人为蝗虫型企业借取本金的成本上升，从而让整个运作成本上升。

可持续性作为21世纪的一大议题在全球得到认同，自然会引发对当前企业模式的重新审视。

① http://www.roche.com/home/sustainability.htm; accessed 14 February 2010

② http://www.unpri.org/principles/; accessed 27 January 2008

第二，我们期待看到投资经理人——以养老基金作为开始——给企业管理施加更多压力，从而使企业的方方面面变得更具持续性。正如手握私人资本的“蝗虫们”逼迫CEO们辞职并让企业四分五裂一样，养老基金经理人们也将坚持长期可持续绩效。实际利益决定一切。

第三，所有的投资者，包括“父母仁慈型”投资者，都会对不好的企业公民进行惩罚。投资者会将他们的资金转投向对顾客、环境、地方社区以及未来新生代心存敬意的企业公民。如果养老基金没让蝗虫型企业的股价下跌，剩下的投资人团体也会将其拉下马来。CEO薪酬会受到牵连，除非企业能实现可持续。

第四，吸引优秀人才对于未采取可持续领导实践的企业将变得困难，而全球范围内的优秀人才都处于短缺状态。劳动者们会离开不可持续的企业，转投更具发展前景的公司。若所在国家面临人口短缺或人口老龄化，人才的流失将对企业造成毁灭性的打击。非可持续性企业将面临人才匮乏，因为员工们会用脚投票。人力资源主管已越发关注吸引新一代员工，因为留住年轻员工面临很大的困难，这一点在缺少社会责任感的公司尤为突出。[①] 所有这些压力应当刺激企业向更好的公民转变。

第五，深受蝗虫型哲学之害的供应商也将对这些企业进行惩罚。蝗虫型企业压缩供应商的边际利润直至其生意破产，而这些供应商也会对蝗虫型企业的资产负债表反戈一击。剩下为数不多的供应商将选择对哪些公司提供货物和服务，并决定其价格。许多供应商自会优先选择具有长期良好稳定合作关系的蜜蜂型企业。客户和供应商共同成长，共同学习，实现双赢。那么，蝗虫型领导方式在这种情况下又会做些什么呢？

第六，客户也会对行为不端的公司进行惩罚。客户反感只是开端。随着银行和其他企业减少业务量、产品价格和质量降低，客户将因为价格不再对企业忠诚。如今，很多人随处都可以买到最便宜的商品。来自廉价产品和服务经济体的威胁需要受到认真对待——中国和印度就是两个现成的例

① Murray，2007

子。没有了客户忠诚度，一个品牌还能有多可持续？没有客户的支持，一家企业能熬过困难时期吗？客户满意度或者是客户不满意度的重要性已超越质量、价格和服务。客户也会期待企业在未来具备环境和社会意识。

简言之，很多曾经不值一提的利益相关者对公司的威慑力正日渐增加：这种威慑力来自回收财务及其他方面的支持，也来自对自身才能及购买力的保留。任期为 3～4 年的现任蝗虫型 CEO 们很可能不会意识到这一点。不过，十年之内或者十年左右，那些没能制订长期发展计划并忽视或剥削重要利益相关者的公司将会发现生存很艰难，更不用奢望兴旺发达。蜜蜂型领导力认识到蝗虫型领导方式这个根本的缺点，并形成了 23 种蜜蜂型要素予以应对。

如之前所提到的，商业学院、媒体部门、金融分析师以及管理咨询者们所倡导的传统智慧很大程度上都受到教条和意识形态的推动。换言之，主流思潮在向高绩效公司学习方面，表现出来的就算不是勉强，也是某种无能。由于做不到借鉴全世界成功企业的方法和态度，主流思潮的追随者们不仅剥夺了真正关心环境和社会责任人士的权利，而且也剥夺了企业股东的权利——而股东正是他们宣称自己所代表的群体。

因此，领导者需要问自己一个很简单的问题：自身领导方式是否能带来最好的结果，以及这个结果是否可持续？这需要对论据进行冷静而严谨的考察，并拒绝所有为意识形态驱动的实践。如果对这个问题的坦诚回答是否定的，企业将需要就其对利益相关者承担的法律及道德义务作出改变，包括让股东获得收益的义务。

向蜜蜂型领导实践转变

致力于增加股东财富并对扭曲的主流思潮不满的经理人们，该如何打破这个意识形态的困境呢？他们自己及所在公司可逐渐朝着承担更多社会责任的方向发展，并将此作为风险管理的一种方式。[①] 只要公司成员意识到可持续实践也能促进一线活动的发展，其余措施的推行也将变得越来越容易。公司及其成员将逐渐进入到邓菲区分的可持续等级，直至最后，公司绝大部分成员认为除可持续领导之外再无其他可行方式。即便如此，是否所有的企业都想推行最佳实践，获得最佳员工及最好的股东收益呢？

眼界宽广是一回事，但向可持续领导力转变该从何开始呢？仅靠宣称"所有 23 种要素同等重要"是远远不够的。这也是金字塔模型中体现综合"可持续领导力理论"的地方。该理论确定了 23 种实践及推动可持续领导力发展的五种绩效，并展示了这些实践和绩效如何协作。为让蜜蜂型实践实现的可能性达到最大并带来最多的好处，我们认为这些实践应当按照等级模式施行。基础实践为高等级实践提供基础，并需要提前一步开始。这些基础实践将反过来推动高等级实践的发展，从而对关键绩效因素形成影响。

因此，一切应从审查企业基础实践开始。哪些实践已经到位？哪些实践能够相对快速而简单地得以引入？如同其他形式的管理变革一样，由蝗虫型领导力实践向蜜蜂型实践转变也是一个大挑战。不过，如专栏 5 - 4 中的西太平洋银行（澳大利亚第二大银行）一例所示，即便是上市公司也能顺利实现这种转变。

专栏 5 - 4　西太平洋银行如何从蝗虫型实践转型为蜜蜂型实践？

大卫·摩根（David Morgan）博士在西太平洋银行 2007 年度报告的 CEO 总结报告中，介绍了作为澳大利亚四大银行之一的西太平洋银行的变革过程。遭受巨大财政损失之后，20 世纪 90 年代初的西太平洋银行几乎已经走在破产边缘。恰是这一灾难似的打击，推动西太平洋银行从一个以蝗虫型实践为根本的企业向蜜蜂型企业转变。性格外向的 CEO 摩根

① Godfrey，2005

先生在1999～2007年的9年中，为实现这一转变制订了详细计划，并就28 000名左右员工该做哪些事情让企业变得更加可持续提出洞见。十年间，西太平洋银行实现了持续强大的财务绩效，成为员工向往的公司并获得客户的信任，同时还成为全球可持续发展的领头羊，这一切都是西太平洋银行十年间取得的卓越成就。

对于摩根博士而言，管理一家大公司需要经济系统和社会系统的整合。这两个系统需要通力协作，公司经营的成功也就在于让这两个系统尽可能无缝连接。采取切实有效的战略也是成功的关键。西太平洋银行的战略就是将工作重心从股东处转移到以员工和客户的需要为重。

该策略以三个原则为主。第一个原则是，通过多种产品与客户建立长期合作关系。第二，在公司内做到人尽其用，因岗设人，以达到上佳执行的目标。这需要培养高忠诚度以及拥有高技能水平的员工，以带来成功。第三，虽然西太平洋银行的主要业务还是集中在核心市场上，但在公司有望获得成功并具备强劲增长力的领域增加了额外投资。

重新获得客户和当地政府的信任至为重要。在20世纪90年代的失利时期，西太平洋银行的客户满意度水平几近触底。当地政府当时则竭力反对银行的蝗虫型实践：员工下岗，关闭农村支行并且提高银行费用以达到短期绩效目标。这给一个以信任为本的企业出了一道巨大的难题。当时，摩根博士意识到银行若要实现可持续发展，将社会系统和经济系统整合至关重要。心怀不满的客户、员工和当地政府对建设可持续发展企业有百害而无一利。因此，西太平洋银行采取将负责型企业实践融入日常活动的回应措施。

重整内部文化同样至关重要。西太平洋银行不得不重新认识自身所代表的是什么、公司前进的目标以及如何实现这些目标。这意味着完善目标愿景，并将强大的道德观和客户至上价值观置于企业的核心位置。员工的努力和成功将受到奖励。到2007年，员工组成变得更加多样化，女性占管理层比例从1998年只占25%上升至42%。西太平洋银行变得更加亲近家庭，尤其是组织在工作场所照看儿童和育婴假期方面。鼓励员工大胆说出心中想法，无需担心后果。大卫·摩根每年游历澳大利亚两次并与银行领导者会面，宣传公司目标和战略并听取其他领导者不得不说的意见。新的公司文化在推动员工忠诚度从56%上升至2007年的71%方面卓有成效，从而让西太平洋银行引领澳大利亚的各大企业。在争抢人才的大环境中，西太平洋银行较高的员工敬业度和忠诚度使其成为员工青睐的企业。

这有用吗？答案是肯定的。2002～2010年间，西太平洋银行成为道琼斯指数全球银行板块信誉评级最高的企业。财政方面，该银行的努力为股票持有人带来了丰厚回报。摩根博士掌管公司的9年中，西太平洋银行股票在股票市场上的表现十分抢眼，股东回报率平均每年以18%的速度复合增长。

有趣的是，这位性格开朗的CEO并没有在给利益相关者作的总结报告中提及环境可持续性。不过，大致扫一眼西太平洋银行的网站，就会明白它在这个领域也同样占据领先地位。西太平洋银行是澳大利亚第一家签署“赤道原则”的企业，同时也是该原则的十个发起者之一。根据赤道原则，签署的公司要保证只能贷款给那些保证让项目按照对社会负责的方式发展并符合良好生态管理实践的公司。西太平洋银行同样也努力减少自身活动对环境的影响。

如何在未来继任CEO们的领导下，继续推行可持续领导力是西太平洋银行面临的挑战。短期考量及其他蝗虫型实践很容易就能将蜜蜂型文化毁于一旦。西太平洋银行会走回蝗虫型发展的老路吗？

参照可持续领导力金字塔，向蜜蜂型可持续性领导力实践转变面临的挑战便显现无遗。这些变化不仅需要依照上面所论述的逻辑顺序发展，还必须按照蜜蜂型方式进行。这意味着要对短期和长期影响细细考量，需要运筹帷幄。若这一切未得到妥善处理，公司在向蜜蜂型实践转变期间的绩效可能会遭受损失。这是因为整个系统和过程被打乱，而预设利益未能实现。

向蜜蜂型企业转变的过程中，不同阶段的成功程度也不尽相同；这可以解释为什么有些经理人在部分变革之后，感觉所在企业并未从这些新实践中获益。或者，换个说法，如果经理人们未意识到主要转变将经历一个相对成功的阶段，如蜜蜂型法则的采用等，他们可能会把初始阶段过后的平稳阶段解读成一种失败。这可能会导致企业要么失去改变的主动性，要么用一种不甚认真的悲观的方式继续推进。任何一种反应都可能让改变的积极性陷入危险境地。

长远来看，个体公司随后的任何所得都将对整个经济体产生多重影响。毕竟，从蜜蜂型企业促进服务区域的经济、环境及社会良性发展来看，它们也会进一步巩固自身位置。这是因为强大的社区为产品和服务提供的市场比弱势的社区要大。最重要的一点，蜜蜂型领导力也是获得员工青睐的基础。蜜蜂型领导力带来一种双赢的局面——为企业及其利益相关者（包括员工、客户、供应商以及当地社区）还有后代。

蜜蜂型领导力并不只适用于高利润企业。据零售业巨头沃尔玛前 CEO 李・斯科特（Lee Scott）所言，即便是在低成本战略下转向蜜蜂型领导力也能节省资金，详见专栏 5－5。从 2005 年开始，沃尔玛改变以往依靠低成本交易的商业运作模式，转而采取与各外部利益相关者建立长期合作关系的策略，这些外部利益相关者包括供应商和顾客。尽管此策略的核心仍然是低成本，但沃尔玛这个零售巨头自此向可持续领导方式转变，横扫整个零售行业。据 2008 和 2009 年度报告，沃尔玛的财务绩效好过竞争者。尽管这段时期的沃尔玛正经历剧变。

专栏 5－5　　沃尔玛改头换面①

沃尔玛是美国最大的折扣零售商。创始人山姆・沃尔顿（Sam Walton）以深受消费者欢迎的低成本模式建立起沃尔玛帝国。在 2008 财政年度，

① Based on a speech given by CEO and President Lee Scott at the Wal-Mart US Year Beginning Meeting; January 2008; http://walmartstores.com/FactsNews/NewsRoom/7896.aspx; accessed 12 June 2008

沃尔玛约200万员工共创造了3 750亿美元净销售额，比2007年增长8.6%。2009年，净销售额比上一年增长7%。而在这两年里，美国大多数零售商收入下滑。

沃尔玛并非总是一帆风顺。2005年，沃尔玛身陷危机，各种矛头指向其不合格的劳动实践，剥削员工，对其所在的社区及社会福利事业造成负担，造成环境污染。客户对沃尔玛进行抵制，沃尔玛很大程度上也忽视了其他的利益相关者。主要投资商如挪威养老基金挪威央行投资管理机构(NBIM)撤走了在沃尔玛的资金。时常有报道称沃尔玛破坏人权，忽略小错误，无视危险，工作环境不利于人体健康，薪酬方面存在性别歧视，不时对员工进行不合理的惩罚甚至将员工关禁闭等，这让投资者怀疑起拥有这样一家公司所承担的风险是否过大。① 这个零售业巨头前景堪忧。

2005年，时任沃尔玛CEO的李·斯科特作了一场影响至今的演讲，他承诺改变沃尔玛的运作方式，翻开全新的一页。至2008年1月，斯科特向员工作报告时表示一切运作良好。

以下是斯科特演讲的选段：

> 27个月前的今天，我和你们谈到21世纪领导者的问题。我提了很多方面，包括我们的发展方向，还设定了具体的目标以指导我们的发展进程。
>
> 环境方面，全面使用清洁能源，实现零污染，所售商品必须是资源节约型和环境友好型的。更加关注改善工厂的工作环境，努力让员工和客户享受更多的医保，更大限度地满足我们所服务的群体的需求。

① See details at http://www.regjeringen.no/en/dep/fin/Selected-topics/andre/Ethical-Guidelines-for-the-Government-Pension-Fund _ Global-/Recommendations-and-Letters-from-the-Advisory-Council-on-Ethics/Recommendation-of-15-November-2005. htmi? id = 450120&epslanguage = EN-GB; accessed 9 February 2009

我们的付出得到了回报：很多国内同行亏损，而我们的销售额增加了2.4%；海外净收入增长了18.2%。我们处处从客户利益出发：数百样处方药定价仅4美元，共为美国、墨西哥、波多黎各、巴西的客户节省了8.5亿美元。在美国，每卖出总额1.45亿美元的节能灯，就意味着为客户节省了40亿美元更换照明灯的费用。在此过程中，还可以少建3座煤电厂。

世界上还有很多事情会对我们的生活及公司产生深刻的影响，明白这一点很重要。而我们现在谈论的是诸如国际贸易、气候变化、水资源缺乏、社会与经济不平等、基础设施和石油此类问题。

在以后的生活中，我们也许并不能做到尽善尽美。但只要有必要或力所能及，我们一定义不容辞。沃尔玛应该担此重任，走在时代的前沿，为公司、世界带来新的变化。

接着，斯科特自夸说沃尔玛的医疗福利已覆盖93%的员工，而美国工人的平均水平仅为82%。沃尔玛欲用自己的方式全面改善美国的医疗体制，使医保覆盖面更广，而且还想带头联合其他企业家和医保赞助者们降低网上处方药价格。

如今美国每户的能耗要占据其收入的17%，因此沃尔玛将采取措施应对能源价格的上涨。沃尔玛欲将目标拓展至为客户节省购物资金以节省能源成本。要实现这一目标，沃尔玛就必须保证所售商品属资源节约型。

通过与供应商合作降低节能电器的价格，沃尔玛计划帮助消费者作出更好的购买决策从而避免浪费。这个零售业巨头甚至还研究涉足节能汽车以及再生能源领域的可能性。据CEO斯科特表示，生产者能因此使能源使用量减少20%。自然，沃尔玛会在拥有众多节能和环境友好特征的实验商场践行所奉行的原则，这个实验商场设在得克萨斯州的麦肯尼。该实验商场绩效的衡量标准与邻近一家沃尔玛超级购物中心的绩效标准截然不同。

商品供应链也是一个重点，有道德的供应商对建设新沃尔玛非常重要。在环境、管理和对待员工方面投机取巧的供应商，供给沃尔玛的产品也会偷工减料，李·斯科特如是说。道德上负责的供应商自然也更有可能关心产品质量，如此一来，也会关心客户。客户期望生产出来的产品能符合他们的个人价值观。沃尔玛支持"公平交易"和"雨林联盟"，并积极推动有机农业技术的发展。

从私人品牌开始，沃尔玛将要求供应商展示其生产工厂符合特定环境、社会和质量标准。证书及对这一要求的符合将成为供应商合约的一部分。如果某供应商没有进步也不能解决问题，沃尔玛将终止与该供应商的合作。

出乎很多熟知沃尔玛的利益相关者的意外，时任 CEO 斯科特说，沃尔玛将偏爱——某些情况下甚至愿意付出更高的价钱给——符合我们标准的供应商，这些供应商应在忠于质量和可持续性方面和我们一致。短期内为更好质量的产品付出多一些的钱，意味着公司长远来看付出的成本更少。高品质产品代表更好的价值、更少的问题、更低退换率以及与客户间建立更多信任。在产品的整个生命周期中，都应符合我们对客户做出的"省钱"承诺。

最后，CEO 斯科特清楚地表明，沃尔玛把员工看成企业的心脏，实现这些改变的正是他们，尽管沃尔玛面临的一个主要挑战，就是在新任 CEO 的领导下坚持新的目标愿景及战略。

沃尔玛和西太平洋银行遵循可持续发展之路、努力让公司更强大而做出的努力令人振奋。这些大型上市公司正引领可持续发展道路。正如沃尔玛和西太平洋银行，我们也可选择鼓励为世界增加价值的蜜蜂型行为，或者像企业"蝗虫们"一样毁掉这个世界。

尾　声

全球金融危机之后

你或许会好奇那些本书所提及的企业在全球金融危机之后是如何表现的。或许在2013年初本书中文版付印的时候下定论还为时过早，不过许多蜜蜂型企业确实要比它们的竞争对手表现得更好，即使它们也遇到了极大的挑战，有些甚至达到了历史最好的水平。在这个简明的尾声中，我们会汇报那些本书不止一次提及或在专栏中特别指出的企业的财务信息，前提是这些企业的财务信息已经公开。

我们将从汽车制造业开始，因为这些制造商企业在2008～2009年间经历了严重的打击，几乎都进行了减产。然而，蜜蜂型汽车制造商似乎要比它们的蝗虫型对手在财务绩效上表现得更好。在写完本书的案例后，宝马仅报告了一个很温和的收入下降，并在2009年末仍维持着少量盈利。对于保时捷来说，2009年是动荡的一年。世界金融危机严重地打击了保时捷，当时该公司正试图为早前收购大众汽车而欠下的巨额债务贷款。相反，保时捷将不得不完全加入大众集团。尽管如此，保时捷的销售额在2010年和2011年持续回升。丰田在2009年遭受亏损，在2010年，即使其旗下多个品牌发生了严重的质量问题并进行了召回，其2010年的净收入下降了7.7%，但丰田已经开始复苏。更近的数据暂时无法提供。有趣的是，丰田的总裁在他致股东的2011年财报中表达了对蜜蜂型发展模式的感情："我相信在完成所有税负的同时保证稳定的盈利——无论经济形势如何——比在经济形势好的时候赚一大堆的钱要更有意义。"本田2009年以及2010年的汽车和摩托车的净收入都下滑了。然而，保时捷和本田都在全球金融危机期间增加了雇员数量。

上述日本和欧洲汽车制造商所遇到的问题并不如它们的蝗虫型竞争对手通用与克莱斯勒的问题那么严重。这两家企业在2009年申请破产保护，并不得不依赖于政府提供的50亿美元度过2010年。在2010年11月18日，通用集团进行了重组，剥离了亏损的部分，并重组成了通用汽车公司——仅稍微修改了一下名字。就像其CEO在2010年财报中写道的那样："我们真的在建立一个新的通用，从里到外。"克莱斯勒经历了一个类似的重生：在2009年，重组成了克莱斯勒集团。在与菲亚特集团的全球合作下，新集团生产克莱斯勒、吉普、道奇、道奇RAM，SRT（街道与竞赛技术部）车型、菲亚特、莫帕等品牌的汽车及相关产品。福特——仍然与创始家族合作，在2009年仍有部分盈利，没有接受任何的政府贷款。2010年，在改变其产业的基本面之后，福特的净收入达到66亿美元——近十年来的最高值，使公司得以偿还完其债务。

接着，我们继续来看本书所提到的那些金融行业的企业，银行在2009年底还在盈利并持续到现在。2009年，阿德莱德银行的利润减少到了1.73亿澳元，比2008年下降了26%，但在2011年，其税后利润为3.42亿澳元。慕尼黑再保险银行2009年年报显示了比2008年接近10亿欧元的利润增长（23.6亿欧元，而2008年是15.8亿欧元），而到2010年年底，慕尼黑再保险银行的利润已达到24亿欧元。尤其是，慕尼黑再保险银行2008～2010年并没有因为全球金融危机停止派息。西太平洋银行经过十年的改革在全球金融危机前转变成了蜜蜂型企业。其净利润在2009年下降了10.7%，但是在2010年实现了盈利，税后利润提升了84%。分红、现金收入以及每股收入在2010年都有所提升。2011年，西太平洋银行的盈利情况更好，净收入达69.91亿美元，增长了10%。深陷泥沼的瑞士银行在2009～2010年扭亏为盈，经历了大量裁员、削减成本以及强有力的政府救助。2010年，受其美国财富管理业务拖累，瑞士银行的净收入为75亿瑞士法郎，但相对于2009年亏损27亿瑞士法郎的业绩来说，这仍然代表了强劲的增长。2011年，瑞士银行的全年税前利润为55亿瑞士法郎,其美国财富管理业务也有改善的迹象。

2009年,汇丰银行与安联公司公布了“值得信赖”的结果。2010年,安联的业绩持续改善,2011年,即使安联认为其将受到来自欧洲主权债务危机、低利润率、严重自然灾害的冲击,其运营利润预计仍将达到79亿欧元。对于汇丰来说,2011年年报税前利润为219亿美元,比2010年高了15%,在这一年中,汇丰关闭了16项业务,并在2012年初关闭了另外3项业务。汇丰在整合市场的过程中表现出色,并取得了商业银行的历史最好成绩。

零售业的表现却各不相同。沃尔玛在世界金融危机期间表现出色,其净利润增长7%,股价上涨6%,仅仅在美国就创造了3.3万个就业岗位。在2011年,公司净利润达到4 190亿美元,增长3.4%。沃尔玛在成为蜜蜂型企业的道路上继续前进着,正如其CEO麦道克(Mike Duke)在2011年年报中写道:“我尤其对可持续性如何被整合进我们的产业以及全世界的合作伙伴如何参与到这项创新中感到自豪。今年,我们公布了世界责任报告,将议题扩展到了更为广泛的重大问题上,而不是仅仅止步于我们对环境保护的努力。”诺斯通在2010年表现出色,其净收益相比前一年的4.41亿美元增长了10%。对于2011财年,净收益增长11.4%(7 000万美元),为6.83亿美元,而上个财年为6.13亿美元。记录的2011年净收入比2010年的93.1亿美元增长了12.7%。而瑞士大型联合集团米格罗的遭遇就截然不同了,2009年米格罗经历了2.4%的销售下滑,降至210.4亿瑞士法郎。

本书中提到的两家制药企业在2009年都表现得很好。诺华公布了7%的销售增长,这使其得以进行了第13次连续增长的股票分红。这种趋势持续到了2011年,这一年诺华进行了第15次持续增长的股票分红。罗氏制药持续公布了其新的集团销售纪录以及新的净利润纪录。在2011年,该公司进行了第25次连续增长的股票分红。很明显,这些制药巨头并没有受到本次金融危机太多的影响。然而,后金融危机时代,欧洲许多国家以及美国面对的经济挑战导致政府减少了对制药行业的补贴。这或许会影响未来制药企业的收益。

在全球金融危机期间,旅游业受到重创,正如万豪酒店以及美国大陆航空所经历的那样。万豪的收入从 2008 年的 129 亿美元下降到 2009 年的 109 亿美元，但是在 2010 年开始恢复，尤其是在亚洲的丽思-卡尔顿（Ritz-Carlton）品牌。在困难时期，万豪酒店仍然持续投资固定资产，新建了 29 000 个客房和居住单元。同时，有 700 家新酒店在建设中。美国大陆航空在世界金融危机后的 2009 年公布了接近 2.95 亿美元的损失。然而，在 2010 年，大陆航空与美国联合航空公司合并，成立了联合大陆控股公司，预计其业绩将有所改善。

涉及建筑业的企业在 2009 年也不乐观，世界建筑材料供应商霍尔希姆将其收入损失归咎于 2009 年全球金融危机，从那时起，情况有所改善但很复杂。净销售额在世界的大部分地方都有所恢复，在调整了汇率以及计算标准后，2011 年增长了 7.5%。然而，当转换为瑞士法郎时，则相对于 207 亿欧元下降了 4.2%。即使成本上升，但运营息税折旧摊销前利润一直保持相对稳定。瓦克化学有部分业务与建筑业相关，包括颜料与聚硅酮。虽然 2009 年销售额有所下降，该公司在整个财年的表现却是十分出色的。该公司的业绩在 2010 年有所回升，销售与运营数据达到了记录以来的最高值。2011 年的销售相较于 2010 年上升了 3%，初步估计为 49.1 亿欧元，而 2010 年为 47.5 亿欧元。西尔公司——也是玻璃、钢筋、屋顶以及其他建筑材料私有生产商，并没有公布其 2009 年年报。然而，该公司持续在全世界范围内扩展其业务范围，并从众多知名建筑商那里获得了许多重要项目。

本书提到的蜜蜂型生产企业中，自金融危机以来的经营状况都表现出不错的业绩。医疗设备生产商蛇牌，现在是布劳恩集团（B Braun Group）的一部分。在 2009 年，其销售收入上涨 6%，利润上涨 5%。2010 年，蛇牌的销售收入超过了 128.1 万欧元，较去年增长了 11%。戈尔联合公司实现了 25 亿美元的世界销售额，比 2008 年提升了 25%。在 2010 年，这家私人拥有的公司在世界范围内的销售额为 30 亿美元，尽管其销售与运营利润在 2009 年大幅下降。阿特拉斯公司在 2009 年仍然盈利并进行了分红。到 2010 年年底，收入和利润就恢复到金融危机之前的水平了，在 2011 年，阿特拉斯公司的利润为 175.6 亿瑞典币，比 2010 年的数据高了 26%。高露洁自豪地宣布其在 2009 年与 2010 年实现了 2 位数的销售增长。2011 年全年，该公司的全世界销售收入为 167.34 亿美元，比 2010 年上升 7.5%，净收入与 2010 年相当。然而，2011 年的毛利率是 57.3%，相较于 2010 年略有下滑。捷德公司的销量在 2008 年和 2009 年保持在 16.84 亿欧元，但 2009 年息税前利润下降了 12.7%。2010 年，该公司的息税前利润提升了 9%，为 1.52 亿美元，集团销售收入约 17 亿美元，综合净收入为 8 100 万欧元。凯驰 2008 年的营业额创下了纪录，为 14 亿欧元，销售量为 638 万台。到 2010 年，营业额超过 15 亿欧元，销售量上升到 730 万台，在该公司 75 年的历史中创造了销售纪录。市属企业采埃孚集团从全球金融危机中的恢复比预期的要快，在 2010 年就恢复到了其 2008 年的盈利水平。2010 年，公司销售额增长 38%，至 12.907 万亿欧元，创下了纪录。截至 2009～2010 财年结束，罗德与施瓦茨公司的运营数据十分乐观，其营业额为 13 亿欧元，略高于上一财年的水平。最近的 2010～2011 财年，该公司报告了历史最高的收入(15.8 亿欧元)和投资(1.3 亿欧元的新生产设备投入、2.28 亿欧元的研究和开发投入)。私人持有泰国公司桑皮纸制造公司的数据没有公开。最后，国际电话电报公司拥有约 4 万名员工从事高科技工程和制造，保持了连续五年的创纪录式增长，并在 2009 年创下了 109 亿美元的收入纪录。由于 2011 年进行了国防与水业务的剥离，其业绩很难比较。剩下的更为精简的公司的 2011 年收入保持在 21 亿美元左右，比上一年增长 11%。

对于信息与通信领域来说，华为公布的数据显示，其 2009 年销售收入达到 302 亿美元，相对于 2008 年提升了 30%。2010 年的业绩相类似，收入比 2009 年增长了 24.2%，为 1 852 亿人民币，而净利润为 238 亿人民币，比 2009 年上涨了 30.0%。对于 SAS 软件公司来说，情况也是相当乐观的，其 2009 年销售收入相对于上一年上升到 23.1 亿美元，同时，该公司在研发上投入了销售收入的 23%。在 2010 年的年度报告中，CEO 古德奈特(Jim Goodnight)先生告诉利益相关者："今年是我们持续增长的第 35 年，创纪录的全球总收入为 24.3 亿美元，同比增长 5.2%。"然而，诺基亚却在 2009～2011 年间经历了严重的亏损。2011 年的净销售额下降了 9%，为 386.59 亿欧元，2011 年的毛利下降了 12%，为 113.19 亿欧元。

还剩三家服务型企业——IBM、弗劳恩霍夫以及 UPS。商业研究组织——弗劳恩霍夫在金融危机后发展良好。在 2008～2009 年间，其营业额上涨了 15%，在 2010 年更进一步增长了 2%。截至 2010 年年底，营业额为 16.57 亿欧元。营业收入的大部分来自对工业的合同研究。弗劳恩霍夫的雇员在 2008 年增长了 3 000 人，在 2010 年底为 18 130 人。对于 IBM 来说，2009 年净收入创下历史新高，达到 134 亿美元，相对于 2008 年增长 9%。这代表了连续 7 年的两位数的分红增长，2010 年成为了其连续增长的第 8 年。2010 年出色的业绩导致其营业额上涨 4%，到 999 亿美元，税前利润为 197 亿美元，上涨了 9%。在度过金融危机困难的 2 年后，UPS 在 2010 年开始复苏。该公司公布其收入为 495 亿美元，上涨 9.4%，每股上涨 54%。

上述的简述显示，本书引用的大部分企业成功地度过了金融危机，一些企业甚至在 2010 年或是 2011 年创下了增长纪录。然而，蜜蜂型企业采取长期视角，因此，我们更应该以这种视角来评价这些企业。

附录A

可持续领导力问卷

我们已经开发出了一个测量工具来评估组织采用23种可持续领导要素的程度。量表的结果表明了组织当中被调查的人认为每种实践是更偏向蜜蜂型的还是蝗虫型的。与蜜蜂型实践相一致的程度会用图形的方式加以反馈。

这个简易的在线调查问卷可以由公司当中不同职位的(例如销售人员和制造人员),不同等级的(例如高管团队、中层管理者以及一线员工)以及不同地域的员工来填写。如果不需要进行利益相关者的调查,同样的测量工具也可以用来检验公司在某些具体的实践上是否体现了蜜蜂型原则,从而作为一个讨论工具供公司高层来参考。另外,上述两种方法也可以结合起来去收集管理者、员工和供应商对于管理实践的知觉并供公司高层来参考。在必要的时候,这些讨论也可以由可持续领导的专家来组织协调。

可持续领导问卷可以用来指导和监督公司管理实践的变革。例如,如果可持续领导金字塔中的基础要素被认为是弱的,那么管理者就可以开发和推行相关的政策和实践来应对这些问题。类似地,如果那些高级实践存在问题,那么管理者就需要去检查是否所有的基础实践都已经就绪。这些变革也可以自上而下的方式进行,例如当客户满意度以及公司的品牌优势正在减少,那就应该去检查支撑这些结果的实践措施。

更多关于可持续领导问卷及其相关过程的信息可以从作者那里获得,请联系:slq@the-isl.com。

附录 B

研 究 方 法

《蜜蜂与蝗虫》一书的证据基本来自对各大洲组织的研究。这些研究主要是由学术研究以及我们对高绩效组织面对面的访谈组成的。截至本书出版，我们已经亲自调查了 35 家企业。我们先收集关于该企业的公共信息，随后对这些企业的高层经理进行了 4～44 小时的访谈。在一些案例中，我们见到了 CEO，他们允许我们跟进公司的情况。

本书的一些证据是大学同僚们收集的一手数据，比如来自曼谷玛希隆大学(Mahidol University)的苏克山・坎塔布瑞(Sooksan Kantabutra)，以及那些我们十分感激的同僚。对于本书提到的一些企业仅仅从外部进行了研究，使用了包括年报、企业网站、媒体报告以及发表文献等资源。

作为研究的一部分，我们首先回顾了与本书有关的已发表文献，然后与企业中的经理深入地讨论，提炼了 10 年来可持续领导力实践的精华。不仅如此，我们还尽可能地向企业的雇员进行了证实，以确定我们事先整理的企业管理进程与对比指标的真实性。

我们访问的企业都是与众不同的，并且十分愿意对我们的管理实践提出建议。它们代表了一系列广泛的产业——从建筑业到应用科学，从制造业到服务业。这些企业的运营范围、寿命、大小、所有权形式、是否符合蜜蜂型领导模式以及绩效都各不相同。

除了全球运营的企业以外，有一部分企业只在一个国家或地区存在，比如在瑞士的米格罗，在澳大利亚的本迪戈以及阿德莱德银行等。但是，本书中提及的大部分企业都是世界性的强手，比如宝马、美国大陆航空、华为等。

企业的寿命从20年到150年不等。对有的企业来说，说寿命还有点为时过早，但是它们入选却是基于其他的原因，比如选中西尔公司，是因为其盈利能力与发展空间，尤其是考虑到德国建筑业陷入了长达10年的衰退。诺华虽然是刚成立不久的企业，可是它是由许多资历很高的制药企业合并而来的，因此我们也将它入选在本书中。

最小的样本（泰国手绘桑皮纸公司）仅雇用了500人，最大的企业（IBM）雇用了33万员工。所有制也是多种多样的，从家族企业到非营利组织，涵盖的范围十分广泛。

至于是否符合蜜蜂型领导模型，大多数的组织在我们进行研究的时候都可以被称为蜜蜂型组织。然而，我们也纳入了一些游离在蜜蜂型组织与蝗虫型组织之间的企业，也包括一些正转变称为蜜蜂型组织的企业。然而，我们的样本主要来自蜜蜂型组织，这样是为了展示蜜蜂型实践的多样性——它们在不同企业里是如何实施的。在实现可持续性上并没有能回答一切问题的答案。在蜜蜂型哲学的框架下，多样性是可能的。泰国的家庭友好政策或许与美国的家庭友好政策完全不同，但关键的是它们总是能被利益相关者们感受为家庭友好。

重要的是，我们研究的企业包括一些面临绩效问题的企业。比如，罗森茨韦克（Rosenzweig）[①]指出这很重要，并讨论了他从他人著作中观察到的赤字。当研究者试图确认现在企业绩效好坏并为此而寻找共性的时候，问题就出现了。问题出在那些我们找到的共性或许会仅仅因为组织看起来表现得好就将其归功于组织所采取的我们所关心的实践。换句话来说，我们并不确定这些企业是否之前也保有蜜蜂型组织的特质。因此我们将不同时期的企业表现纳入了我们研究的范围。

本书中，我们尽可能确保数据的独立性。对于23种可持续领导力要素，我们尽可能寻找那些与其他要素不相干的数据，仅仅关注单种要素。例如，

---

① Rosenzweig，2007

我们研究员工接受多少量的培训会导致企业绩效，而不关心这是一家高度互信的企业，还是一家不互信的企业。我们会单独地遍历几乎所有23种要素上绩效的差异。对于其中21种要素，研究者有很强的证据，而剩下的2种只有间接的证据。因此，说服企业采取高绩效实践似乎是十分让人信服的。研究者还需为剩下2种要素寻找直接的证据。

我们还试图回避可能的偏差，尤其是那些系统性的误差。[①] 在我们23种要素组成的模型中包含我们未观察到的误差是可能的。然而，在全部的23种要素上，这样的误差是同向的却几乎不可能。换句话来说，即使我们接受模型中存在"噪音"或是随机误差，但我们也已经尽可能地避免了。

一个更进一步的挑战是我们很难证实一些企业的高绩效水平(例如，家族企业)。这只能从外部的数据加以推测，比如增长率、最佳雇主排名、品牌与声誉、寿命(尤其是在重大社会或经济灾难中存活下来的能力)、同业评价、证券外市场表现以及其他非直接的表征。我们强调这个问题仅仅是对一些企业来说的。即使对一两家企业我们拥有错误的评价方式，我们也几乎可以确信对于本书中大多数蜜蜂型企业来说是更可能获得高绩效的。如果这些企业中的一两家在今后变成低绩效者，也并不会削弱我们的结论。正如所提到的那样，即使企业拥有好的实践，也不能弥补错误决策对企业造成的毁灭式的破坏。

最后，在我们观测完本书所提到企业的实践后，它们仍有可能已经改变其中部分的实践了。

---

① Rosenzweig, 2007, p. 13

参考文献

Adams, F. A. III, True, S. L. and Winsor, R. D. (2002) Corporate America's search for the 'right' direction: Outlook and opportunities for family firms. *Family Business Review*, 15(4), 269 - 76.

Addison, J. T. and Belfield, C. R. (2000) The impact of financial participation and employee involvement on financial performance: A re-estimation using the 1998 WERS. *Scottish Journal of Political Economy*, 47(5), 571 - 84.

—— (2001) Updating the determinants of firm performance: Estimation using the 1998 UK Workplace Employee Relations Survey. *British Journal of Industrial Relations*, 39(3), 341 - 67.

Aguinis, H. and Kraiger, K. (2009) Benefits of training and development for individuals and teams, organizations, and Society. *Annual Review of Psychology*, 60, 451 - 74.

Albert, M. (1992) The Rhine model of capitalism: An investigation. *European Business Journal*, 4(3), 8 - 22.

—— (1993) *Capitalism vs Capitalism: How America's Obsession with Individual Achievement and Short-term Profit has Led it to the Brink of Collapse*. New York: Four Walls Eight Windows.

Alexander, J. A., Weiner, B. and Griffith, J. (2006) Quality improvement and hospital financial performance. *Journal of Organizational Behavior*, 27(7), 1003 - 29.

Alexiou, C. and Tsaliki, P. (2009) Unemployment revisited: Empirical evidence from 20 OECD countries. *Contributions to Political Economy*, 28(1), 23 - 34.

Allen, N. J. and Hecht, T. D. (2004) The 'romance of teams': Toward an understanding of its psychological underpinnings and implications. *Journal of Occupational and Organizational Psychology*, 77(4), 439 - 62.

Allen, N. J. and Meyer, J. P. (1990) The measurement and antecedents of affective, continuance and normative commitment to the organization. *Journal of Occupational*

Psychology, 63(1), 1–18.
Amalric, F. and Hauser, J. (2005) Economic drivers of corporate responsibility activities. *Journal of Corporate Citizenship*, 20, 27–38.
Anderson, E. W., Fornell, C. and Lehmann, D. R. (1994) Customer satisfaction, market share and profitability: Findings from Sweden. *Journal of Marketing*, 58, July, 53–66.
Anderson, E. W., Fornell, C. and Mazvancheryl, S. K. (2004) Customer satisfaction and shareholder value. *Journal of Marketing*, 68(4), 172–85.
Anderson, R. C. and Reeb, D. M. (2003) Founding-family ownership and firm performance: Evidence from the S&P 500. *Journal of Finance*, 58(3), 1301–27.
Asch, S. E. (1963) Effects of group pressure on the modification and distortion of judgment. In H. Guetzkow (ed.), *Groups, Leadership and Men*. New York: Russell & Russell.
Atchison, T. (1999) The myths of employee satisfaction. *Healthcare Executive*, March/April, 19–23.
Avery, G. C. (2004) *Understanding Leadership: Paradigms and Cases*. London: Sage.
—— (2005) *Leadership for Sustainable Futures: Achieving Success in a Competitive World*. Cheltenham, UK and Northampton, MA: Edward Elgar.
Babakus, E., Bienstock, C. C. and Van Scotter, J. R. (2004) Linking perceived quality and customer satisfaction to store traffic and revenue. *Decision Sciences*, 35(4), 713–37.
Bakker, A. B., Schaufeli, W. B., Leiter, M. P. and Taris, T. W. (2008) Work engagement: An emerging concept in occupational health psychology. *Work and Stress*, 22(3), 187–200.
Balasubramanian, S. K., Mathur, I. and Thakur, R. (2005) The impact of high-quality firm achievements on shareholder value: Focus on Malcolm Baldrige and J. D. Power and Associates awards. *Journal of the Academy of Marketing Science*, 33(4), 413–22.
Balthazard, P. A., Cooke, R. A. and Potter, R. E. (2006) Dysfunctional culture, dysfunctional organization: Capturing the behavioral norms that form organizational culture and drive performance. *Journal of Managerial Psychology*, 21(8), 709–32.
Balzli, B. and Reuter, W. (2006) Übernahmen: Verraten und verkauft. *Der Spiegel*, 14/2006, p. 84.
Bansal, P. (2002) The corporate challenges of sustainable development. *Academy of Management Executive*, 16(2), 122–31.
Barling, J., Weber, T. and Kelloway, E. K. (1996) Effects of transformational leadership training on attitudinal and financial outcomes: A field experiment. *Journal of Applied Psychology*, 81, 827–32.
Barnett, M. L. and Salomon, R. M. (2006) Beyond dichotomy: The curvilinear

relationship between social responsibility and financial performance. *Strategic Management Journal*, 27(11),1101-22.

Bartel, A., Freeman, R., Ichinowski, C. and Kleiner, M. (2004) Can a work organization have an attitude problem? The impact of workplaces on employee attitude and economic outcomes. Centre for Economic Performance, London School of Economics, CEP Discussion Paper.

Bassi, L. and McMurrer, D. (2004) How's your return on people? *Harvard Business Review*, 82(3),18.

Batory, S. S., Neese, W. and Heineman, A. (2005) Ethical marketing practices: An investigation of antecedents, innovativeness and business performance. *Journal of American Academy of Business*, 6(2),135-42.

Batt, R. (1999) Work organization, technology, and performance in customer service and sales. *Industrial and Labor Relations Review*, 52(4),539-64.

Baum, J. R., Locke, E. A. and Kirkpatrick, S. A. (1998) A longitudinal study of the relation of vision and vision communication to venture growth in entrepreneurial firms. *Journal of Applied Psychology*, 83,43-54.

Bazerman, M. H. and Gillespie, J. J. (1999) Betting on the future: The virtues of contingent contracts. *Harvard Business Review*, 77(5),155-60.

Becker, B. E., Huselid, M. A., Pickus, P. S. and Spratt, M. F. (1997) HR as a source of shareholder value: Research and recommendations. *Human Resource Management*, 36(1),39-47.

Bell, A. (2004) W. L. Gore & Associates, Inc.: Natural leadership. In G. C. Avery (2004), op. cit., pp. 171-87.

Bennis, W. (2003) Flight of the phoenix: Authentic leaders find a way to fly. *Executive Excellence*, Australian edition, 20(5),2-5.

Benson, G. S., Young, S. M. and Lawler III, E. E. (2006) High-involvement work practices and analysts' forecasts of corporate earnings. *Human Resources Management*, 45(4),519-37.

Berman, S. L., Wicks, A. C., Kotha, S. and Jones, T. M. (1999) Does stakeholder orientation matter? The relationship between stakeholder management models and firm financial performance. *Academy of Management Journal*, 42,488-506.

Bernhardt, K. L., Donthu, N. and Kennett, P. A. (2000) A longitudinal analysis of satisfaction and profitability. *Journal of Business Research*, 47(2),161-71.

Bernthal, P. and Wellins, R. (2006) Trends in leader development and succession. *Human Resource Planning*, 29(2),31-40.

Berry, L. L. (2007) The best companies are generous companies. *Business Horizons*, 50(4),263-9.

Bhaskaran, S. (2006) Incremental innovation and business performance: Small and medium-size food enterprises in a concentrated industry environment. *Journal of Small Business Management*, 44(1),64-80.

Bianco, A., Lavelle, L., Merritt, J. and Barrett, A. (2000) The CEO trap: Looking for superheroes to deliver sky-high growth ensures disappointment. *Business Week*, 11(37), 86-92.

Bird, A. (1995) Performance measurement for the financial services industry, *Community Banker*, 1, 7-10.

Boeker, W. and Goodstein, J. (1993) Performance and successor choice: The moderating effects of governance and ownership, *Academy of Management Journal*, 36(1), 172-86.

Bolton, R. N. and Drew, J. H. (1991) A multistage model of customers' assessments of service quality and value. *Journal of Consumer Research*, 17(4), 375-84.

Boning, B., Ichniowski, C. and Shaw, K. (2001) Opportunity counts: Teams and the effectiveness of production incentives. National Bureau of Economic Research, Inc. NBER Working paper, no. 8306.

Booz Allen Hamilton (2003) Results of global CEO survey. Published in *strategy + business in 2002*.

Boselie, P., Dietz, G. and Boon, C. (2005) Commonalities and contradictions in HRM and performance research. *Human Resource Management Journal*, 15(3), 67-94.

Brammer, S. J. and Pavelin, S. (2006) Corporate reputation and social performance: The importance of fit. *Journal of Management Studies*, 43(3), 435-55.

Bronars, S. G., Deere, D. R. and Tracy, J. S. (1994) The effects of unions on firm behavior: An empirical analysis using firm-level data. *Industrial Relations*, 33(4), 426-52.

Burla, S., Alioth, A., Frei, F. and Müller, W. R. (1994) *Die Erfindung von Führung: Vom Mythos der Machbarkeit in der Führungsausbildung*. Zürich: Verlag der Fachvereine.

Caldwell, C. and Karri, R. (2005) Organizational governance and ethical systems: A covenantal approach to building trust. *Journal of Business Ethics*, 58, 249-59.

Cameron, K. (2006) Good or not bad: Standards and ethics in managing change. *Academy of Management Learning and Education*, 5(3), 317-23.

Cameron, K., Bright, D. and Caza, A. (2004) Exploring the relationships between organizational virtuousness and performance. *American Behavioral Scientist*, 47, 766-90.

Campbell, J. L. (2007) Why would corporations behave in socially responsible ways? An institutional theory of corporate social responsibility. *Academy of Management Review*, 32(3), 946-67.

Carlson, K. A. and Russo, J. E. (2001) Biased interpretation of evidence by mock jurors. *Journal of Experimental Psychology: Applied*, 7(2), 104-11.

Carmeli, A., Gilat, G. and Waldman, D. A. (2007) The role of perceived organizational performance in organizational identification, adjustment and job performance. *Journal of Management Studies*, 44(6), 972-92.

Carmeli, A., Gilat, G. and Weisberg, J. (2006) Perceived external prestige, organizational identification and affective commitment: A stakeholder approach. *Corporate Reputation Review*, 9(2), 92-104.

Carmeli, A., Meitar, R. and Weisberg, J. (2006) Self-leadership skills and innovative behavior at work. *International Journal of Manpower*, 27(1), 75-90.

Carmeli, A. and Tishler, A. (2004a) Resources, capabilities, and the performance of industrial firms: A multivariate analysis. *Managerial and Decision Economics*, 25 (6/7), 299-315.

—— (2004b) The relationships between intangible organizational elements and organizational performance. *Strategic Management Journal*, 25(13), 1257-78.

—— (2005) Perceived organizational reputation and organizational performance: An empirical investigation of industrial enterprises. *Corporate Reputation Review*, 8 (1), 13-30.

Carpenter, M. A., Geletkanycz, M. A. and Sanders, W. G. (2004) Upper echelons research revisited: Antecedents, elements and consequences of top management team composition. *Journal of Management*, 30(6), 749-78.

Cascio, W. (2002) *Responsible Restructuring: Creative and Profitable Alternatives to Layoffs*. San Francisco, CA: Berrett-Koehler.

Castillo, J. (2003) Challenging the knowledge management mystique: An exploratory study on the performance of knowledge managing companies. *Journal of Management Research*, 3(3), 152-71.

Certo, S. T., Lester, R. H., Dalton, C. M. and Dalton, D. R. (2006) Top management teams. Strategy and financial performance: A meta-analytic examination. *Journal of Management Studies*, 43(4), 813-39.

Champlin, D. P. and Knoedler, J. T. (2003) Corporations, workers, and the public interest. *Journal of Economic Issues*, 37(2), 305ff.

Chan, K. C., Gee, M. V. and Steiner, T. L. (2000) Employee happiness and corporate financial performance. *Financial Practice and Education*, 10(2), 47-52.

Charreaux, G. and Desbrieres, P. (2001) Corporate governance: Stakeholder value versus shareholder value. *Journal of Management and Governance*, 5(2), 107-28.

Chatman, J. A. (1991) Matching people and organizations: Selection and socialization in public accounting firms. *Administrative Science Quarterly*, 36(3), 459-84.

Chen, Z. X. and Aryee, S. (2007) Delegation and employee work outcomes: An examination of the cultural context of mediating processes in China. *Academy of Management Journal*, 50(1), 226-38.

Cheng, Y. C. and Cheung, W. M. (2004) Four types of school environment: Multilevel self-management and educational quality. *Educational Research and Evaluation*, 10 (1), 71-100.

Christensen, C. M., Kaufman, S. P. and Shih, W. C. (2008) Innovation killers: How financial tools destroy your capacity to do new things. *Harvard Business Review*, 86

(1),98 - 105.

Chun, R. (2006) Corporate reputation: Meaning and measurement. *International Journal of Management Reviews*, 7(2),91 - 109.

Chun, R. and Davies, G. (2006) The influence of corporate character on customers and employees: Exploring similarities and differences. *Journal of the Academy of Marketing Science*, 34(2),138 - 46.

Chung-Leung, L., Yau, O. H. M., Tse, A. C. B., Sin, L. Y. M. and Chow, R. P. M. (2005) Stakeholder orientation and business performance: The case of service companies in China. *Journal of International Marketing*, 13(1),89 - 110.

Clutterbuck, D. (1998) Handing over the reins: Should the CEO's successor be an insider or an outsider? *Corporate Governance: An International Review*, 6(2),78 - 85.

Collins, J. (2001a) Level 5 leadership: The triumph of humility and fierce resolve. *Harvard Business Review*, 79(1),67 - 76.

—— (2001b) *Good to Great: Why Some Companies Make the Leap and Others Don't*. New York: HarperCollins.

Collins, J. and Porras, J. (1994) *Built to Last*. New York: HarperCollins.

Connolly, T., Conlon, E. J. and Deutsch, S. J. (1980) Organizational effectiveness: A multiple-constituency approach. *Academy of Management Review*, 5(2),211 - 17.

Cooney, R. (2004) Empowered self-management and the design of work teams. *Personnel Review*, 33(6),677 - 92.

Copeland, T. and Dolgoff, A. (2006) Expectations-based management. *Journal of Applied Corporate Finance*, 18(2),82 - 97.

Corbett, C. J., Montes-Sancho, M. J. and Kirsch, D. A. (2005) The financial impact of ISO 9000 certification in the United States: An empirical analysis. *Management Science*, 51(7),1046 - 59.

Corsten, D. and Felde, J. (2005) Exploring the performance effects of key-supplier collaboration: An empirical investigation into Swiss buyer-supplier relationships. *International Journal of Physical Distribution & Logistics Management*, 35(6), 445 - 61.

Covey, S. (2003) Seven habits revisited. *Executive Excellence*, Australian edition, 20(5),7 - 8.

Cropanzano, R. and Wright, T. A. (2001) When a 'happy' worker is really a 'productive' worker. *Consulting Psychology Journal: Practice and Research*, 53(3),182 - 99.

Danford, A., Richardson, M., Stewart, P., Tailby, S. and Upchurch, M. (2005) Workplace partnership and employee voice in the UK: Comparative case studies of union strategy and worker experience. *Economic and Industrial Democracy*, 26(4), 593 - 620.

Davis, J. H., Schoorman, F. D., Mayer, R. C. and Hwee, H. T. (2000) The trusted general manager and business unit performance: Empirical evidence of a competitive *advantage. Strategic Management Journal*, 21(5),563 - 76.

Deepak, S., Singh, J. and Sabol, B. (2002) Consumer trust, value and loyalty in relational exchanges. *Journal of Marketing*, 66(1),15 - 37.

De Grauwe, P. and Camerman, F. (2002) How big are the big multinational companies? *Tijdschrift voor Economie en Management*, 47(3),311 - 26.

DeGroot, T., Kiker, D. S. and Cross, T. (2000) A meta-analysis to review organizational outcomes under charismatic leadership. *Canadian Journal of Administrative Sciences*, 17(4), 3.

De Leede, J., Nijhof, A. H. J. and Fisscher, O. A. M. (1999) The myth of self-managing teams: A reflection on the allocation of responsibilities. *Journal of Business Ethics*, 21(2/3),203 - 15.

Denison, D. (1984) Bringing corporate culture to the bottom line. *Organizational Dynamics*, 13(2),4 - 22.

Dennis, B., D'Intino, R. S., Houghton, J. D., Neck, C. P. and Boyles, T. (2008) Corporate social performance: Creating resources to help organizations excel. *Global Business and Organizational Excellence*, 27(2),26 - 41.

Deshpandé, R., Farley, J. U. and Webster, F. E. (2000) Triad lessons: Generalizing results on high performance firms in five business-to-business markets. *International Journal of Research in Marketing*, 17,353 - 62.

Dess, G. G. and Shaw, J. D. (2001) Voluntary turnover, social capital, and organizational performance. *Academy of Management Review*, 26,446 - 56.

DeVaro, J. (2006) Teams, autonomy, and the financial performance of firms. *Industrial Relations*, 45(2),217 - 69.

De Vries, R. E., Roe, R. A., Tharsi, C. B. and Taillieu, T. C. B. (1998) Need for supervision: Its impact on leadership effectiveness. *Journal of Applied Behavioral Science*, 34(4),486 - 501.

De Wet, J. H. v. H. and du Toit, E. (2007) Return on equity: A popular but flawed measure of corporate financial performance. *South African Journal of Business Management*, 38(1),59 - 69.

Djordjević, B. and Djukić, S. (2008) The impact of downsizing on the corporate reputation. *Economics and Organization*, 5(1),51 - 62.

Dönch, U. and Frank, S. (2006) Um drei Uhr wecken. *Focus*, 13,206 - 9.

Dose, J. J. and Klimoski, R. J. (1995) Doing the right thing in the workplace: Responsibility in the face of accountability. *Employee Responsibilities and Rights Journal*, 8(1),35 - 6.

Dröge, C., Claycomb, C. and Germain, R. (2003) Does knowledge mediate the effect of context on performance? Some initial evidence. *Decision Sciences*, 34(3), 541 - 68.

Drucker, P. F. (2003) Future of management. *Executive Excellence*, Australian edition, 20(5),3.

—— (2006) They're not employees, they're people. Extract reprinted in *Harvard Business Review*, 84(2), 152.

D'Souza, R. M., Strazdins, L., Clements, M. S., Broom, D. H., Parslow, R. and Rodgers, B. (2005) The health effects of jobs: Status, working conditions, or both? *Australian and New Zealand Journal of Public Health*, 29(3), 222 - 8.

Dunphy, D. (2003) Corporate sustainability: Challenge to managerial orthodoxies. *Journal of the Australian and New Zealand Academy of Management*, 9(1), 2 - 11.

Dunphy, D., Griffiths, A. and Benn, S. (2003) *Organizational Change for Corporate Sustainability*. London: Routledge.

Dyer, J. H. and Singh, H. (1998) The relational view: Cooperative strategy and sources of interorganizational competitive advantage. *Academy of Management Review*, 23, 660 - 97.

Eberl, M. and Schwaiger, M. (2004) Corporate reputation: Disentangling the effects on financial performance. *European Journal of Marketing*, 39(7/8), 838 - 54.

Edmondson, A. C., Roberto, M. A. and Watkins, M. D. (2003) A dynamic model of top management team effectiveness: Managing unstructured task streams. *Leadership Quarterly*, 14, 297 - 325.

Elkington, J. (2001) *The Chrysalis Economy: How Citizen CEOs and Corporations can Fuse Values and Value Creation*. Oxford: Capstone Publishing Ltd.

Ettling, J. T. and Jago, A. G. (1988) Participation under conditions of conflict: More on the validity of the Vroom - Yetton model. *Journal of Management Studies*, 25(1), 73 - 83.

Evans, W. R. and Davis, W. D. (2005) High-performance work systems and organizational performance: The mediating role of internal social structure. *Journal of Management*, 31(5), 758 - 75.

Ewing, B. T. and Wunnava, P. V. (2004) The trade-off between supervision cost and performance based pay: Does gender matter? *Small Business Economics*, 23, 453 - 60.

Ferris, G. R., Mitchell, T. R., Canavan, P. J., Frink, D. D. and Hopper, H. (1995) Accountability in human resources systems. In G. R. Ferris, S. D. Rosen and D. T. Basman (eds), *Handbook of Human Resource Management*, pp. 175 - 96. Oxford: Blackwell Business.

Fessler, D. M. T. (2001) Emotions and cost-benefit assessment. In G. Gigerenzer and R. Selten (eds), *Bounded Rationality: The Adaptive Toolbox*, pp. 191 - 214. Cambridge, MA: MIT Press.

Feuss, W. J., Harmon, J., Wirtenberg, J. and Wides, J. (2004) Linking employees, customers, and financial performance in organizations. *Journal of Cost Management*, 18(1), 12 - 22.

Finkelstein, S. and Hambrick, D. C. (1996) *Strategic Leadership: Top Executives and their Effects on Organizations*. Minneapolis: West Publishing Company.

Flamholtz, E. and Kannan-Narasimhan, R. (2005) Differential impact of cultural elements on financial performance. *European Management Journal*, 23(1), 50 - 64.

Flood, P. C., Hannan, E., Smith, K. G., Turner, T., West, M. A. and Dawson, J. (2000) Chief executive leadership style, consensus decision making, and top management team effectiveness. *European Journal of Work and Organizational Psychology*, 9(3), 401 - 20.

Florida, R. and Goodnight, J. (2005) Managing for creativity. *Harvard Business Review*, 83(7), 124 - 31.

Freeman, R. B. and Rogers, J. (1999) *What Workers Want*. Ithaca, N Y: Russell Sage Foundation.

Fulmer, I. S., Gerhart, B. and Scott, K. S. (2003) Are the 100 Best better? An empirical investigation of the relationship between being a 'great place to work' and firm performance. *Personnel Psychology*, 56(4), 65 - 93.

Gallo, M. A. (2004) The family business and its social responsibilities. *Family Business Review*, 17(2), 135 - 49.

Gandossy, R. and Kao, T. (2004) Talent wars: Out of mind, out of practice. *Human Resource Planning*, 27(4), 15 - 19.

Gant, J., Ichniowski, C. and Shaw, K. (2002) Social capital and organizational change in high-involvement and traditional work organizations. *Journal of Economics and Management Strategy*, 11(2), 289 - 328.

Gates, S. (2000) Strategic performance measurement systems: Translating strategy into results. *Bank of America Journal of Applied Corporate Finance*, 13(3), 44 - 59.

Gebert, D., Boerner, S. and Lanwehr, R. (2003) The risks of autonomy: Empirical evidence for the necessity of a balance management in promoting organizational innovativeness. *Creativity and Innovation Management*, 12(1), 41 - 9.

Gelade, G. A. and Ivey, M. (2003) The impact of human resource management and work climate on organizational performance. *Personnel Psychology*, 56(2), 383 - 404.

Gelb, D. S. and Strawer, J. A. (2001) Corporate social responsibility and financial disclosures: An alternative explanation for increased disclosure. *Journal of Business Ethics*, 33(1), 1 - 13.

Geneen, H. (2000) The essential elements. In P. Krass (ed.) (2000), *The Book of Management Wisdom: Classic Writings by Great Business Leaders*. Indianapolis, IN: John Wiley & Sons.

Gevity Institute (2006) Establishing a link between HR management and firm profitability. Compensation and Benefits for Law Offices, 2 - 4 January. www.ioma.com; accessed February 2006.

Ghoshal, S. (2005) Bad management theories are destroying good management practices. *Academy of Management Learning & Education*, 4(1), 75 - 91.

Ghoshal, S. and Bartlett, C. A. (1996) Rebuilding behavioral context: A blueprint for corporate renewal. *Sloan Management Review*, 37(2),23 – 36.

Ghoshal, S. , Bartlett, C. A. and Moran, P. (1999) A new manifesto for management. *Sloan Management Review*, 40(3),9 – 20.

Gittell, J. H. , von Nordenflycht, A. and Kochan, T. A. (2004) Mutual gains or zero sum? Labor relations and firm performance in the airline industry. *Industrial and Labor Relations Review*, 57(2),163 – 80.

Globescan (2004) Corporate Social Responsibility Monitor: Global public opinion on the changing role of companies. http://www.globescan.com; accessed 19 April 2004.

Godfrey, P. C. (2005) The real relationship between corporate philanthropy and shareholder wealth: A risk management perspective. *Academy of Management Review*, 30(4),777 – 98.

Goerke, L. and Pannenberg, M. (2004) Norm-based trade union membership: Evidence for Germany. *German Economic Review*, 5(4),481 – 504.

Goh, S. C. and Ryan, P. J. (2008) The organizational performance of learning companies: A longitudinal and competitor analysis using market and accounting financial data. *Learning Organization*, 15(3),225 – 39.

Goldenberg, D. I. (2000) Shareholder value debunked. Strategy and Leadership, 28(1), 30 – 6.

González-Benito, J. and González-Benito, Ó. (2005) Environmental proactivity and business performance: An empirical analysis. *Omega*, 33,1 – 15.

Gouldner, A. W. (1954) *Patterns of Industrial Bureaucracy*. Glencoe, Il: Free Press.

Gould-Williams, J. (2003) The importance of HR practices and workplace trust in achieving superior performance: A study of public-sector organizations. *International Journal of Human Resource Management*, 14(1),28 – 54.

Grewal, R. and Slotegraaf, R. J. (2007) Embeddedness of organizational capabilities. *Decision Sciences*, 38(3),451 – 88.

Gudmundson, D. , Tower, C. B. and Hartman, E. A. (2003) Innovation in small businesses: Culture and ownership structure do matter. *Journal of Developmental Entrepreneurship*, 8(1),1 – 18.

Gumbel, P. (2005) Buyout mania, *Time Europe Magazine*, 29 August. http://www.time.com/time/europe/globalbiz/2005/08/takeover.html; accessed 14 February 2010.

Hambrick, D. C. , Finkelstein, S. and Mooney, A. C. (2005) Executive job demands: New insights for explaining strategic decisions and leader behaviors. *Academy of Management Review*, 30(3),472 – 91.

Hamel, G. (2003) Radical innovation. *Executive Excellence*, Australian edition, 20 (5),11.

—— (2006) The why, what, and how of management innovation. *Harvard Business Review*, 84(2),72 – 84.

Hamel, G. and Prahalad, C. K. (1989) Strategic intent. Reprinted in *Harvard Business*

Review, 2005,83(7),148 - 61.

Hamilton, B. H., Nickerson, J. A. and Owan, H. (2003) Team incentives and worker heterogeneity: An empirical analysis of the impact of teams on productivity and participation. *Journal of Political Economics*, 111(3),465 - 97.

Handy, C. (2002) What's a business for? *Harvard Business Review*, 80(12),48 - 55.

Harley, B. (2002) Employee responses to high performance work system practices: An analysis of the AWIRS95 data. *Journal of Industrial Relations*, 44(3),418 - 34.

Harris, J. and Bromiley, P. (2007) Incentives to cheat: The influence of executive compensation and firm performance on financial misrepresentation. *Organization Science*, 18(3),350 - 67.

Harrison, J. S., Bosse, D. A. and Phillips, R. A. (2010) Managing for stakeholders, stakeholder utility functions, and competitive advantage. *Strategic Management Journal*, 31(1),58 - 74.

Hart, S. L. and Quinn, R. E. (1993) Roles executives play: CEOs, behavioral complexity, and firm performance. *Human Relations*, 46(5),543 - 74.

Harter, J. K., Schmidt, F. L. and Hayes, T. L. (2002) Business-unit-level relationship between employee satisfaction, employee engagement, and business outcomes: A meta-analysis. *Journal of Applied Psychology*, 87(2),268 - 79.

Hausfeld, J., Gibbons, K., Holtmeier, A., Knight, M., Schulte, C., Stadtmiller, T. and Yeary, K. (1994) Self-staffing: Improving care and staff satisfaction. *Nursing Management*, 25, 74.

Haveman, H. A. (1992) Between a rock and a hard place: Organizational change and performance under conditions of fundamental environmental transformation. *Administrative Science Quarterly*, 37(1),48 - 75.

Heath, C. (1999) On the social psychology of agency relationships: Lay theories of motivation overemphasize extrinsic incentives. *Organizational Behavior and Human Decision Processes*, 78(1),25 - 62.

Hee-Jae Cho and Pucik, V. (2005) Relationship between innovativeness, quality, growth, profitability, and market value. *Strategic Management Journal*, 26(6), 555 - 75.

Heffes, E. M. and Sinnett, W. M. (2006) Private companies: In pursuit of sustainable growth. *Financial Executive*, October, 36 - 42.

Hemp, P. and Stewart, T. A. (2004) Leading change when business is good. *Harvard Business Review* 82(12),60 - 70.

Heras, I., Dick, G. P. M. and Casadesús, M. (2002) ISO 9000 registration's impact on sales and profitability: A longitudinal analysis of performance before and after accreditation. *International Journal of Quality and Reliability Management*, 19 (6),774 - 91.

Heskett, J., Jones, T., Loveman, G., Sasser, W. E. and Schlesinger, L. (1994) Putting the service-profit chain to work. *Harvard Business Review*, March-April,

164 - 74.

Hewitt and Associates (2001) Survey highlights: Best employers to work for in Australia study 2001, Sydney.

—— (2004) Hewitt study shows companies revamping executive long-term incentive programs. Press release. 8 April.

Hilb, M. (2006) *New Corporate Governance: Successful Board Management Tools*. 2nd edn, Berlin-Heidelberg: Springer.

Hillmer, S., Hillmer, B. and McRoberts, G. (2004) The real costs of turnover: Lessons from a call center. *Human Resource Planning*, 27(3), 34 - 41.

Hirschhorn, L. (1997) *Reworking Authority: Leading and Following in the Post-Modern Organization*. Massachusetts: MIT Press.

Hitt, M. A., Bierman, L., Shimizu, K. and Kockhar, R. (2001) Direct and moderating effects of human capital on strategy and performance in professional service firms: A resource-based perspective. *Academy of Management Journal*, 44(1), 13 - 28.

Hodges, M. and Woolcock, S. (1993) Atlantic capitalism versus Rhine capitalism in the European Community. *West European Politics*, 16(3), 329 - 44.

Hodson, R. (2004) A meta-analysis of workplace ethnographies. *Journal of Contemporary Ethnography*, 33(1), 4 - 38.

Hoffmann, J. (2004) Co-ordinated Continental European market economies under pressure from globalization: Germany's 'Rhineland' capitalism. *German Law Review*, 8. http://www.germanlawjournal.com/index.php?pageid=11&artID=485; retrieved 2 February 2007.

Hoffmann, K. and Koop, B. (2004) Die 'employee-quality-customer chain'. *Mannheimer Beiträge zur Wirtschafts- und Organisationspsychologie*, 19(1), 3 - 8.

Hofstede, G. (1993) Cultural constraints in management theories. Reprinted in L. W. Porter, G. A. Bigley and R. M. Steers (eds) 2003, *Motivation and Work Behavior*. New York: McGraw-Hill, pp. 344 - 57.

Hogan, J. and Mühlau, P. (2003) The adoption of high performance human resource practices in Ireland: An integration of contingency and institutional theory. *Irish Journal of Management*, 24(1), 26 - 47.

Hogarth, J. (1971) *Sentencing as a Human Process*. Toronto: University of Toronto Press.

Hoje, J. (2003) Financial analysts, firm quality, and social responsibility. *Journal of Behavioral Finance*, 4(3), 172 - 83.

Holm, S. and Hovland, J. (1999) Waiting for the other shoe to drop: Help for the job-insecure employee. *Journal of Employment Counseling*, 36(4), 156 - 66.

Horgan, J. and Mühlau, P. (2006) Human resource systems and employee performance in Ireland and the Netherlands: A test of the complementarity hypothesis. *International Journal of Human Resource Management*, 17(3), 414 - 39.

House, R. J. and Aditya, R. N. (1997) The social scientific study of leadership: Quo *vadis? Journal of Management*, 23(3), 409 - 73.

House, R. J., Woycke, J. and Fodor, E. (1988) Charismatic and noncharismatic leaders: Differences in behavior and effectiveness. In J. A. Conge and R. N. Kanungo (eds), *Charismatic Leadership: The Elusive Factor in Organizational Effectiveness*. San Francisco: Jossey-Bass.

Howell, J. P., Bowen, D. E., Dorfman, P. W., Kerr, S. and Podsakoff, P. M. (1990) Substitutes for leadership: Effective alternatives to ineffective leadership. *Organizational Dynamics*, Summer, 21 - 38.

Hubbard, G., Samuel, D., Heap, S. and Cocks, G. (2002) *The First XI: Winning Organisations in Australia*. Brisbane: John Wiley & Sons.

Hubbell, A. P. and Chory-Assad, R. M. (2005) Motivating factors: Perceptions of justice and their relationship with managerial and organizational trust. *Communication Studies*, 56(1), 47 - 70.

Hult, G. T., Hurley, R. F. and Knight, G. A. (2004) Innovativeness: Its antecedents and impact on business performance. *Industrial Marketing Management*, 33, 429 - 38.

Hung, R. Y-Y. (2006) Business process management as competitive advantage: A review and empirical study. *Total Quality Management*, 17(1), 21 - 40.

Hurley, R. F. and Estelami, H. (1998) Alternative indexes for monitoring customer perceptions of service quality: A comparative evaluation in a retail context. *Journal of Academy of Marketing Science*, 26(3), 209 - 21.

Huselid, M. A. (1995) The impact of human resource management practices on turnover, productivity, and corporate financial performance. *Academy of Management Journal*, 38(3), 635 - 72.

Huselid, M. A. and Becker, B. E. (2000) Comment on 'Measurement effort in research on human resources and firm performance: How much error is there and how does it influence effect size estimates?' by Gerhart, Wright, McMahan and Snell. *Personnel Psychology*, 53(4), 835 - 54.

Hutton, W. (2002) *The World We're In*. London: Little, Brown.

Hyundai Motor (2005) A better drive. *The Economist*, 21 May, p. 61.

IBM Global CEO Study (2006) *Expanding the Innovation Horizon*. IBM Global Business Services.

IBM Global Services (2007) *How CIOs can drive growth, business flexibility and innovation in a flex-pon-sive★ company*. April. IBM.

Ichniowski, C., Kochan, T. A., Levine, D., Olson, C. and Strauss, G. (1996) What works at work: Overview and assessment. *Industrial Relations*, 35(3), 299 - 333.

Ichniowski, C. and Shaw, K. (1999) The effects of human resource management systems on economic performance: An international comparison of US and Japanese plants. *Management Science*, 45(5), 704 - 22.

—— (2003) Beyond incentive pay: Insiders' estimates of the value of complementary human resource management practices. *Journal of Economic Perspectives*, 17(1), 155–80.

Ichniowski, C., Shaw, K. and Prennushi, G. (1997) The effects of human resource management practices on productivity: A study of steel finishing lines. *American Economic Review*, 87(3), 291–313.

Jacobs, R. L. and Washington, C. (2003) Employee development and organizational performance: A review of literature and directions for future research. *Human Resource Development International*, 6(3), 343–54.

Janz, B. D. and Prasarnphanich, P. (2003) Understanding the antecedents of effective knowledge management: The importance of a knowledge-centered culture. *Decision Sciences*, 34(2), 351–84.

Jaruzelski, B., Dehoff, K. and Bordia, R. (2006) Smart spenders: The Global Innovation 1000. Booz Allen Hamilton. http://www.strategy-business.com/media/file/leading_ideas-20080108.pdf; accessed 14 February 2010.

Jenkins, H. and Yakevleva, N. (2006) Corporate social responsibility in the mining industry: Exploring trends in social and environmental disclosure. *Journal of Cleaner Production*, 14, 271–84.

Jing, F. (2009) An investigation of the relationship between leadership paradigms and organisational performance in pharmaceutical sales organisations. Unpublished thesis, Macquarie University, Sydney.

Jones, T. M. (1995) Instrumental stakeholder theory: A synthesis of ethics and economics. *Academy of Management Review*, 20, 404–37.

Jose, A. and Thibodeaux, M. S. (1999) Institutionalization of ethics: The perspective of managers. *Journal of Business Ethics*, 22(1), 133–43.

Kane, R. (1996) *The Significance of Free Will*. New York: Oxford University Press.

Kantabutra, S. (2009) *A Study of the Application of the Sufficiency Economy Philosophy in the Business Sector*. Thailand: Center for the Study of Sufficiency Economy at National Institute of Development Administration.

Kantabutra, S. and Avery, G. C. (2003) Investigating relationships between vision components and hospital ward performance: Proposed model. *International Business and Economics Research Journal*, 2(1), 1–8.

—— (2005) Essence of shared vision: Empirical investigation. *New Zealand Journal of Human Resources Management*, 5. http://www.nzjhrm.org.nz/Site/Articles/2005.aspx; accessed 14 February 2010.

—— (2007) Vision effects in customer and staff satisfaction: An empirical investigation. *Leadership and Organizational Development*, 28(3), 209–29.

Kanter, R. M. (1989) *When Giants Learn to Dance*. New York: Simon & Schuster.

—— (2004) The middle manager as innovator. *Harvard Business Review*, 82(7/8), 150–61.

Kaplan, R. S. and Norton, D. P. (1996) Linking the balanced scorecard to strategy.

California Management Review, 39(1),53 - 79.

Kennedy, A. A. (2000) *The End of Shareholder Value: The Real Effects of the Shareholder Value Phenomenon and the Crisis it is Bringing to Business*. London: Orion Business Books.

Kinnie, N., Hutchinson, S. and Purcell, J. (2000) 'Fun and surveillance': The paradox of high commitment management in call centres. *International Journal of Human Resource Management*, 11(5),967 - 85.

Kinnie, N., Hutchinson, S., Purcell, J., Rayton, B. and Swart, J. (2005) Satisfaction with HR practices and commitment to the organisation: Why one size does not fit all. *Human Resource Management Journal*, 15(4),9 - 29.

Kirkman, B. L. and Rosen, B. (1999) Beyond self-management: Antecedents and consequences of team empowerment. *Academy of Management Journal*, 42(1), 58 - 74.

Kleiman, R., Petty, W. and Martin, J. (1995) Family controlled firms: An assessment of performance. *Family Business Annual*, 1,1 - 13.

Klein, A. (2004) AAA Overrated. *Sydney Morning Herald*, 27 - 28 November, pp. 45 - 8.

Klein, G. (2001) The fiction of optimization. In G. Gigerenzer and R. Selten (eds), *Bounded Rationality: The Adaptive Toolbox*, pp. 103 - 21. Cambridge, MA: MIT Press.

Kochan, T. A., Gittell, J. H. and Lautsch, B. A. (1995) Total quality management and human resource systems: An international comparison. *International Journal of Human Resource Management*, 6(2),201 - 22.

Konar, S. and Cohen, M. A. (2001) Does the market value environmental performance? *Review of Economics and Statistics*, 83(2),281 - 9.

Kotter, J. P. and Heskett, J. L. (1992) *Corporate Culture and Performance*. New York: Free Press.

KPMG (2005) *International Survey of Corporate Responsibility Reporting 2005*. Amsterdam: KPMG Global Sustainability Services.

Kristof-Brown, A. L., Zimmerman, R. D. and Johnson, E. C. (2005) Consequences of individuals' fit at work: A meta-analysis of person-job, person-organization, person-group, and person-supervisor fit. *Personnel Psychology*, 58(4), 281 - 342.

Kucher, A. B. and Meitner, M. (2004) Private equity for distressed companies in Germany. *Journal of Private Equity*, Winter, 55 - 62.

Kuipers, B. S. and de Witte, M. C. (2005) Teamwork: A case study on development and performance. *International Journal of Human Resource Management*, 16(2), 185 - 201.

Ladd, J. (1970) Morality and the ideal of rationality in formal organizations. *The Monist*, 54,488 - 516.

Lakshman, C. (2006) A theory of leadership for quality: Lessons from TQM for leadership theory. *Total Quality Management*, 17(1),41 - 60.

Lämsä, A-M. and Pučetaite, R. (2006) Development of organizational trust among employees from a contextual perspective. *Business Ethics*, 15(2),130 - 41.

Lane, C. (2000) Globalization and the German model of capitalism-erosion or survival? *British Journal of Sociology*, 51(2),207 - 34.

Lapidus, R. S., Roberts, J. A. and Chonko, L. B. (1997) Stressors, leadership substitutes, and relations with supervision among industrial salespeople. *Industrial Marketing Management*, 26, 255 - 69.

Lardner, J. (2002) In praise of the anonymous CEO. *Business* 2.0, 3(9).

Laroche, P. (2004) Presence syndicale et performance financiere des entreprises: Une analyse statistique sur le cas Français. (With English summary.) *Revue Finance Controle Strategie*, 7(3),117 - 45.

Larsson, R., Brousseau, K. R., Kling, K. and Sweet, P. L. (2007) Building motivational capital through career concept and culture fit: The strategic value of developing motivation and retention. *Career Development International*, 12(4), 361 - 81.

Latting, J. K., Beck, M. H., Slack, K. J., Tetrick, L. E., Jones, A. P., Etchegaray, J. M. and da Silva, N. (2004) Promoting service quality and client adherence to the service plan: The role of top management's support for innovation and learning. *Administration in Social Work*, 28(2), 29 - 48.

Lau, R. S. M. and May, B. E. (1998) A win-win paradigm for quality of work life and business performance. *Human Resource Development Quarterly*, 9(3), 211 - 26.

Lawler, E. E. III, Mohrman, S. A. and Ledford, G. E. Jr (1995) *Creating High Performance Organizations: Practices and Results of Employee Involvement and Total Quality Management in Fortune 1000 Companies*. San Francisco, CA: Jossey-Bass.

Lawson, B. and Samson, D. (2001) Developing innovation capability in organizations: A dynamic capabilities approach. *International Journal of Innovation Management*, 5(3),377 - 400.

Leana, C. R. and Rousseau, D. M. (2000) (eds) *Relational Wealth*. Oxford: Oxford University Press.

Lee, J. (2004) The effects of family ownership and management on firm performance. *SAM Advanced Management Journal*, 69(4),46 - 53.

Lerner, J. S. and Tetlock P. E. (1999) Accounting for the effects of accountability. *Psychological Bulletin*, 125(2),255 - 75.

Leslie, K., Loch, M. A. and Schaninger, W. (2006) Managing your organization by the evidence. *McKinsey Quarterly*, 3,64 - 75.

Levering, R. (2000) *A great place to work: What makes some employers so good-and most so bad?* San Francisco: Great Place to Work Institute.

Levitan, S. A. and Werneke, D. (1984) Worker participation and productivity change. *Monthly Labor Review*, 107(9), 28 - 33.

Lewis, B. (1999) The best managers offer responsibility rather than blame to their employees. *Infoworld*, 21(40), 104.

Li, J. (2006) The interactions between person-organization fit and leadership styles in Asian firms, an empirical testing. *International Journal of Human Resource Management*, 17(10), 1689 - 706.

Liker, J. K. and Choi, T. Y. (2004) Building deep supplier relationships. *Harvard Business Review*, 82(12), 104 - 13.

Ling, Y-H. and Jaw, B-S. (2006) The influence of international human capital on global initiatives and financial performance. *International Journal of Human Resource Management*, 17(3), 379 - 98.

Liu, W., Lepak, D. P., Takeuchi, R. and Sims, H. P. (2003) Matching leadership styles with employment modes: Strategic human resource management perspective. *Human Resource Management Review*, 13, 127 - 52.

Longenecker, C. O., Neubert, M. J. and Fink, L. S. (2007) Causes and consequences of managerial failure in rapidly changing organizations. *Business Horizons*, 50(2), 145 - 55.

Lopez, S. P., Peon, J. M. M. and Ordas, C. J. V. (2005) Human resource practices, organizational learning and business performance. *Human Resource Development International*, 8(2), 147 - 64.

Lord, R. G. and Maher, K. J. (1991) Leadership and information processing: Linking perceptions and performance. *People and Organizations*, Vol. 1, Boston, MA: Unwin & Hyman.

Love, E. G. and Kraatz, M. (2005) How do firms' actions influence corporate reputation? The case of downsizing at large U. S. firms. Academy of Management Conference, Honolulu, 5 - 10 August.

Loveman, G. W. (1998) Employee satisfaction, customer loyalty, and financial performance: An empirical examination of the service profit chain in retail banking. *Journal of Service Research*, 1(1), 18 - 31.

Lowe, K. B. and Galen Kroeck, K. (1996) Effectiveness correlates of transformational and transactional leadership: A meta-analytic review of the MLQ literature. *Leadership Quarterly*, 7(3), 385 - 426.

Lucier, C., Spiegel, E. and Schuyt, R. (2002) *Why CEOs fall: The Causes and Consequences of Turnover at the Top*. Sydney: Booz Allen Hamilton.

McCauley, D. P. and Kuhnert, K. W. (1992) A theoretical review and empirical investigation of employee trust in management. *Public Administration Quarterly*, 16(2), 265 - 85.

McColl-Kennedy, J. R. and Anderson, R. D. (2002) Impact of leadership style and emotions on subordinate performance. *Leadership Quarterly*, 13, 545 - 59.

McConaughy, D. L., Matthews, C. H. and Fialko, A. S. (2001) Founding family controlled firms: Performance, risk, and value. *Journal of Small Business Management*, 39(1), 31 - 49.

McConnell, B. (2005) Arising to mainstream. *Investor Weekly*, 509 (15 - 21 September), 2.

MacIntosh, E. and Doherty, A. (2007) Extending the scope of organisational culture: The external perception of an internal phenomenon. *Sport Management Review*, 10, 45 - 64.

McKinsey (2006) The McKinsey global survey of business executives: Confidence index, January 2006. *McKinsey Quarterly*, web exclusive, January 2006. http://www.mckinseyquarterly.com; accessed 14 February 2010.

McLain, D. L. and Hackman, K. (1999) Trust, risk and decision making in organizational change. *Public Administration Quarterly*, 23(2), 152 - 76.

McNabb, R. and Whitfield, K. (1997) Unions, flexibility, team working and financial performance. *Organization Studies*, 18(5), 821 - 39.

Malik, F. (2002) Perpetuierung falscher Corporate Governance. *Manager Magazin*. http://www.manager-magazin.de/koepfe/mzsg/0,2828,217433,00.html; accessed 27 November 2002.

Management Services (2002) Ethical issues score badly in poll of small businesses. 46 (5), 7.

Manz, C. C. (1986) Self-leadership: Toward an expanded theory of self-influence in organizations. *Academy of Management Review*, 11(3), 585 - 600.

—— (1990) Beyond self-managing work teams: Toward self-leading teams in the workplace. In R. Woodman and W. Pasmore (eds), *Research in Organizational Change and Development*, Vol. 4, pp. 273 - 99. Greenwich, CT: JAI Press.

—— (1996) Self-leadering work teams: Moving beyond self-management myths. In R. M. Steers, L. W. Porter and G. A. Bigley (1996), *Motivation and Leadership at Work*, 6th edn, pp. 581 - 99, New York: McGraw-Hill.

Manz, C. C., Mossholder, K. and Luthans, F. (1987) An integrated perspective of self-control in organizations. *Administration and Society*, 19, 3 - 24.

Manz, C. C. and Sims, H. P. (1986) Leading self-managed groups: A conceptual analysis of a paradox. *Economic and Industrial Democracy*, 7, 141 - 65.

Marchington, M. and Zagelmeyer, S. (2005) Foreword: Linking HRM and performance-a never-ending search? *Human Resource Management Journal*, 15(4), 3 - 8.

Marcoulides, G. A. and Heck, R. H. (1993) Organizational culture and performance: Proposing and testing a model. *Organization Science*, 4(2), 209 - 25.

Marriott, J. W. Jr and Brown, K. A. (1997) *The Spirit to Serve: Marriott's Way*. New York: Harper.

Martignon, L. (2001) Comparing fast and frugal heuristics and optimal models. In G.

Gigerenzer and R. Selten (eds), *Bounded Rationality: The Adaptive Toolbox*, pp. 148 - 71. Cambridge, MA: MIT Press.

Martinez, R. J. and Norman, P. M. (2004) Whither reputation? The effects of different stakeholders. *Business Horizons*, 47(5), 25 - 32.

Martz, B., Neil, T. C. and Biscaccianti, A. (2003) TradeSmith: An exercise to demonstrate the illusion of control in decision making. *Decision Sciences Journal of Innovative Education*, 1(2), 273 - 87.

Matzler, K., Hinterhuber, H. H., Daxer, C. and Huber, M. (2005) The relationship between customer satisfaction and shareholder value. *Total Quality Management and Business Excellence*, 16(5), 1 - 10.

Mayer, R. C. and Davis, J. H. (1999) The effect of the performance appraisal system on trust for management: A field quasi-experiment. *Journal of Applied Psychology*, 84(1), 123 - 36.

Medley, F. and Larochelle, D. (1995) Transformational leadership and job satisfaction. *Nursing Management*, 26(9), 64JJ - 64NN.

Meindl, J. R. (1998) Invited reaction: Enabling visionary leadership. *Human Resource Development Quarterly*, 9(1), 21 - 4.

Meyer, C. B. and Stensacker, I. G. (2006) Developing capacity for change. *Journal of Change Management*, 6(2), 217 - 31.

Meyer, M. W. (2005) Can performance studies create actionable knowledge if we can't measure the performance of the firm? *Journal of Management Inquiry*, 14(3), 287 - 91.

Michie, J. and Sheehan-Quinn, M. (2001) Labour market flexibility, human resource management and corporate performance. *British Journal of Management*, 12(4), 287 - 307.

Miller, D. and Le Breton-Miller, I. (2003) Challenge versus advantage in family business. *Strategic Organization*, 1(1), 127 - 34.

Miller, D. and Lee, J. (2001) The people make the process: Commitment to employees, decision making, and performance. *Journal of Management*, 27, 163 - 89.

Miller, K. I. and Monge, P. R. (1988) Participation, satisfaction, and productivity: A meta-analytic review. *Academy of Management Journal*, 29, 727 - 53.

Mills, J., Cocklin, C., Fayers, C. and Holmes, D. (2001) Sustainability, socially responsible investment and the outlook of investment professionals in Australia. *Greener Management International*, 33, 31 - 45.

Mintzberg, H. (2004) *Managers not MBAs: A Hard Look at the Soft Practice of Managing and Management Development*. UK: FT Prentice-Hall, Pearson.

Mintzberg, H., Simons, R. and Basu, K. (2002) Beyond selfishness. *MIT Sloan Management Review*, Fall, 67 - 74.

Mitchell, L. E. (2001) *Corporate Irresponsibility: America's Newest Export*. New Haven: Yale University Press.

Mitra, D. and Golder, P. N. (2006) How does objective quality affect perceived quality? Short-term effects, long-term effects, and asymmetries. *Marketing Science*, 25(3), 230-47.

Mokhtar, M. Z., Karbhari, Y. and Naser, K. (2005) Company financial performance and ISO9000 registration: Evidence from Malaysia. *Asia Pacific Business Review*, 11(3), 349-67.

Montgomery, D. B. and Ramus, C. A. (2007) Including corporate social responsibility, environmental sustainability, and ethics in calibrating MBA job preferences. Research Paper #1981, Research Paper Series. CA: Stanford Graduate School of Business.

Morishima, M. (1991) Information sharing and firm performance in Japan. *Industrial Relations*, 30(1), 37-62.

Muller, P. and Pénin, J. (2006) Why do firms disclose knowledge and how does it matter? *Journal of Evolutionary Economics*, 16(1), 85-108.

Müller, W. R. and Hurter, M. (1999) Führung als Schlüssel zur organisationalen Lernfähigkeit. In G. Schreyögg and J. Sydow, *Managementforschung 9: Führung-neu gesehen*. Berlin: De Gruyter.

Mumford, M. D., Scott, G. M., Gaddis, B. and Strange, J. M. (2002) Leading creative people: Orchestrating expertise and relationships. *Leadership Quarterly*, 13, 705-50.

Murray, B. (2007) Engaging Generation X and Y. *Strategic Communication Management*, 11(5), 2.

Nadler, D. and Tushman, M. (1990) Beyond the charismatic leader: Leadership and organizational change. *California Management Review*, 32, 77-97.

Naor, M., Goldstein, S. M., Linderman, K. W. and Schroeder, R. G. (2008) The role of culture as driver of quality management and performance: Infrastructure versus core quality practices. *Decision Sciences*, 39(4), 671-702.

Nasrallah, W., Levitt, R. and Glynn, P. (2003) Interaction value analysis: When structured communication benefits organizations. *Organization Science*, 14(5), 541-57.

Naveh, E. and Marcus, A. (2005) Achieving competitive advantage through implementing a replicable management standard: Installing and using ISO 9000. *Journal of Operations Management*, 24(1), 1-26.

Neck, C. P. and Houghton, J. D. (2006) Two decades of self-leadership theory and research: Past developments, present trends, and future possibilities. *Journal of Managerial Psychology*, 21(4), 270-95.

Nelson, J. (2005) Clayton Christensen. *New Zealand Management*, 52(4), 41-3.

Neves, P. and Caetano, A. (2006) Social exchange processes in organizational change: The roles of trust and control. *Journal of Change Management*, 6(4), 351-64.

Nicholls, J. (2005) Corporate social responsibility and small and mediumsized enterprises. In C. S. Brown (ed.) (2005), *The Sustainable Enterprise: Profiting from Best Practice*. London: Kogan Page.

Odo Securities (2008) *Innovation: ESG, no oil but lots of ideas*! Paris: Odo Securities.

OECD (2001) Annual projections for OECD countries. *Economic Outlook* No. 40, December.

—— (2004) *Investment in human capital through post-compulsory education and training*, http://www.oecd.org/document/9/0,3343,en_2649_34573_2082818_1_1_1_1,00.html; accessed 14 February 2010.

oekom research and Morgan Stanley Private Wealth Management (2004) Sustainability as a style of investment offering double dividends. http://www.oekom-research.com/ag/Performance_Study.pdf; accessed 27 December 2006.

Ogbonna, E. and Harris, L. C. (2000) Leadership style, organizational culture and performance. *International Journal of Human Resource Management*, 11(4), 766-88.

Ogden, S. and Watson, R. (1999) Corporate performance and stakeholder management: Balancing shareholder and customer interests in the UK privatized water industry. *Academy of Management Journal*, 42,526-38.

O'Regan, N. and Ghobadian, A. (2005) Strategic planning: A comparison of high and low technology manufacturing small firms. *Technovation*, 25,1107-17.

Orlitzky, M. (2005) Payoffs to social and environmental performance. *Journal of Investing*, Fall,48-51.

Orlitzky, M., Schmidt, F. L. and Rynes, S. L. (2003) Corporate social and financial performance: A meta-analysis. *Organization Studies*, 24(3),403-41.

O'Sullivan, M. (2003) The political economy of comparative corporate governance. *Review of International Political Economy*, 10(1),23-72.

Oswald, S., Stanwick, P. and LaTour, M. (1997) The effect of vision, strategic planning, and cultural relationships on organizational performance: A structural approach. *International Journal of Management*, 14,521-9.

Paauwe, J. and Boselie, P. (2005) HRM and performance: What next? *Human Resource Management Journal*, 15(4),68-83.

Parker, L. D. (2007) Financial and external reporting research: The broadening corporate governance challenge. *Accounting and Business Research*, 37(1),39-54.

Pascale, R. T. and Athos, A. G. (1981) *The Art of Japanese Management*. New York: Warner Books.

Perel, M. (2005) You can innovate in hard times. *Research Technology Management*, 48(4),14-23.

Perrini, F. (2006) The practitioner's perspective in nonfinancial reporting. *California Management Review*, 48(2),73-103.

Perry, J. (2005) Excellence through quality. *CMA Management*, 78(8),26-9.

Peters, T. (2003) Brand inside: Meter your energy, spirit, and spunk. *Executive*

Excellence, Australian edition, 20(5), 16.

Pettigrew, A. M. and Whipp, R. (1991) *Managing Change for Competitive Success*. Oxford: Blackwell.

Pettigrew, A. M., Woodman, R. W. and Cameron, K. S. (2001) Studying organizational change and development. *Academy of Management Journal*, 44(4), 697 - 713.

Pfau, B. N. and Cohen, S. A. (2003) Aligning human capital practices and employee behavior with shareholder value. *Consulting Psychology Journal*, 55(3), 169 - 78.

Pfeffer, J., Hatano, T. and Santalainen, T. (1995) Producing sustainable competitive advantage through the effective management of people. *Academy of Management Executive*, 9(1), 55 - 72.

Pfeffer, J. and Sutton, R. I. (2006) Evidence-based management. *Harvard Business Review*, 84(1), 62 - 74.

Pfeifer, P. E. (2005) The optimal ratio of acquisition and retention costs. *Journal of Targeting, Measurement and Analysis for Marketing*, 13(2), 179 - 88.

Pitelis, C. N. (2004) (Corporate) governance, (shareholder) value and (sustainable) economic performance. *Corporate Governance: An International Review*, 12(2), 210 - 23.

Politis, J. D. (2006) Self-leadership behavioural-focused strategies and team performance: The mediating influence of job satisfaction. *Leadership and Organization Development Journal*, 27(3), 203 - 16.

Porter, M. E. and Kramer, M. R. (2006) Strategy and society: The link between competitive advantage and corporate social responsibility. *Harvard Business Review*, 84(12), 78 - 92.

Poutziouris, P. (2001) The views of family companies on venture capital: Empirical evidence from the UK small to medium-size enterprising economy. *Family Business Review*, 14(3), 277 - 91.

Power, J. and Waddell, D. (2004) The link between self-managed work teams and learning organizations using performance indicators. *Learning Organization*, 11(3), 244 - 59.

Poza, E. J., Alfred, T. and Maheshwari, A. (1997) Stakeholder perceptions of culture and management practices in family and family firms: A preliminary report. *Family Business Review*, 10(2), 135ff.

Preston, L. E. and Donaldson, T. (1999) Stakeholder management and organizational wealth. *Academy of Management Review*, 24(4), 619 - 20.

Prieto, I. M. and Revilla, E. (2006) Assessing the impact of learning capability on business performance: Empirical evidence from Spain. *Management Learning*, 37 (4), 499 - 522.

Purcell, J., Kinnie, N., Hutchinson, S., Rayton, B. and Swart, J. (2003) *Understanding the People and Performance Link: Unlocking the Black Box*. Report of the Chartered Institute of Personnel and Development, London.

Quinn, R. E. and Spreitzer, G. M. (1997) The road to empowerment: Seven questions every leader should consider. *Organizational Dynamics*, 26(2), 37 - 49.

Rafferty, A. E. and Griffin, M. G. (2004) Dimensions of transformational leadership: Conceptual and empirical extensions. *Leadership Quarterly*, 15, 329 - 54.

Ramsay-Smith, G. (2004) Employee turnover: The real cost. *Strategic HR Review*, 3 (4), 7.

Rappaport, A. (2006) 10 ways to create shareholder value. *Harvard Business Review, September*, 66 - 77.

Rauch, A., Frese, M. and Utsch, A. (2005) Effects of human capital and long-term human resources development and utilization on employment growth of small-scale business: A causal analysis. *Entrepreneurship*, 29(6), 681 - 98.

Recardo, R. J. (2000) Best practices in organizations experiencing extensive and rapid change. *National Productivity Review*, Summer, 79 - 85.

Reichheld, F. F. and Sasser, W. E. (1990) Zero defections: Quality comes to services. *Harvard Business Review*, 68(5), 105 - 11.

Reisel, W. D., Chia, S - L. and Maloles III, C. M. (2005) Job insecurity spillover to key account management: Negative effects on performance, effectiveness, adaptiveness, and esprit de corps. *Journal of Business and Psychology*, 19(4), 483 - 503.

Rey, M. and Nguyen, T. (2005) *Financial Payback from Environmental and Social Factors*. Report by AMP Capital Investors, Sydney, 7 April.

Roberts, P. W. and Dowling, C. R. (2002) Corporate reputation and sustained superior financial performance. *Strategic Management Journal*, 23, 1077 - 93.

Robinson, H. S., Carrillo, P. M., Anumba, C. J. and Al-Ghassani, A. M. (2004) Developing a business case for knowledge management: The IMPaKT [*sic*] approach. *Construction Management and Economics*, 22, 733 - 43.

Romero, E. J. and McFarlin, D. (2004) Are the great places to work also great performers? *Academy of Management Executive*, 18(2), 150 - 2.

Rosenzweig, P. (2007) Misunderstanding the nature of company performance: The halo effect and other business delusions. *California Management Review*, 49(4), 6 - 20.

Rousseau, D. M. (2006) Is there such a thing as 'evidence-based management'? *Academy of Management Review*, 31(2), 256 - 69.

Rousseau, D. M. and Batt, R. (2007) Global competition's perfect storm: Why business and labor cannot solve their problems alone. *Academy of Management Perspectives*, 21(2), 16 - 23.

Ruf, B. M., Muralidhar, K., Brown, R. M., Janney, J. J. and Paul, K. (2001) An empirical investigation of the relationship between change in corporate social performance and financial performance: A stakeholder theory perspective. *Journal of Business Ethics*, 32(2), 143 - 56.

Rust, R. T. and Zahorik, A. J. (1993) Customer satisfaction, customer retention and market share. *Journal of Retailing*, 69(2), 193 - 215.

Safford, G. S. III (1988) Culture traits, strength, and organizational performance: Moving beyond 'strong' culture. *Academy of Management Review*, 13 (4), 546 - 58.

Sako, M. (1992) *Prices, Quality and Trust: Inter-firm Relations in Britain and Japan*. Cambridge: Cambridge University Press.

Saruta, M. (2006) Toyota production systems: The 'Toyota Way' and labour-management relations. *Asian Business & Management*, 5, 487 - 506.

Saving Germany's auto industry (2004) *Business Week*, 1 November, p. 72.

Scarnati, J. T. (1998) Beyond technical competence: Fear-banish the beast. *Leadership and Organization Development Journal*, 19(7), 362 - 5.

Schlenker, B. R. (1997) Personal responsibility: Applications of the Triangle Model. *Research in Organizational Behavior*, 19, 241 - 301.

Schneider, B., Hanges, P. J., Smith, D. B. and Salvaggio, A. N. (2003) Which comes first: Employee attitudes or organizational financial and market performance? *Journal of Applied Psychology*, 88(5),836 - 51.

Schnietz, K. E. and Epstein, M. J. (2005) Exploring the financial value of a reputation for corporate social responsibility during a crisis. *Corporate Reputation Review*, 7(4), 327- 45.

Scotti, J., Behson, S., Farias, G., Petzel, R., Neumam, J. H., Keashly, L. and Harmon, J. (2003) Effects of high-involvement work systems on employee satisfaction and service costs in veterans' healthcare. *Journal of Healthcare Management*, 48(6), 393 - 406.

Scotti, J., Harmon, J. and Behson, S. (2007) Links among high-performance work environment, service quality, and customer satisfaction: An extension to the healthcare sector. *Journal of Healthcare Management*, 52(2), 109 - 23.

Seibert, S. E., Silver, S. R. and Randolph, W. A. (2004) Taking empowerment to the next level: A multi-level model of empowerment, performance, and satisfaction. *Academy of Management Journal*, 47(3), 332 - 49.

Sethi, S. P. (2002) Corporate codes of conduct and the success of globalization. *Ethics and International Affairs*, 16(1), 89 - 106.

—— (2005) Investing in socially responsible companies is a must for public pension funds—because there is no better alternative. *Journal of Business Ethics*, 56(2), 99 - 129.

Sheridan, J. (1992) Organizational culture and employee retention. *Academy of Management Journal*, 35(5),1036 - 56.

Shuttleworth, C. D., Aynsley, A. M. R. and Avery, G. C. (2008) The role of reflection in leading sustainable organizations: A preliminary study. *International Journal of Interdisciplinary Social Sciences*, 3(7), 187 - 94.

Simonson, I. (1989) Choice based on reasons: The case of the attraction and compromise effects. *Journal of Consumer Research*, 16, 158 - 74.

Sitzia, J. and Wood, N. (1997) Customer satisfaction: A review of issues and concepts. *Social Science Medical*, 45, 1829 - 43.

Sood, A. and Tellis, G. J. (2008) Do innovations really pay off ? Total stock market returns to innovation. http://papers. ssrn. com/sol3/papers. cfm? abstract_id=1121005; accessed 19 February 2010.

Sorensen, S. (2002) The strength of corporate culture and the reliability of firm performance. *Administrative Science Quarterly*, 47(1), 70 - 91.

Sosik, J. J. (2005) The role of personal values in the charismatic leadership of corporate managers: A model and preliminary field study. *Leadership Quarterly*, 16, 221 - 44.

Spector, P. E. (1986) Perceived control by employees: A meta-analysis of studies concerning autonomy and participation at work. *Human Relations*, 39 (11), 1005 - 16.

Srivastava, A., Bartol, K. M. and Locke, E. A. (2006) Empowering leadership in management teams: Effects on knowledge sharing, efficacy, and performance. *Academy of Management Journal*, 49(6), 1239 - 51.

Stadler, C., Matzler, K., Hinterhuber, H. and Renzl, B. (2006) The CEO's attitude towards the shareholder value and the stakeholder model: A comparison between the Continental European and the Anglo- Saxon perspectives. *Problems and Perspectives in Management*, 4(3), 41 - 8.

Stalk, G. Jr and Lachenauer, R. (2004) Hardball: Five killer strategies for trouncing the competition. *Harvard Business Review*, 82(4), 62 - 71.

Stavrou, E., Kassinis, G. and Filotheou, A. (2007) Downsizing and stakeholder orientation among the Fortune 500: Does family ownership matter? *Journal of Business Ethics*, 72(2), 149 - 62.

Stern, N. (2007) *The Economics of Climate Change: The Stern Review*. Cambridge: Cambridge University Press.

Stewart, T. A. (2004) Winning attitudes. *Harvard Business Review*, 82(4), 10.

Stiglitz, J. (2002) *Globalization and Its Discontents*. London: Penguin.

Sveiby, K - E. (2007) KM in a Norwegian hospital. http://www. sveiby. com/articles/index. html; accessed 21 February 2010.

Tanriverdi, H. (2005) Information technology relatedness, knowledge management capability, and performance of multibusiness firms. *MIS Quarterly*, 29 (2), 311 - 34.

Tarí, J. J. and Sabater, V. (2006) Human aspects in a quality management context and their effects on performance. *International Journal of Human Resource Management*, 17(3), 484 - 503.

Tetlock, P. E. (1985) Accountability: The neglected social context of judgment and choice. *Research in Organizational Behavior*, 7, 297 - 332.

Thomas, D. E. (2007) How do reputation and legitimacy affect organizational *performance? International Journal of Management*, 24(1), 108 - 16.

Thoms, P., Dose, J. J. and Scott, K. S. (2002) Relationships between accountability, job satisfaction, and trust. *Human Resource Development Quarterly*, 13 (3), 307 - 23.

Todd, P. M. (2001) Fast and frugal heuristics for environmentally bounded minds. In G. Gigerenzer and R. Selten (eds), *Bounded Rationality: The Adaptive Toolbox*, pp. 51 - 70. Cambridge, MA: MIT Press.

Tontini, G. (2007) Integrating the Kano model and QFD for designing new products. *Total Quality Management*, 18(6), 599 - 612.

Trevino, L. K., Weaver, G. R., Gibson, D. G. and Toffler, B. L. (1999) Managing ethics and legal compliance: What works and what hurts. *California Management Review*, 41(2), 131 - 51.

Tzafrir, S. S. (2005) The relationship between trust, HRM practices and firm performance. *International Journal of Human Resource Management*, 16 (9), 1600 - 22.

UBS (c. 2004) *The Making of UBS*. Zurich: UBS AG.

Ulrich, D., Allen, J., Brockbank, W., Younger, J. and Nyman, M. (2009) *HR Transformation: Building Human Resources from the Outside in*. New York: McGraw Hill.

UN Environment Program Finance Initiative (2004) *The Materiality of Social, Environmental and Corporate Governance Issues to Equity Pricing*. http://www.unepfi.org/fileadmin/publications/amwg/ amwg_materiality_equity_pricing_report_2004.pdf; accessed 1 February 2010.

Van Aken, J. E. (2007) Design science and organization development interventions: Aligning business and humanistic values. *Journal of Applied Behavioral Science*, 43(1), 67 - 88.

Van Herpen, M., Van Praag, M. and Cools, K. (2005) The effects of performance measurement and compensation on motivation: An empirical study. *De Economist*, 153(3), 303 - 29.

Van Kemenade, E., Pupius, M. and Hardjono, T. W. (2008) More value to defining quality. *Quality in Higher Education*, 14(2), 175 - 85.

Van Marrewijk, M. (2004) The social dimension of organizations: Recent experiences with Great Place to Work® assessment practices. *Journal of Business Ethics*, 55, 135 - 46.

Van Veldhoven, M. (2005) Financial performance and the long-term link with HR practices, work climate and stress. *Human Resource Management Journal*, 15(4), 30 - 53.

Venohr, B. and Meyer, K. E. (2007) The German miracle keeps running: How Germany's Hidden Champions stay ahead of the global economy. Working paper, Academy of International Business, Indianapolis. http://papers.ssrn.com/sol3/

papers. cfm? abstract_id= 991964; accessed 14 February 2010.

Vermeier, W., van de Velde, E. and Corten, F. (2005) Sustainable and responsible performance. *Journal of Investing*, 14(3), 94 - 101.

Verschoor, C. C. (2004) Does superior governance still lead to better financial performance? *Strategic Finance*, October, 13 - 14.

Vogus, T. J. and Welbourne, T. M. (2003) Structuring for high reliability: HR practices and mindful processes in reliability-seeking organizations. *Journal of Organizational Behavior*, 24(7), 877 - 903.

Von Paumgarten, P. (2003) The business case for high-performance green buildings: Sustainability and its financial impact. *Journal of Facilities Management*, 2(1), 26 - 34.

Vora, M. K. (2004) Creating employee value in a global economy through participation, motivation and development. *Total Quality Management and Business Excellence*, 15(5/6), 793 - 806.

Waldman, D. A., Javidan, M. and Varella, P. (2004) Charismatic leadership at the strategic level: A new application of upper echelons theory. *Leadership Quarterly*, 15, 355 - 80.

Wall, T. D. and Wood, S. J. (2005) The romance of human resource management and business performance, and the case for big science. *Human Relations*, 58(4), 429 - 62.

Wang, E., Chou, H - W. and Jiang, J. (2005) The impacts of charismatic leadership style on team cohesiveness and overall performance during ERP implementation. *Project Management*, 23, 173 - 80.

Weihrich, H. (1999) Analyzing the competitive advantages and disadvantages of Germany with the TOWS matrix: An alternative to Porter's model. *European Business Review*, 99(1), 9 - 22.

Westhead, P., Cowling, M. and Howorth, C. (2001) The development of companies: Management and ownership imperatives. *Family Business Review*, 14(4), 39 - 85.

Wezel, F. C. and Saka-Helmhout, A. (2006) Antecedents and consequences of organizational change: 'Institutionalizing' the behavioral theory of the firm. *Organizational Studies*, 27(2), 265 - 86.

Wheatley, M. J. (2003) Prepare for the future: Engage people in meaningful work. *Executive Excellence*, Australian edition, 20(5), 10 - 11.

Wilhelm, K., Kovess, V., Rios-Seidel, C. and Finch, A. (2004) Work and mental health. *Social Psychiatry and Psychiatric Epidemiology*, 39(11), 866 - 73.

Wittmeyer, C. (2003) The practice of management: Timeless views and principles. *Academy of Management Executive*, 17(3), 13 - 14.

Wood, S. (1996) High commitment management and payment systems. *Journal of Management Studies*, 33(1), 53 - 77.

World Business Council for Sustainable Development and the UN Environment Program

Finance Initiative (2004) *Generation Lost: Young Financial Analysts and Environmental, Social and Governance Issues*. Young Managers Team. http://www.wbcsd.org; accessed 14 February 2010.
World Commission on Environment and Development [Bruntland Report] (1987) *Our Common Future*. Oxford: Oxford University Press.
World Economic Forum (2004) Voice of the leaders survey. http://www.weforum.org./security/survey; accessed 14 February 2010.
—— (2005) Mainstreaming responsible investment. http://www.weforum.org./pdf/mri.pdf; accessed 14 February 2010.
—— (2008) The global impact of private equity. http://www.weforum.org/pdf/cgi/pe/Full_Report.pdf; accessed 14 February 2010.
Yang, J., Rui, M. and Wang, J. (2006) Enhancing the firm's innovation capability through knowledge management: A study of high technology firms in China. *International Journal of Technology Management*, 36(4), 305 - 17.
Yaniv, E. and Farkas, F. (2005) The impact of person-organization fit on the corporate brand perception of employees and of customers. *Journal of Change Management*, 5(4), 447 - 61.
Yu, G - C. and Park, J - S. (2006) The effect of downsizing on the financial performance and employee productivity of Korean firms. *International Journal of Manpower*, 27(3), 230 - 50.
Zatzick, C. D. and Iverson, R. D. (2006) High-involvement management and workforce reduction: Competitive advantage or disadvantage? *Academy of Management Journal*, 49(5), 999 - 1015.